LUIS GARCÍA
EL JUTE
(ALZAMIENTO GUERRILLERO EN YORO DESPUÉS DEL GOLPE DE ESTADO DE 1963)

ERANDIQUE

COLECCIÓN

EL JUTE (ALZAMIENTO GUERRILLERO EN YORO DESPUÉS DEL GOLPE DE ESTADO DE 1963)
LUIS GARCÍA

©Colección Erandique
Supervisión Editorial: Óscar Flores López
Diseño de portada: Andrea Rodríguez—Mariana Turcios
Administración: Tesla Rodas—Jessica Cordero
Director Ejecutivo: José Azcona Bocock
Primera Edición
Tegucigalpa, Honduras—Noviembre 2025

ADMIRAL

MARCA DE CALIDAD
A TRAVES DEL MUNDO

DISTRIBUIDOR EXCLUSIVO
JACOBO I. WEIZENBLUT
TEL. 12-35

Correo del Norte

DIARIO DE LA MAÑANA

Director: Rosalio C. Irahetta

AÑO VII   San Pedro Sula, Sábado 1º de Mayo de 1965.   Nº 6.129

NUEVE MUERTOS

Feroz Combate en el Depto. de Yoro

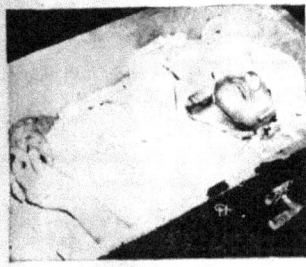

Ayer en horas de la mañana reporteros de CORREO DEL NORTE se hicieron presentes en la ciudad de El Progreso con el objeto de recabar mejores datos sobre un choque armado que horas antes había tenido lugar en la montaña EL JUTE entre un grupo de bandoleros COMUNISTAS y efectivos del Ejército, al mando del Teniente Carlos Alberto Aguilar.

Ejército recibe informes

El Servicio de Inteligencia Militar informó al Capitán Moisés Orellana Sub Delegado Militar de la ciudad de El Progreso el día jueves 29 de la presente semana que un grupo de guerrilleros merodeaban en la montaña del JUTE y se reunían en casa del señor Aquileo Izaguirre.

A las siete de la noche del mismo jueves el Capitán Orellana

(Pasa a la Pág. 5 Col. 3)

A LA EDAD de 18 años el joven Miguel Angel Salinas Orellana, víctima de las balas fratricidas de los comunistas criollos. El SOLDADO Salinas Orellana fue ascendido póstumamente.

Reducidas a Escombros
Diez Casas de Madera

TEGUCIGALPA, D. C. 30 — El jueves aproximadamente a las doce del mediodía se desató un gran siniestro en varias casuchas de madera levantadas por gentes de escasos recursos monetarios en las cercanías de la Colonia Santa Fe de Comayagüela. Aproximada-

(Pasa a la Pág. 5 Col. 4)

EL CAPITAN Moisés Orellana, Sub-Delegado Militar de la ciudad de El Progreso, Yoro, envió el destacamento de 25 hombres al mando del Teniente Carlos Alberto Aguilar, quien abatió a los guerrilleros comunistas en la montaña del JUTE.

Exigen los Propietarios
Desocupar Cuarterías

Por:— Gabriel García Ardón

La nación triunfante del ala nacionalista en el seno de la Asamblea Nacional Constituyente en la que se aprobó una saludable rebaja en el precio de los alquileres, ha sido recibida con beneplácito por la gente humilde, por los desheredados de la fortuna.

Hemos continuado nuestras visitas a los distintos mesones de esta Ciudad del Adelanto, para que en forma gráfica se conozca a fondo hasta dónde es de ingrato y alto el

(Pasa a la Pág. 5 Col. 1)

ESTA CUARTERIA es una de las más inmundas que existen en San Pedro Sula; las mismas son propiedad del señor Félix Pineda, esta humilde conciudadana será beneficiada con la rebaja del 30 por ciento.

CENTENARES DE VEHICULOS
SIN MATRICULARSE

Tegucigalpa — El día de ayer finalizó en toda la República el plazo dado por la Comandancia General de Transporte para que los propietarios de vehículos procedieran a la matricula de los respectivos au-

tomotores, centenares de los cuales forzosamente tendrán que ser decomisados por las autoridades de tránsito y depositados en tres sitios especiales q' ahora se habilita localmente.

(Pasa a la Pág. 5 Col. 5)

Aprueban
Campaña
Inquilinato

San Pedro Sula
abril 29 de 1965

Sr. Periodista
Gabriel García Ardón
Ciudad

Muy Sr. mío:

Sirva la presente para felicitarle y desearle el mismo tiempo éxitos en su labores periodísticas. Hoy he tenido la oportunidad de leer en el diario oficial CORREO DEL

(Pasa a la Pág. 5 Col. 3)

Independiente Vrs. Comunicaciones

DOMINGO 2

**Portada del Correo del Norte del 1 de mayo de 1965, un día
después del combate final en El Jute.**

NUEVE MUERTOS

(Viene de la 1ª Pág.)

Ibma destaca una patrulla compuesta por 25 efectivos al mando del Teniente Carlos Alberto Aguilar para que llevara a cabo las investigaciones pertinentes.

Chocan Comunistas y miembros de Ejército

A informes dados por el Servicio de Inteligencia Militar, un efectivo y a unos 200 metros de la casa de Aquiles Izquierre, militares y comunistas entablaron feroz combate.

Mueren 8 Comunistas y un Soldado

A las cinco de la mañana en punto de ayer viernes comenzó el combate durando aproximadamente quince minutos quedando del mismo nueve muertos, ocho guerrilleros y un efectivo del Ejército Nacional.

Angel Salinas ascendido póstumamente a Cabo

Defendiendo los ideales de la Democracia murió de un balazo en el pecho el soldado Miguel Angel Salinas quien no pudieron localizar su edad ni otros familiares.

Angel Salinas era un joven de 18 años, muerto con su fusil en plena acción luchando por la patria, por la libertad de la patria amenazada por una turba de malhechores sanguinarios y apátridas que solo piensan en sembrar la muerte y la desolación en la campiña hondureña.

Como un reconocimiento a sus servicios prestados, el soldado Miguel Angel Salinas fue ascendido póstumamente a Cabo del Ejército hondureño.

Huyen tres guerrilleros

Eran ocho los guerrilleros que se enfrentaron al destacamento militar en la montaña del JUTE, logrando huir solamente tres de ellos pereciendo los ocho restantes. Las autoridades no pudieron identificarlos.

Armamento capturado

Después del combate, la patrulla del ejército capturó el siguiente armamento.

Una metralleta calibre 9 milímetros, 7 milímetros, una escopeta cañón doble calibre 12 milímetros, dos fusiles 30-30, un fusil Remington calibre siete, un fusil Enfield siete milímetros, una escopeta de chifle, un fusil Remington de 25 milímetros, tres rifles de mecha lenta, dos pequeñas de azufre, cuatro cargadores de carabina San Cristóbal, 44 cartuchos de escopeta, 42 peines de M-1, 460 tiros de metralleta 9, 54 tiros calibre 351 de manufactura norteña, 60 tiros de siete milímetros, 57 tiros de siete milímetros super, uniformes, gorras, medicinas, ponchos plásticos, un manual del Marxismo-leninismo y pronunciamientos de comunistas mismos guardados.

En esta forma el Ejército Nacional ha logrado aplastar otros guerrilleros, que alentados por los demagogos quieren lanzarse a una aventura temeraria llevando dos por el Fidel Comunismo, que desde Cuba sí o con su espectáculo sanguinario llevando la muerte a otros honrados.

Ahí tenemos una muestra más los eternos enemigos de la patria los comunistas criollos, las armas capturadas y publicadas en esta misma edición se iban a ocupar para matar inocentes, mujeres y niños, ya que no tienen sexo, son Vanguardia humana que solo buscan saciar su sed con sangre de inocentes.

DE IZQUIERDA a derecha el Sub-Delegado Militar de la ciudad de El Progreso Yoro, Capitán Moises Orellana, muestra al Coronel Andrés Ramírez Ortega, las armas capturadas a los comunistas.

EN LA GRAFICA se aprecia, la guía para desmantelar y la gran cantidad de municiones.

ARMAS CAPTURADAS a los elementos que integraban el grupo de guerrilleros.

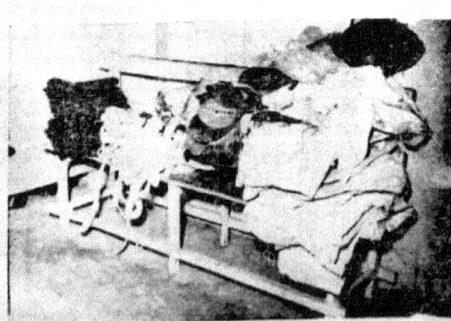

UNIFORMES, MEDICINAS Y otro material de guerra capturado a los "Marxistas-Leninistas".

EL COMUNISMO

—(Viene de la Página 6)

desangra horriblemente. El cáncer comunista extensivo a mi patria. Estamos revisando generosa y cristiana ayuda moral y material de nuestros hermanos de América. El pueblo cubano exige libertad. Tendremos que decírsela. Para conquistarla, nosotros ponemos la vida. Entreguemos los recursos necesarios para triunfar contra el mal o morir en la acción redentora. Esperamos por ustedes.

La televisión y la radio ayudaron a los hogares dominicanos al dramático mensaje de Jeanine Castro. La justicia que pudiera su agonía y esa angustia palabras cortadas por algunas y emoción, comunión con la conciencia del pueblo de Santo Domingo y se formularon juramentos de solidaridad humana, escuchándose un solo clamor: ¡Cuba será libre!

Página interior del Correo del Norte del 1 de mayo de 1965.

Fotografía de Lorenzo Zelaya tomada de archivos policiales.

"¿FEROZ COMBATE?"

"Mientras hablaba con mi hermana, continué moviendo los botones del receptor. De repente, di con la estación de Santa Rosa de Copán. Una voz femenina, un tanto nerviosa, pero con notable satisfacción, decía en ese momento:

—Las Fuerzas Armadas han tomado el poder de la Nación para salvar a la República del desastre en que se encuentra e impedir que caiga en las garras del comunismo".

Aquel 3 de octubre de 1963, Luis García, como miles de hondureños, fue sorprendido por el golpe militar encabezado por Oswaldo López Arellano.

Dos meses y medio después del derrocamiento del gobierno democrático del presidente Ramón Villeda Morales, el Partido Comunista de Honduras tomó la decisión de formar grupos armados para hacerle frente, según uno de sus dirigentes, Longino Becerra, "a la feroz persecución de que eran objeto numerosos cuadros de las organizaciones populares, entre ellas, la Federación Nacional de Campesinos de Honduras (Fenach)".

Las montañas colindantes a la ciudad de El Progreso fueron escogidas para comenzar a desarrollar el núcleo guerrillero.

"Después de trasladarse, en febrero de 1964, a un punto de la montaña El Jute, siempre en las proximidades de El Progreso, la guerrilla comenzó a crecer rápidamente, de modo que en abril del mismo año contaba con veintidós hombres bien armados", relata Longino Becerra.

Sin embargo, al poco tiempo, muchos de los guerrilleros comenzaron a cometer actos de indisciplina, entre ellos, beber aguardiente y subir a sus mujeres a la montaña.

La guerrilla sería aniquilada el 30 de abril de 1965.

En 1967, Luis García, uno de los guerrilleros que sobrevivió al ataque de los militares, comenzó a trabajar en el taller de carpintería de Andrés Pineda (inmortalizado por Ramón Amaya Amador en la novela Constructores como Andreo Neda). Durante los descansos, García contaba sus recuerdos de lo sucedido en El Jute.

Pineda le compró varios cuadernos a Luis García y le pidió que escribiera la historia. Cuando terminó su labor, el exguerrillero entregó los cuadernos al Partido Comunista de Honduras.

"Los cuadernos —cuenta Longino Becerra— me fueron entregados a fines de 1973 para utilizarlos como fuente de un trabajo político, oportunidad en que me surgió la idea de darles redacción y publicarlos como libro. Esa es la historia".

El campesino Lorenzo Zelaya fue uno de los asesinados en El Jute. En 1980, una de las organizaciones guerrilleras hondureñas llevaría su nombre.

"Durante la cena —cuenta Luis García—, nos dijo Pinto que Colindres nos esperaba en su casa para ponernos unas inyecciones de no sé qué medicina. Allí vimos un ejemplar del periódico Correo del Norte, con el siguiente titular: Fieros combates con un grupo guerrillero. Nosotros sentimos una gran indignación al leer aquello, pues éramos testigos, no de fieros combates, sino del bárbaro asesinato cometido contra nuestros camaradas."

El Jute fue publicado por primera vez en 1991 (hace treinta y cuatro años), por Editorial Universitaria. Hoy, Colección Erandique, en su objetivo de contribuir a rescatar la memoria histórica, pone en manos de los lectores actuales el relato sobre un hecho poco conocido.

Esta nueva edición, además, honra a aquellos que subieron a la montaña con el ideal de combatir a la dictadura que instalada a punta de fusiles.

ÓSCAR FLORES LÓPEZ
Colección Erandique

ESTE LIBRO

Luis García Cruz fue un campesino en todo el sentido de la palabra. Vivió y trabajó dentro de lo más profundo de nuestros montes, como los centenares de miles de hondureños que se ganan la vida con el machete, el azadón o el chuzo. Era un hombre de inteligencia lúcida, aunque sin los resplandores y barnices extraídos del aula o de los libros cuando se tienen de sobra. Sorprendía a los amigos por su memoria, capaz de atesorar nombres, fechas y datos con facilidad asombrosa para evocarlos en cualquier momento. Si alguien deseaba ratificar un hecho o un detalle de acaecimientos donde, de una u otra manera, había estado presente Luis, no vacilaba en consultarlo, seguro de encontrar pronto auxilio. Pero esa inteligencia natural, silvestre, se perdió a consecuencia de la injusta distribución de las oportunidades de desarrollo individual que caracteriza a una sociedad dividida en clases como la nuestra. Sin duda alguna, este campesino hondureño, como tantos otros que corren su misma suerte, habría llegado muy lejos si hubiese nacido en una sociedad más justa, donde el hombre es el supremo valor y en la cual las oportunidades de formación se encuentran al alcance de todas las manos.

Pero no fue así, por desgracia, y Luis García Cruz pasó por el mundo como una esperanza frustrada. Sin embargo, algo nos dejó como muestra de su capacidad en agraz: la crónica del movimiento guerrillero desarrollado en nuestro país entre 1963 y 1965. La obra fue un hecho casual y no el producto de un propósito reflexivo. Ocurrió así: habiéndose encontrado con su camarada y amigo, Andrés Pineda, en una calle de San Pedro Sula, más o menos en el mes de abril de 1967, aquel se lo llevó a un taller de carpintería de su propiedad para darle algún trabajo. Durante la noche, mientras ambos se dormían, Luis le contó a Pineda algunos episodios del movimiento guerrillero antes dicho, sobre todo lo concerniente a la matanza de El Jute, donde siete campesinos fueron vilmente asesinados. Pineda se entusiasmó con el relato y, en vez de asignarle las tareas propias de su taller, le compró varios cuadernos y lo puso a escribir la historia, pagándole, por supuesto, la remuneración propia de un menestral de la garlopa. Esta iniciativa fue conocida por la Dirección Nacional del Partido Comunista, la que, al aprobarla, hizo llegar a Luis la decisión de que su trabajo fuera un informe detallado sobre el movimiento guerrillero en su conjunto, labor concluida por él en julio de 1967. Los cuadernos me fueron entregados a fines de 1973 para utilizarlos como fuente de un trabajo político, oportunidad en que me surgió la idea de darles redacción y publicarlos como libro. Esa es la historia.

Luis García Cruz nació el 19 de agosto de 1920, en Aramecina, departamento de Valle, hijo de campesinos del mismo pueblo. Estuvo seis meses en el primer grado de la escuela primaria, viéndose compelido a retirarse de las aulas para ayudar a sus padres en los trabajos del surco. A los dieciocho años de edad, atraído por los cimbeles de las compañías bananeras, emigró a la Costa Norte de Honduras. Allí trabajó como venenador, deshijador, chapiero, juntero y estibador. Vivió en Finca 17, Finca Meroa, Birichiche, La Fragua, Palomas, Monterrey y Paujil, hasta 1958, año en que se retiró de la United Fruit Company para dedicarse a la agricultura por cuenta propia. Sin embargo, sus proyectos en este sentido no le dieron resultado y, de nuevo, tornó a trabajar como peón. En 1962 se mudó para la aldea Villafranca, donde vivía otra hermana, Julia, quien le solicitaba los mismos servicios. Allí, como él cuenta en su historia, le sorprendió el golpe ultraderechista de 1963. Después de su participación en el movimiento guerrillero, quedó deambulando por varios lugares de la Costa Norte, hasta que, el 1 de julio de 1974, murió en circunstancias confusas, aunque numerosos indicios conducen a establecer la posibilidad de un suicidio.

El libro tiene, a nuestro juicio, extraordinaria importancia por dos razones. En primer lugar, porque refleja cómo repercutió el golpe ultraconservador de 1963 en los sectores más humildes de nuestro pueblo. Aquella acción, ciertamente, fue promovida por los núcleos más cavernícolas de Honduras: las empresas bananeras y la oligarquía tradicional, con el propósito de frustrar el proceso de apertura democrática surgido en nuestro país como producto de la gran huelga de los trabajadores bananeros de 1954. Por esa razón, porque se trataba de bardizar el avance democrático del pueblo hondureño, estimulado, sin duda alguna, por los tambores de la victoria cubana de 1959, los golpistas del 63 levantaron los pendones del anticomunismo y pasaron a cuchillo a todos los ciudadanos que consideraron un estorbo para sus objetivos. El campesino Luis García, siendo uno más de los hijos humildes del pueblo, captó con su mirada fotográfica todo el dolor y el sufrimiento causados entre las masas populares por aquel hecho inhumano. Era necesario recoger de alguna manera esta experiencia tan brutal para fijarla en la conciencia colectiva de Honduras, a fin de impedir que la absorban los "pozos negros" del olvido. Eso fue, precisamente, lo que, sin proponérselo, cumplió Luis García.

En segundo lugar, el libro es importante por el hecho de contarnos directamente, sin vanos circunloquios, lo ocurrido con el movimiento guerrillero hondureño, cuestión de innegable valor, no sólo desde el punto de vista histórico, sino también como testimonio objetivo para sacar las conclusiones reclamadas por el desarrollo de la lucha revolucionaria en nuestro país. No es posible, ciertamente, continuar adelante en el proceso emancipador del pueblo hondureño si no se hace una evaluación rigurosa de la experiencia armada del período 1963-1965, a fin de determinar qué hubo de positivo en esa experiencia y qué de negativo; lo primero, para fijarlo en el repertorio de las formas populares de lucha, y lo segundo, para no tropezarnos de nuevo con esa piedra. El trabajo de Luis García tiene precisamente ese mérito, pues fue elaborado por uno de los autores de aquella experiencia, y no en forma parcial, sino completa, por cuanto García hizo misa de cuerpo presente en todas las fases del movimiento guerrillero. Su memoria privilegiada y su don natural para narrar los acaecimientos de la vida le permitieron hacer ese aporte inestimable en el bregar revolucionario del pueblo hondureño.

La decisión de formar grupos armados surgió, en el seno del Partido Comunista, como una línea de autodefensa ante la feroz persecución de que eran objeto numerosos cuadros de las organizaciones de masas influidas por el Partido, entre ellas la Federación Nacional de Campesinos de Honduras (FENACH). El 21 de diciembre de 1963, o sea a los dos meses y medio del golpe, dos dirigentes del Partido recibieron la orden de constituir un grupo de ese tipo en las montañas colindantes con la ciudad de El Progreso. Poco tiempo después, por el desarrollo mismo de los acontecimientos y, además, por la falta de una estricta línea respecto al núcleo armado, el grupo comenzó a perder su condición de autodefensa para transformarse en una guerrilla con propósitos ofensivos. Después de trasladarse, en febrero de 1964, a un punto de la montaña El Jute, siempre en las proximidades de El Progreso, la guerrilla comenzó a crecer rápidamente, de modo que en abril del mismo año contaba con 22 hombres bien armados.

El grupo se mantuvo activo en el campamento de El Jute hasta el mes de agosto de 1964, cuando se acordó diluirlo en las ciudades aledañas para protegerlo de la ofensiva antiguerrillera lanzada entonces por el ejército. Sin embargo, la gran farsa de las elecciones a la Asamblea Nacional Constituyente, efectuadas el 16 de febrero de 1965, y la "constitucionalización" por dicha Asamblea, el 23 de marzo del mismo año, de quien encabezó el golpe de 1963, Oswaldo López Arellano, suscitaron la indignación del pueblo hondureño y estimularon el surgimiento de nuevos grupos armados. Un sector del Partido Liberal comenzó a llevar a cabo trabajos en este sentido, aliándose para ello con las agrupaciones neoanarquistas conocidas como Movimiento Francisco Morazán y Partido Revolucionario Hondureño. La agitación en el país era enorme, fenómeno que, sin ser analizado en sus verdaderos alcances, llevó a la mayoría de la Comisión Política del Partido Comunista, exiliada en México, a ordenar, por medio de un telegrama cifrado, el reinicio de las actividades guerrilleras.

El mensaje fue remitido en la tercera semana de marzo. Lo recibió el entonces responsable del Partido en Honduras, Renato Pereira, quien hizo saber la imposibilidad de reiniciar las operaciones guerrilleras en ese momento porque faltaba concluir la unidad con otras entidades políticas, principalmente los liberales, y porque sus hombres se encontraban aún dispersos en las ciudades. Pereira ofreció comenzar las acciones a partir del 30 de abril. Sin embargo, desde principios de marzo venían ocurriendo varios hechos graves en el país, lo suficiente como para hacer reflexionar a cualquier político responsable y serio, libre de la enfermedad pequeñoburguesa del voluntarismo.

En efecto, el 10 de marzo se produjo el desastre del asalto a la Hidroeléctrica El Cañaveral, donde uno de los grupos del Movimiento Francisco Morazán fue deshuesado. Asimismo, el 11 de ese mes se entregó al ejército, en las cercanías de Tela, el grupo guerrillero de orientación liberal encabezado por Carlos Falck. Finalmente, el 30 de marzo comenzaron a presentarse a la Asamblea Nacional Constituyente los diputados liberales, quienes se habían retirado de la misma el día 23, en protesta por el sainete de la constitucionalización de López Arellano; su regreso significaba el abandono de toda resistencia ante el gobierno.

El ofrecimiento, pues, de iniciar las operaciones guerrilleras del grupo comunista a partir del 30 de abril resultaba un absurdo, por cuanto se estaba ante un proceso de desmantelamiento de la lucha por parte de las demás organizaciones comprometidas. Es verdad que aún quedaba un grupo guerrillero del Movimiento Francisco Morazán, en Olancho, y otro de Juventud Liberal, en el centro. Sin embargo, el primero jamás remontó su fase preparatoria y el segundo no pasaba de ser una broma de mal gusto. El deber de Pereira, como encargado del Partido Comunista en Honduras, era analizar todos estos hechos para no incurrir en el juego infantil —de consecuencias muy graves cuando se trata precisamente de los comunistas— montado por otras entidades políticas. Sin embargo, no lo hizo y más bien se lanzó desesperadamente a reorganizar el grupo guerrillero para estar a punto el 30 de abril.

Por suerte, la mayoría de la Comisión Política no pasó inadvertidos los anteriores acontecimientos y, el 16 del mes antes dicho, le envió una carta a Pereira con la orden de suspender todos los preparativos que había anunciado. La misiva le fue entregada el día 25, según informó su enlace personal. Pero, para esa fecha, las cosas en Honduras estaban muy avanzadas, pues, a partir del día 18, Pereira había comenzado el envío de los hombres a la montaña.

El primer grupo, constituido por tres guerrilleros, salió esa fecha desde San Pedro Sula hacia el mismo campamento de El Jute; lo conducía Lorenzo Zelaya, quien regresó el 19 con el objeto de llevar otro grupo. Este partió el día 21, quedándose entonces Zelaya en la montaña. El tercer destacamento salió el 22, conducido por Luis García, quien volvió el 23. El 24 fue despachado el cuarto grupo, siempre bajo la responsabilidad de Luis García, hombre que estuvo de regreso el 25. El quinto grupo salió el 27, también bajo la dirección de Luis García, quien ahora llevaba la orden de quedarse en el campamento. Lo anterior significa que el último pelotón fue enviado desobedeciendo la orden de la Comisión Política, recibida el día 25.

A esto debe agregarse un hecho más grave aún: los grupos enviados desde el día 18 a la montaña se encontraban allí sin ningún jefe y sin recibir la orden de armarse. Dicha orden les fue enviada hasta el día 29, con el señor Aquileo Izaguirre, y fue precisamente en la tarea de recoger las armas, el día 30, que una patrulla del ejército sorprendió a siete guerrilleros y los asesinó salvajemente.

Hay, pues, una cuestión fundamental en el problema de la lucha armada puesta en práctica durante ese período, cuestión que no puede soslayarse con frases condenatorias para otros o con acusaciones contra las mismas víctimas. Nos referimos al hecho de insistir testarudamente en la continuación del movimiento guerrillero de los comunistas, cuando las demás organizaciones participantes iban ya de retroceso. Esto significaba lanzar solo al Partido contra un enemigo sádico, interesado precisamente en ese choque para darles a sus crímenes contra el pueblo el cariz de una supuesta batalla en defensa de la democracia. No ver a tiempo esto y continuar adelante con un programa previsto para otras circunstancias era una insensatez incalificable.

Naturalmente, corre con esta responsabilidad Renato Pereira, más que la mayoría de la Comisión Política residente en México, pues él era el encargado de evaluar el proceso político hondureño para hacer las recomendaciones del caso. Lo justo era replegarse, con valentía y decisión, pues el fervor revolucionario demostrado por otras organizaciones políticas, sobre todo el Partido Liberal, resultó un simple chantaje para lograr otros objetivos.

Ese, podríamos decir, fue el principal error cometido en el movimiento armado de entonces. Sin embargo, cuando se lee la obra de Luis García se tropieza uno con un verdadero manantial de hechos negativos, por cuya razón el libro viene a ser algo así como un manual de lo que no debe hacerse en una guerrilla, más que sobre las cosas convenientes de llevar a cabo en el seno de la misma. El propio autor, quien no se propuso dar lecciones al escribirlo, se da cuenta de ello y en muchas partes nos comunica sus quejas y reclamos en cuanto a los métodos utilizados para su organización y desarrollo.

Por ejemplo, repetidas veces se manifiesta inconforme con la ubicación del grupo armado en el mismo campamento que ocupó hasta el mes de agosto de 1964, no obstante que el ejército, dirigido por el desertor Aquilino Inestroza, peinó la zona y registró las instalaciones después de ser abandonadas por los guerrilleros. ¿Cómo es posible, en efecto, que un dirigente político verdaderamente serio, incapaz de convertir la insurrección en un juego de niños, situara a un grupo de hombres armados en un puesto bajo el control del enemigo? Le sobra razón a Luis García cuando se queja por semejante estolidez.

Pero, como hemos dicho, siendo el libro una enciclopedia de lo que no debe hacerse en una guerrilla, sus páginas son una granazón de numerosos hechos negativos, dignos de ser contabilizados. Por ejemplo, resultan inconcebibles, desde todo punto de vista, los métodos seguidos para el reclutamiento de los hombres. El punto de partida para esta actividad era la mayor o menor persecución de que eran objeto los candidatos y, como el golpe militar se perpetró contra un gobierno del Partido Liberal, muchos elementos de esta organización se encontraban en esas condiciones, por lo cual fácilmente se les llevaba al núcleo.

Como es obvio, las ideas liberales comenzaban a salírseles por las costuras al poco tiempo de llegar, con lo cual daban origen a toda clase de problemas. En otros casos, se reclutaba a hombres de ideas revolucionarias, pero sin las menores condiciones personales para cumplir las tareas propias de la lucha armada. Todo esto determinó varias deserciones, así como la necesidad de otorgar la baja a elementos incapaces o inadaptados. Tales hechos, ocurridos en la fase de consolidación del movimiento, no podían menos que contribuir a la ubicación del grupo armado por parte del ejército.

Es bueno referirse a un asunto frecuentemente mencionado en el relato. Aludimos a los permisos exigidos por los guerrilleros para visitar a sus familias, así como al ascenso de mujeres a la montaña. Esto se relaciona, lógicamente, con el gran problema de toda guerrilla: la abstinencia, cuestión capaz de poner a prueba la madurez y la disciplina de cualquier movimiento armado de esta naturaleza. Según se lee en el relato de Luis García, en ambos puntos el grupo guerrillero fue sumamente flexible.

Los combatientes bajaban con gran facilidad a encontrarse con sus esposas, por lo cual, en determinado momento, fue necesario restringir las salidas, lo que se convirtió en fuente de numerosos conflictos. Asimismo, la presencia de mujeres en la guerrilla no fue rigurosamente controlada, a pesar de las órdenes existentes al respecto. El propio responsable del movimiento armado, Manuel Rosales, llevó por dos veces a su mujer al campamento, contribuyendo así a la desmoralización y a la indisciplina de sus hombres. Precisamente, el único encuentro con el ejército durante la campaña, a consecuencia del cual se desató la ofensiva antiguerrillera que obligó a la primera desmovilización del grupo, fue el resultado del empeño de Rosales de quedarse a dormir con su mujer en la aldea El Aguacatal, a pesar de la insistencia de numerosos compañeros de abandonar el lugar la noche antes del combate.

Hay otro hecho que debe señalarse dentro de esta experiencia guerrillera. Se trata de la conjura organizada por un grupo de combatientes, encabezados por el traidor Aquilino Inestroza, con el objeto de apoderarse de las mejores armas del grupo para utilizarlas en asaltos y robos. Los conjurados fueron detenidos y, no sabiéndose qué hacer con ellos, se les expulsó del núcleo, dándoseles alguna cantidad de dinero y devolviéndoseles las armas de su propiedad. Los hombres, lógicamente, huyeron felices de la vida y, al pasar por las aldeas próximas al campamento, donde había colaboradores de la guerrilla, trataron de persuadir a éstos para que no continuaran prestando su ayuda, con cuyo propósito denunciaron el carácter comunista del núcleo.

Luis García dice sobre este caso: "La mayoría de la gente no entendió aquel problema. Fue necesario dar prolongadas explicaciones sobre el asunto para desvanecer algunas de las dudas generadas por la propaganda de los complotados. Pero, si esto fue duro, lo más serio vino después del día de su partida, ya que nos vimos obligados a redoblar la vigilancia en el campamento, ante la posibilidad de una delación".

Esto último fue lo sucedido, pues el sujeto Inestroza se pasó a las filas del ejército y, además de servir de guía en la persecución del núcleo, se desempeñó como delator en las ciudades y como torturador de los compañeros que eran detenidos. Cuando los siete guerrilleros de El Jute fueron asesinados, él formaba parte de la patrulla militar y dio muestras del más cruel sadismo con las víctimas.

Todos estos errores, tanto el fundamental como los de detalle, no pueden atribuirse, según nuestro criterio, a una simple casualidad. Ellos se derivan de la concepción militar del máximo dirigente del Partido Comunista de Honduras, dada la ausencia de la mayor parte de la Comisión Política del Comité Central. Pereira, ciertamente, quien estuvo fuera del país hasta noviembre de 1964, fue el principal redactor de una "Concepción Militar" elaborada por ese entonces.

El documento correspondiente no fue conocido en la Comisión Política, ya que, cuando trató de discutirse, el responsable del mismo viajó a Honduras para hacerse cargo de la Dirección del Partido dentro del país. Esta deficiencia, realmente imperdonable tratándose de un asunto de tanta gravedad como es la lucha armada, le dejó las manos libres a Pereira para poner en práctica sus ideas en territorio hondureño, sin ningún control y sin ninguna crítica. Queda, pues, esta otra experiencia por lamentar: la Dirección del Partido no fue suficientemente rigurosa en la evaluación de los criterios políticos y militares del hombre a quien se le dio la responsabilidad de timonear toda la organización en un momento difícil de la vida nacional. Además, la línea de la lucha armada salió en forma espontánea, sin una rigurosa discusión en las más importantes instancias del Partido.

Las tendencias aventureras y blanquistas de Renato Pereira se manifiestan con toda claridad en la "Concepción Militar" antes aludida. Según su criterio, en efecto, la lucha armada no es la expresión más alta de la lucha de clases, cuya consigna y cuyo inicio en la práctica requieren todo un conjunto de condiciones objetivas y subjetivas. Para él, la lucha armada es un método que permite elevar precisamente la lucha de clases hasta sus niveles más altos, de modo que su desarrollo lleva ínsita la posibilidad de cambiar una correlación de fuerzas desfavorable para la revolución en favorable para la misma.

Según esto, pueden comenzarse las acciones armadas contándose con una fuerza muy débil, pues, en virtud de la acción contagiosa de los combates, dicha fuerza irá creciendo hasta superar al enemigo y vencerlo en una confrontación decisiva. Tales puntos de vista aparecen expuestos de la siguiente manera en el documento antes aludido:

"La insurrección armada del pueblo hondureño, que le impone el imperialismo norteamericano y la camarilla militar de Oswaldo López Arellano, al cerrarle toda posibilidad de expresar su voluntad por los medios legales y pacíficos, se propone modificar la actual correlación de fuerzas —de superioridad del gobierno y debilidad de la oposición— en superioridad de ésta y debilidad de aquél, en un grado tal que permita el desplazamiento del poder de las fuerzas que ilegalmente se han apoderado de él y la sustitución de las mismas por las fuerzas del frente único de oposición".

Esto no es marxismo-leninismo, por mucho que así pretendiera hacerlo pasar el progenitor de tales planteamientos, con una firmeza digna de mejor causa. Esto es blanquismo puro; aventurerismo de la peor especie. Engels, hablando precisamente del blanquismo, dio de él la siguiente definición, que constituye un retrato anticipado, en setenta y tres años, de las tesis expuestas por Pereira:

"Los blanquistas partían de la idea de que un grupo relativamente pequeño de hombres decididos y bien organizados estaría en condiciones, no sólo de adueñarse en un momento favorable del timón del Estado, sino que, desplegando una acción enérgica e incansable, sería capaz de sostenerse hasta lograr arrastrar a la revolución a las masas del pueblo y congregarlas en torno al puñado de caudillos".

Está de más decir que los clásicos del marxismo fustigaron esta concepción de la lucha revolucionaria, propia de elementos desesperados, y proclamaron el principio de que únicamente la acción de las masas es capaz de alcanzar las grandes transformaciones sociales. "Allí donde se trata de una transformación completa de la organización social —escribió Engels en otra parte— tienen que intervenir directamente las masas, tienen que haber comprendido ya por sí mismas de qué se trata, por qué dan su sangre y su vida."

La tesis acerca del cambio de la correlación de fuerzas a través de la lucha armada supone la vieja y conocida idea del efecto contagioso producido en las masas por los actos heroicos del grupo guerrillero. Esto también es un absurdo y se encuentra tan lejos del marxismo como la Tierra de la Luna. No es cierto, en efecto, que las masas se sientan electrizadas, siempre y en todo momento, cuando conocen los actos abnegados del grupo de héroes. Para que tal cosa suceda —y puede suceder— es necesaria la concurrencia de una serie de factores concretos de la lucha de clases, entre ellos que las propias masas pasen por la experiencia de la acción.

Sobre esto escribió Lenin las siguientes palabras, cuyo contenido debe encontrarse necesariamente en el bagaje teórico de todo revolucionario verdadero, es decir, que no sea un charlatán:

"Por nuestra parte, sólo consideramos capaces de ejercer una acción real y seriamente agitativa (estimulante), y no sólo estimulante sino también —cosa mucho más importante— educativa, los acontecimientos que protagoniza la propia masa, que nacen de los sentimientos y estados de ánimo de ésta, y no son puestas en escena con una finalidad especial por tal o cual organización."

Toda la seudodoctrina revolucionaria anteriormente mencionada era defendida afiebradamente por Pereira y, como éste se encontraba solo en Honduras, pudo ponerla en ejecución sin ningún obstáculo. Los hombres enviados a la montaña los días 18, 21, 22, 24 y 27 de abril de 1965 iban bajo los auspicios de ese pensamiento. Por supuesto, ellos marcharon tranquilos, seguros de que el fundamento doctrinario de sus acciones era profundamente serio, establecido con estricto rigor sobre la base del trabajo científico de los grandes dirigentes del proletariado mundial y con el respaldo de la experiencia concreta del pueblo hondureño.

Dicho con otras palabras: en su corazón de revolucionarios anidaba la creencia de que sus pasos estaban dirigidos por el marxismo-leninismo, con cuyo auxilio se habían comprobado estrictamente las condiciones objetivas y subjetivas más adecuadas para emprender el camino de las armas. Sin embargo, las cosas obedecían a otro esquema, pues era el blanquismo, con más de ochenta años de experiencias funestas en el mundo, el utilizado para enviar aquellos hombres al combate.

Por eso puede afirmarse que estaban condenados anticipadamente al fracaso, no por su culpa, como alguna vez se dijo en una justificación irresponsable de los hechos, sino por ligereza de quien tenía en sus manos la suprema decisión del Partido en el interior del país.

Al evaluar el libro, debemos decir que Luis García nos pone directamente ante los hechos concretos, sin la cargazón de aderezos innecesarios. Él se propuso únicamente contar lo que vio y oyó mientras estuvo en el movimiento armado antigolpista de 1963-1965. Es el lector el que debe valorar esos hechos desde todos los puntos de vista. En sus páginas no hay doctrina ni análisis; únicamente está la realidad con toda su crudeza.

Lo anterior es quizá el mayor mérito de la obra, pues nada en ella aparece influido por el subjetivismo o por intenciones preconcebidas. Al contrario de toda afectación, lo que transpiran estas páginas es mucha ingenuidad, como era característico en el propio García, dada su condición de campesino. Por eso hemos afirmado que el libro tiene todos los rasgos de un documento testifical sobre lo acaecido con el movimiento armado antes dicho. Nadie, a nuestro juicio, podrá negarle ese carácter y, por ello, tomarlo en su sencilla verdad, aunque ésta no caliente su sardina.

Finalmente, hay en este libro un aspecto interesante que no debe pasar inadvertido: nos referimos a la descripción de paisajes y lugares de la amplia zona recorrida por la guerrilla en la Costa Norte de Honduras. Esa descripción, naturalmente, no está hecha con afán literario; ella brota espontánea, como parte del relato sobre caminatas, entrenamientos o acciones de caza. Hay solamente una parte donde a Luis García le asalta el escritor que llevaba dentro, aunque lo llevaba muerto, pues la sociedad donde nació y vivió, en vez de desarrollárselo en forma vigorosa, más bien se lo mató en germen.

Aludimos a la descripción hecha por él de una catarata encontrada mientras cumplía una misión de caza con otros compañeros. ¡Qué entusiasmo revela el autor frente a la caída de agua y cómo se esfuerza en pintarla con toda su magnificencia! Lo grave del caso es que, por llegar hasta el chorro, después de grandes esfuerzos y sacrificios, fue preciso descuidar la cacería y regresar al campamento con las manos limpias, no obstante que allí se les esperaba con ansiedad, pues el grupo pasaba serias dificultades con los abastecimientos, a causa de la vigilancia del enemigo.

Ante ese fracaso, el propio jefe del destacamento armado, hombre desprovisto de hipersensibilidades estéticas, tomó el fusil y salió a probar suerte. Al poco rato volvió con unas pavas en el hombro, lo cual salvó las circunstancias del momento, no sin cierta vergüenza para quien nos hizo la descripción de la catarata.

Dejamos, pues, este libro en manos del lector interesado en conocer con exactitud lo ocurrido durante el desarrollo de las actividades guerrilleras promovidas por el Partido Comunista de Honduras en respuesta a la represión desatada contra el pueblo por los golpistas de 1963. Al redactarlo y darle la forma de libro, no nos ha impulsado otro propósito que contribuir al esclarecimiento de la verdad sobre aquellos hechos, entre los cuales tiene particular importancia el referente a la matanza de El Jute, donde siete hondureños profundamente honestos, vinculados a lo más puro de nuestra Patria, fueron víctimas de alevoz asesinato.

Decimos esto último porque, estando desarmados como estaban, bien pudo capturárseles, como se hizo con las guerrillas liberales en diversos puntos del territorio nacional. Pero ello no fue así porque se trataba de comunistas y la consigna en este caso era el exterminio de los hombres para escarmiento de quienes resultaran vivos. La descripción objetiva de los hechos permite juzgar ese acto de barbarie y da la base para evaluar críticamente al movimiento guerrillero mismo, tanto en su concepción teórica como en la forma utilizada para llevarlo a la práctica.

Por eso no dejamos de sentirnos satisfechos al emprender este trabajo, con el que, al salvar la verdad histórica, se les erige un monumento a los caídos.

1973

CAPÍTULO I: GOLPE DE ESTADO

El 2 de octubre de 1963 me encontraba en la aldea Villafranca, donde una hermana. Esa fecha había dispuesto hacer un viaje a finca Paujil, pues tenía el compromiso de entrojarle[1] la cosecha de maíz a un hermano menor, después de hacerle la tapisca[2]. A Villafranca llegué meses atrás, con el propósito de dedicarme a las actividades agrícolas y, de esa manera, sustraerme un poco de las bebidas alcohólicas, a las que me había aficionado por entonces.

A punto de salir de la casa, me preguntó mi hermana:

—¿Vas para Paujil?

—Sí, ¿por qué?

—Porque tengo interés de que pasés por Mango para que le dejés dos arrobas de maíz a mi comadre, ya que no tiene nada la pobre.

Esta comadre es otra de mis hermanas, simpatizante también de la revolución.

—Bueno, pues —le dije—, arreglálas para llevárselas. Hoy es miércoles, ¿verdad?

—Sí —contestó mi hermana.

—Entonces —le repuse—, hoy entraré en Mango y el viernes me voy para Paujil.

Y así fue. Ese día, por la tarde, tomé el tren para Mango, apeándome en la estación de Baracoa. Al verme llegar mi hermana con el saco de maíz sobre la espalda, dio un grito de sorpresa y, ayudándome con la carga, dijo:

—¿Estás bueno?

—Sí, ¿y ustedes?

—También; estamos buenos.

—¿Y José?

—Está trabajando.

—¡Ah, qué bien!

---

[1] Guardar el maíz en la troj.
[2] Cortar la mazorca del maíz cuando estas están secas.

Comenzamos a hablar de otras cosas y así se nos fue el tiempo. Bastante tarde, llegó el cuñado; iba todo sudoroso. Me saludó con mucha cordialidad, aunque no simpatizaba con mis ideas. Después de hablar de diversos asuntos, me preguntó:

—¿Ha sabido algo?

—No, ¿por qué?

—Yo creo que en estos días esperan algo, pues, como trabajo con Marel Medina y me tienen bastante confianza, me doy cuenta de muchas cosas. Por ejemplo, desde hace como quince días, todos esos viejos se están reuniendo noche a noche en la casa de Marel. Allí llegan: el superintendente, Rafael Corrales, Francisco Galo y todos los arrendatarios, entre ellos Abraham Santos y varios más. Así es que yo creo que algo va a pasar.

—Pues yo no me doy cuenta de nada —le contesté—. Lo único que sabré decirle es que elecciones no habrá, porque lo que están planeando es un golpe militar y, si no lo han llevado a cabo, es porque le tienen miedo al movimiento revolucionario.

Después de que mi hermana nos sirvió la cena, dijeron:

—Bueno, pues, hay que dormir. Acuéstese usted en esa cama.

El cuñado, como duerme con el radio de cabecera, tomó el aparato de una mesa y movió la aguja del cuadrante para fijarla en una emisora de Costa Rica; así, al solo despertarse por la madrugada, lo enciende y se da cuenta de la hora.

A las cuatro de la mañana del día siguiente —3 de octubre— sintonizó Radio Lima para escuchar un programa de música ranchera que comenzaba a esa hora. Después de una bonita canción, el locutor dijo:

—Estimados oyentes, informamos a ustedes que parece haber un incendio en Lima Vieja, pues se escuchan numerosas detonaciones. Luego agregó, con una voz alegre y cordial: "Mientras averiguamos lo que pasa, escuchemos otra rancherita de esas que llegan hasta el alma".

Comenzó la canción, pero luego ésta se interrumpió, desapareciendo también del aire la misma emisora.

A las seis de la mañana de ese día sintonicé la radio para escuchar los noticiarios. Puse "Radio Norte", nada; busqué la Voz de

Centroamérica, nada; quise oír la H.R.N., de Tegucigalpa, nada tampoco. Todo era un completo silencio.

—¿Qué pasará? —me preguntó la hermana.

—Algo pasa —le expresé—. Con toda seguridad ha habido golpe de Estado.

—No digás esas cosas, vos —apuntó mi hermana, como temerosa.

—Sí, es que eso está como seguro —le dije.

Mientras hablábamos, continué moviendo los botones del receptor. De repente, di con la estación de Santa Rosa de Copán. Una voz femenina, un tanto nerviosa, pero con notable satisfacción, decía en ese momento:

—"Las Fuerzas Armadas han tomado el poder de la Nación para salvar a la República del desastre en que se encuentra e impedir que caiga en las garras del comunismo."

Luego, la misma voz continuó haciendo llamamientos a distintos cuerpos armados para que se solidarizaran con el ejército y su acción golpista.

—¡Verdad que te dije! —le grité a mi hermana— ¡Derrocaron a Villeda Morales!

La noticia se regó por todas las casas del campo como una mancha de chapulín. De inmediato comenzó a formarse una gran alharaca entre las mujeres, pues, como era época de corte, casi no había hombres en los barracones.

—¡Ay, Dios mío, qué feo se puso esto! —decían a gritos.

Algunas se dirigían a mí para hacerme preguntas del siguiente tipo:

—Pero esta canallada no se quedará así, ¿verdad, don?

Unas, con lágrimas en los ojos; otras, con las manos en la cabeza, escuchaban atentas las palabras de ánimo que yo les expresaba, principalmente doña Margarita, que me tenía mucho aprecio.

Más tarde, un trabajador de ideas liberales se me aproximó y me dijo:

—¿Vamos, don, a Baracoa?

—Vamos, pues —le contesté.

Nos fuimos por la línea férrea. Después de pasar el puente sobre el río Chamelecón, llegamos a la casa del señor Gallardo, un liberal muy obcecado. Lo saludamos y nos pusimos a conversar. En eso estábamos cuando vimos pasar a un grupo de punpuneros[3], dirigidos por un paisano mío, de nombre Nemecio Galeas. El grupo, compuesto en su mayoría por hombres del distrito de El Pantano, se dirigía a Puerto Cortés para presentarse a la delegación militar.

Continuamos la marcha con mi amigo. Al llegar a la estación, nos encontramos con mucha gente: unos que venían, otros que iban. Allí vimos a una señora, ya bastante avanzada en años, que, con las manos sobre la cabeza y llorando, decía:

—¡Ay, Dios mío, qué desgracia! Pero el responsable de todo este desastre es ese Pájaro[4] hijo de puta.

Estas palabras eran expresadas por la referida señora porque se acababa de saber que al delegado de la Guardia Civil en Cieneguita, Francisco Díaz, lo habían ametrallado con su guardia, sin darle oportunidad de ver por última vez a su esposa e hijos. La víctima residía en Baracoa y, como se portaba bien con la gente, todo el mundo le guardaba mucha estimación.

Por fin, llegamos a Baracoa-pueblo. Allí nos encontramos con un grupo de hombres armados de fusiles, pistolas y machetes. Los vecinos comentaban los acontecimientos: unos, de una manera; y otros, de otra. En una tienda del lugar, donde también se vendían licores, funcionaba un aparato de radio con bastante volumen. En ese momento se transmitían sólo marchas y llamamientos de apoyo a las Fuerzas Armadas.

Al detenerme frente a la casa con el interés de escuchar algunas noticias, uno de los sujetos armados se dirigió hacia mí. Este era Jerónimo Baquedano, quien había sido segundo cabo de la Comisaría en Finca Monterrey durante el gobierno de Julio Lozano, y me conocía perfectamente.

—¿Y tú qué dices? ¿Estás de acuerdo? —me preguntó a boca de jarro.

---

[3] Militantes del PUN (Partido de Unión Nacional), formado el 12 de octubre de 1955, con el propósito de apoyar la continuidad en el poder del presidente de ato Julio Lozano Díaz, quien tenía pretensiones dictatoriales. Este fue derribado por un golpe militar el 21 de octubre de 1956.
[4] Pajarito, apodo del presidente Ramón Villeda Morales, derrocado por golpe militar el 3 de octubre de 1963.

—Sí —le contesté—. Estoy de acuerdo porque Honduras se encontraba en un desastre y, gobernando las Fuerzas Armadas, van a cambiar las cosas.

—Así es: esto se va a componer —agregó él—. Habrá bastante trabajo, porque un hecho como éste era el que esperaba la Compañía para abrir nuevas fincas. Ya verás.

Mi amigo me propuso que regresáramos, y así lo hicimos.

Al llegar a la casa de mi hermana, era ya la hora de almorzar. Me preguntó que si pensaba hacerlo, contestándole de mi parte que no sentía hambre. Ella también me dijo:

—Vieras que tengo un fuerte dolor en el estómago y como que me quieren atacar los nervios, pues ya capturaron a los primeros liberales y quién sabe qué te va a pasar a vos.

—No te preocupés mucho —le dije, y para disimular un poco, le pedí que me sirviera la comida.

Desde aquel momento comenzaron para mí las zozobras, los sacrificios y los desvelos, pensando en mi mamá y el hermano menor allá en Paujil, pues, por quitarle su pistola, podían encontrar la literatura que yo guardaba allí: la Biografía de Carlos Marx, la Filosofía materialista dialéctica, el Materialismo histórico, Las clases y la lucha de clases, La sociedad primitiva, el Programa del Partido Comunista de Honduras, La primera y segunda conferencia de los partidos comunistas de Centroamérica y Panamá, La primera y segunda declaración de La Habana, así como las novelas Destacamento rojo, Bajo el signo de la paz y otros libros.

A las dos de la tarde se escuchó una información que anunciaba la salida de Ramón Villeda Morales para Costa Rica. Después se dio a conocer al pueblo un mensaje de los golpistas en el que comunicaban el toque de queda, desde las seis de la tarde hasta las cinco de la mañana. Llegó la noche. Un silencio pesado reinaba en el ambiente. De cuando en cuando se oía el ladrido de los perros y el trotar de la escolta de Baracoa, dirigiéndose a las oficinas de Mango.

El domingo seis de octubre, me preguntó mi hermana:

—¿Cuándo vamos a Paujil, a ver a mi mamá?

—Pues, como desconozco cómo está por allá la cosa —le respondí—, no puedo meterme en ese campo al molote. Pero he decidido ir hoy a Tela para ponerme en contacto con el Partido.

—Pues entonces —me dice la hermana—, andate para Tela y mañana lunes nos vamos en el mixto para Paujil.

Encontrándome en la estación de Baracoa, en espera del tren que va de Cortés a Tela, llegó el de San Pedro a Cortés. Al observar a los que se bajaban, veo que desciende el señor Cordón, un comerciante que viaja a los campos bananeros con mercadería y que era simpatizante de nuestra causa.

—¡Hola! ¿Qué tal? —le digo, al acercarme a él.

—¡Hola! —me contesta, no muy entusiasmado.

—¡Qué ha sabido? —le pregunto.

—Nada. ¿Y usted?

—Nada. Qué desastre, ¿verdad?

—Sí —dice el hombre, mientras echa una mirada a su alrededor.

—Y en San Pedro —le pregunto—, ¿cómo estuvo la cosa?

—Allí —responde— casi no hubo nada porque el cuartelito no aguantó mucho. El único que sí hizo algo de resistencia fue el Presidio. En ese lugar los militares tiraron varias granadas; una de ellas pegó en los alambres de la luz y, al rebotar, cayó en medio de ellos, matando a un montón de jodidos.

—¿Para dónde va? —me preguntó después.

—Voy para Tela, a ver si me noticio de algo.

—Tenga cuidado —me dice—, porque hoy está todo muy peligroso.

—Así es —le digo, y nos despedimos.

Sonó la campana del tren de Tela, anunciando la salida. Subí a uno de los vagones y me senté en una banca. Todo era silencio en el coche. Apenas se oía un murmullo de voces apagadas: era la gente que hablaba como en secreto.

Al llegar a Toloa-Empalme, subió un grupo de soldados dirigidos por un sujeto que llevaba una metralleta colgada del hombro, así como una pistola al cinto y dos granadas de fragmentación pendientes de la cintura. Este hombre era Narciso Mejía, segundo comandante de aquel lugar. Los soldados continuaron en el tren hasta la estación de La Fortuna, donde se apearon en busca de armas y liberales.

Al llegar a Tela Nueva y detenernos en la estación, el tren fue asaltado por una patrulla militar, fuertemente armada. Los chafas[5] registraron todo lo que iba en los vagones, tanto las pertenencias de los hombres como de las mujeres. Los pasajeros se quedaron sorprendidos ante tal atropello, sobre todo una negrita de Paujil, de nombre Mariana, muy amiga mía, a la que, al arrebatarle una cesta que llevaba, casi le arrancan un brazo.

De la estación de Tela Nueva tuve que irme a pie para el pueblo, pues el tren no llegaba hasta Tela Vieja. Al llegar al puerto, me dirigí inmediatamente a la casa de un camarada nuestro, de oficio zapatero y de apellido Hernández, quien hasta hacía poco había estado preso con varios amigos más.

—Buenos días —le dije.

—¡Hola, compa! ¿Qué tal le ha ido? —me respondió.

—Pues aquí, visitándolo.

—¿Y qué me trae de nuevo?

—Pues nada, ¿y aquí qué hay?

—Nada; sólo este desastre.

—Así es. ¿Y aquí cómo estuvo la cosa?

—Pues aquí —contesta, un poco desalentado— no pelearon nada, porque lo que fue la Guardia Civil la agarraron con la gente dormida y a todos los mataron.

—¿Los mataron? ¿Y cuántos murieron?

—Fueron diecisiete. Sólo uno se salvó de milagro. También se salvó el jefe, porque éste no se encontraba durmiendo en el cuartel, sino en una pensión. Parece que ya sabía lo que iba a pasar y abandonó a sus hombres. Al siguiente día vinieron a traerlo sus hijos, de Tegucigalpa.

—¿Sus hijos?

—Sí, tiene uno en la Fuerza Aérea y otro en el Primer Batallón de Infantería.

—¿Y del Partido no sabe nada?

—No, compa —me responde—. Lo que es del Partido no sabemos nada. Aquí nos encontramos incomunicados. Ignoramos lo que pasó

---

[5] Apócope de chafarote, militar en Honduras.

en San Pedro, La Ceiba y Progreso. Peor aún, lo que ha ocurrido en Tegucigalpa.

—¿Pero no hay persecución aquí?

—Pues hasta la vez no han molestado a nadie. Solamente al Profesor, a quien lo hemos ocultado para protegerlo.

—¡Ajá! —le digo—. Este Profesor es el compañero Aguirre, a quien deseo ver.

—No, compa —me dijo Hernández—, a esas gentes no hay que visitarlas porque es peligroso.

—Está bien.

—Bueno, compa —le digo, señalándole una vitrina—, ¿no ha escondido eso todavía?

—Pues no lo he quitado.

—Vea, no le den una buena jodida.

Le dije esto porque en un escaparate muy visible tenía como ciento cincuenta ejemplares de la novela Destacamento Rojo, de Amaya Amador, y otras obras más de marxismo-leninismo.

—Bueno, compa, me marcho —le expresé, después de unos minutos.

—Está bien. ¿Y cuándo vuelve?

—El otro domingo —le respondo—, porque a mí me interesa el contacto con el Partido. Eso deseaba hablar con Aguirre, porque creo que pronto se organizarán las guerrillas, ¿verdad?

—No sé nada de eso, compa —me dice—; pero esté viniendo aquí, porque puede que, de un momento a otro, me informen algo y entonces le podré comunicar a usted cualquier cosa.

—Muy bien; hasta luego, compa.

—Hasta luego.

Salí a la calle y comencé a caminar sin mucho ánimo. Al llegar a la esquina del parque, veo al compañero Bu, que está con la mano en la quijada, recostado en uno de los pilares del Hotel Valderach, observando a un grupo de chafarotes que estaba cerca del Teatro Dorado. ¡Qué susto se llevó cuando, al palmearle la espalda, le digo:

—¡Ajá, compañero! ¿Qué hace aquí?

—¡Hola, compañero! —me responde y agrega—: ¿qué tal está?

—Bien. ¿Anda paseando? ¿En qué vino? ¿En pasajero o en Machangay?[6].

—En pasajero.

—¡Ajá! Yo sabía que no lo había visto.

—¿Y qué hay por Progreso? —le pregunto.

—Nada.

—¿Y los demás compañeros, están buenos?

—Sí, están buenos.

—¿No hay persecución allá?

—No; no hay persecución.

—¡Más vale!

—Así es.

—Bueno, compa, nos veremos —le digo, extendiéndole la mano.

—¿Ya se va?

—Sí.

—Vámonos; lo acompañaré hasta el otro lado —me dijo, y comenzamos a caminar, uno cerca del otro, por la calle del comercio.

Cuando íbamos frente al Teatro Hispano, expresó:

—No friegue, compañero: si en Progreso hay una persecución bárbara. Figúrese que ayer capturaron a Benedicto y quién sabe qué suerte le habrá tocado. Todos los compañeros andan huyendo. Yo tuve que venirme hoy en la madrugada para acá, porque si me agarran esos hijos de puta, me joden.

—¿Y no se ha puesto en contacto con los compañeros de aquí?

—No, porque no los conozco.

—Véngase —le dije—, yo lo pondré en contacto con un camarada; pero caminemos a prisa, porque me puede dejar el tren.

Se lo llevé al zapatero y allí lo dejé conversando. Corrí para tomar el ferrocarril, pues ya había dado los pitazos de la salida. Cuando llegué a la estación, la máquina comenzaba a tomar velocidad y tuve que dar un salto casi mortal para alcanzar uno de los vagones.

---

[6] Merchant day, ferrocarril que la United Fruit Company destina obligatoriamente para llevar y traer a los trabajadores que van, los días domingo, a comprar a los principales centros urbanos desde los campos bananeros.

Al siguiente día, lunes siete de octubre, me fui con mi hermana para Paujil. Cuando nos apeamos del tren y nos vieron los muchachos, gritaron:

—¡Ahí viene mi tío y mi mamá!

En el momento en que mi hermana estaba saludando a sus hijas, a una sobrina y a sus nietecitas, sale de la cocina una señora de sesenta y tres años de edad y me da un dulce abrazo: era mi madre, a la que hacía bastante tiempo no miraba.

—¡Hijo mío, no sabés cuánta preocupación he tenido todo este tiempo! No he dormido estas últimas noches pensando en vos. ¿Has estado bueno?

—Pues hasta la vez no me ha pasado nada. ¿Y aquí cómo andan las cosas?

—Pues aquí, con zozobra. Vieras, vos, esos hombres han andado hechos el pecado. Estuvieron registrando todas las casas, quitando pistolas. ¡Pero te digo que eran sacos de armas los que se llevaron!

—¿Y la de Jacinto, se la quitaron?

—No, vos; fijate que, como que Dios los apartó de nosotros, porque no hubo casa que no registraran; pero a la nuestra no vinieron. Y yo, loca, que no hallaba dónde meter esos papeles que tenías aquí. Luego me acordé de llevarlos a donde Carlos para que los escondiera, y éste tampoco hallaba dónde meterlos. Finalmente, creo que los quemó. Por todo eso, te digo que deberías irte a donde Anaida y allí te estás encerrado, porque si te llegan a ver esos orejas[7], principalmente el Felipe Guzmán, ya te vienen a traer.

Más tarde llegó mi hermano. Conversamos de la situación en que nos encontrábamos. Él me aconsejó también que me mantuviera encerrado.

—¡Pobrecito mi tío! —decían las sobrinas—. Lo peligroso es que lo mire ese viejo de Felipe Guzmán, porque, como desde ya tiempos lo conoce y sabe la lucha a que pertenece, lo puede chismear.

En eso estaban, cuando llegó alguien. Yo escuché una voz masculina que decía:

—¡Buenas!

—¡Hola, don Carlos! —le contestaron las muchachas.

---

[7] Espía.

A este hombre lo pasaron al cuarto donde me encontraba encerrado. Era el suegro de una de las sobrinas, quien llegaba de Lima. Él también andaba en las mismas condiciones que yo, solamente que, en su caso, era por liberal. Hasta antes del golpe había sido guachimán[8] de trenes en Puerto Cortés. El propio tres de octubre entregó los fusiles y se lanzó a huir.

Hablamos mucho. Fue una conversación larga y productiva, hasta el extremo de decirme que estaba de acuerdo con mis puntos de vista, pero en lo único que no podía transigir era en que los comunistas se arroparan con la bandera liberal.

—No diga eso —le expresé—, porque de hoy en adelante todos los liberales van a ser tratados igual que los comunistas. ¡Ya ve usted cómo anda huyendo, y sin ser de los nuestros!

—Es verdad —dijo don Carlos—, ahora todos estamos jodidos.

Momentos después, llegaron mi madre, la hermana y el hermano para discutir conmigo sobre dónde podía ocultarme. Yo estaba muy contento de estar con mi madre, pero no podía menos que retirarme de aquel lugar, por los peligros allí existentes. En esa plática me dijo mi hermana, la que había venido conmigo:

—¡Pero vos podés estar donde yo! Vámonos de regreso; allá no tenés peligro.

—Sí —le contesté—, allí el único peligro es que me mire Marel Medina. Eso es lo primero. Lo segundo, es que José, tu marido, es muy incómodo y, como es contrario a la ideología que yo sustento, vos sos la que aguantás.

—¡Ah, pero fijate! ¿Y para dónde te vas a ir? Vámonos para allá y dejate de cosas.

—Vaya, pues, nos iremos para allá —le respondí.

Mi estancia en aquel sitio fue de mucha tensión. Por las noches caía un silencio espeso y una gran oscuridad, en la que sólo se miraban los destellos de los focazos lanzados por el turno[9] de la comandancia que vigilaba los dos campos: Paujil y Loro.

---

[8] Watch man (hombre que vigila). Vigilante, celador.
[9] Del vigilante.

A los tres días nos regresamos para Mango. Al llegar allí, me buscó un bombero[10] para que le tapizcara una milpa en un lugar de Montañuela, aguas arriba del río Chamelecón. En ese trabajo pasé más tranquilo y conseguí para el sustento o, al menos, para los cigarrillos. A la casa llegaban a visitarme muchos trabajadores y campesinos con el objeto de preguntarme sobre la situación. Yo siempre les contestaba que no sabía mayor cosa, pero que, al darme cuenta de algo, les informaría.

Luego pensé en la otra hermana, la que está en Villafranca, donde dejé mi ropa. Dispuse ir a ese lugar, arriesgándome a todo. Abordé el tren y, al llegar a la estación de La Junta, ya se encontraba allí el ferrocarril de Progreso a Lima. En medio de la multitud de pasajeros que hacían el trasbordo, vi al compañero Euceda, Tormenta, que le dicen. Este compañero era el dirigente de la organización campesina de la aldea Los Pinos.

—¡Hola, hombre! —dice al verme—. ¿Qué tal?

—Bien. ¿Y usted?

—Aquí, hecho una desgracia.

—¡Ah, de eso no hablemos!

—¿Y para dónde vas? —me preguntó.

—Para Villafranca, donde una hermana.

—A mí me ha llevado el río —me dijo en voz baja—. Esos hijos de puta me persiguen como a un animal desde el día del pencazo. Estoy durmiendo en el monte. Todas las noches llega la escolta a mi casa a buscarme. En una de esas visitas me llevaron la pistola y el fusil 22 que tenía.

—¿Y ahora, para dónde va?

—Voy para Tela, a ver si me pueden ocultar algunos de los compañeros de allá, pues en ese lugar poco me conocen.

—Está bien —le dije, y nos despedimos.

Llegué a Villafranca. Al aproximarme a la casa, mi hermana salió a encontrarme muy alegre, diciéndome:

—¡Ay, hermano, nosotros creíamos que algo te había pasado!

---

[10] Operador de las gigantescas bombas de succión que emplea la United para extraer las aguas de los ríos Chamelecón y Ulúa, a fin de regar con ellas sus fincas de banano.

—Pues hasta la vez no me ha pasado nada. ¿Y por aquí qué tal?

—¡Ay, vieras! Aquí registraron todo.

—¿Y los papeles que tengo aquí?

—¡Ah!, pues fíjate que cuando llegó la escolta a registrar donde don Chencho, corrieron a avisarnos para que, si teníamos algo, lo escondiéramos. Entonces quedó Máximo, vos, que no hallaba dónde meter esos papeles. Finalmente, dispuso quemarlos. Por eso, cuando registraron la casa, no encontraron nada. Pero preguntaron por vos y dicen que te han puesto vigía para capturarte al llegar. De manera que no podés permanecer aquí mucho tiempo.

—¿No?

—Así es. No es corrente, pero es mejor que te vayás, porque podés caer. ¡Dios sabe lo que hace, que te apartó y no estabas ese día aquí!

—Bueno, pues; me marcho enseguida. Nos veremos otra vez.

—Bueno, hermanito, que te vaya bien y cuídate mucho.

Así regresé a Mango, aunque mi cuñado se me había puesto de punta por ser yo un comunista y él tener ideas opuestas. En una oportunidad me dijo que esa lucha no servía, que era pura papada[11].

—Pero, José —le dijo mi hermana—, déjelo; cada quien tiene sus sentimientos y sus ideas. Usted, como es un ignorante, no entiende de nada.

—Sí —dijo mi cuñado—, no entiendo de nada; pero a mí me han dicho muchos amigos bien informados, como don Marel y otros más, que en el comunismo no tiene uno libertad; que todo lo que trabaja es para el gobierno y que hasta la comida es racionada. Por eso yo digo: para caer en esa vida, estamos mejor como estamos, porque lo que gano es para mí.

—Usted —le responde mi hermana— es que cree todo lo que le dicen. No toma en cuenta que quienes hablan así son sus propios enemigos, o sea, los que lo explotan, y que, por esa razón, no pueden decirle nada que sea verdad.

—Usted lo que quiere —vuelve a decir mi cuñado— es que yo ande huyendo como su hermano. ¡Qué bonito!

---

[11] Cosa de poca importancia; expresión despectiva muy usada en Honduras.

—A usted —le expresó finalmente mi hermana—, como no sabe nada, lo que le conviene es callarse.

Todo esto era para mí un sacrificio y un sufrimiento muy grandes, pues me tocaba estar humillado y oyendo blasfemias. Por eso, al siguiente domingo, me fui para Tela a buscar nuevamente el contacto con el Partido. Llegué donde el zapatero.

—¿Cómo está, compa? —le dije al verlo.

—Bien, compa, ¿y usted?

—Pues aquí, por no estar allá —le expresé en broma, aunque yo sabía que esto último era cierto—. ¿Y qué hay de nuevo?

—Nada, compa; por los momentos no hay nada, pero al saber algo le avisaré.

—Está bien —le respondí, y di la vuelta con un gran desaliento.

Me fui en busca de un compañero, de seudónimo Urbina. Este no estaba en su casa. Pero para mí fue una sorpresa que, sin pensarlo, me encontré con el camarada Aguirre, miembro de la Comisión Política. Después de que nos dimos un abrazo, me preguntó:

—¿No venía alguien detrás de usted?

—No —le dije—, yo siempre vuelo ojo para todos lados y no vi a nadie.

Enseguida le informé todo lo que me ocurría y de mi decisión de incorporarme al movimiento armado. Él me dijo que se estaba planeando algo, pero que, por el momento, no podía decirme nada porque estos asuntos eran muy graves. También me dio a conocer que lo único que se estaba haciendo por aquellos días era contribuir de alguna manera al sostenimiento de los camaradas que andaban huyendo en las montañas. Luego me dijo que no tuviera cuidado; que, al disponer algo el movimiento, me avisaría.

Después del almuerzo continuamos conversando, hasta llegar al punto de decirme cómo era un movimiento revolucionario; cómo se estudiaba en las guerrillas; qué se necesitaba para ser un buen combatiente; y muchas cosas más. Entonces le informé que yo conocía muchas montañas, entre ellas: parte de la de Nombre de Dios, en Yoro; El Volcán, en Santa Bárbara; Vallecillos y Ocotes Caídos, en Copán; Rancho Chiquito, en Comayagua; La Paz, en La Paz; La Tigra, Cerro de Hule, Upare, Yerba Buena y Lodo Negro, en Francisco Morazán.

—Entonces —me dijo—, usted puede ser un buen guía o enlace.

—Pues así será —le contesté.

Regresé bastante satisfecho con lo que me dijo Aguirre, porque ya vislumbraba alguna esperanza de que cambiara mi situación. Pero, al mismo tiempo, iba desconsolado, diciéndome que volvía al infierno, o sea, a la casa de mi hermana. Sin embargo, por mi condición de comunista, todo aquello tenía que soportarlo. Mi hermana también aguantaba por mí.

Un día sábado, encontrándome con unos amigos obreros, me invitaron para que les conversara sobre los problemas del momento. Comenzamos a echarnos unos tragos. Después de un rato, al sentirme inspirado, me pasé la mano por la cara y no me encontré la nariz, señal de que ya me estaba emborrachando y, como a pesar de que a mí me han gustado las copas, siempre he tenido cuidado de no pasarme para no decir cosas fuera de lugar. Por eso les dije a mis compañeros: "Ya no sigamos hablando sobre ese tema; platiquemos mejor de otras cosas". Y así fue: conversamos de amores, geografía, historia y de otros asuntos más.

Al sentirme ya bastante borracho, regresé a la casa de mi hermana y me acosté a dormir. Pero, al día siguiente, como a las cuatro de la mañana, me desperté al escuchar el pleito que tenían mi hermana y su marido respecto a mí. Aprovechándose de la borrachera que me había puesto, mi cuñado me echó de la casa; me dijo que me fuera a la chingada porque no quería comunistas en su hogar.

—No sea grosero, José —dijo mi hermana.

—Usted puede callarse —le contestó él.

—Está bien —repuse yo, para evitar problemas—. Luego agregué: con el tiempo las cosas van a cambiar y entonces la historia lo dirá todo.

Con lágrimas en los ojos, me despedí de mi hermana y sobrina, las que también no pudieron contener el llanto. Todos los vecinos se quedaron sorprendidos por la actitud de aquel cuñado, pero nunca supieron por qué.

Cuando iba cruzando el puente sobre el río Chamelecón, escuché varios silbidos. Volví a ver y noté que se trataba de un muchacho que me pedía esperarlo. Este era Martín, un cuñado de la sobrina que había venido a pasear. Iba también para la estación. Cuando nos encontramos, me dio un lempira que me mandaba mi hermana.

Tomé el tren en Baracoa y, al llegar a La Junta, hice el trasbordo al tren de Progreso a Lima. En el vagón me encontré con varios compañeros de trabajo de los campos y les platiqué sobre la situación en que me encontraba. Como les dije que sólo llevaba el lempira que me había mandado mi hermana, allí mismo cada quien me dio lo que pudo, de manera que, en un rato, reuní siete lempiras. Tanta era mi suerte que hasta un agente de pasaje me llevó sin cobrarme.

Al arribar a la estación de Manacalito, me bajé para pasar a Urraco, en compañía de varios pasajeros más. A los pocos minutos estábamos en la orilla del río Ulúa, donde subimos a una lancha de motor porque había creciente. Cuando llegamos a la casa de El Chino Alonso, dueño de los negocios que ahí había, es decir, los cayucos, un prostíbulo, varios juegos de azar, una cantina y otros, me llevé un tremendo susto.

Resulta que, en el momento de pagarle a El Chino la pasada del río, se escuchó un gran relajo en una de las mesas de chivo[12] y, luego, un disparo de pistola, seguido de una descarga de seis tiros. De una barraca salió un hombre corriendo, el que cayó herido a mis pies, manchándome de sangre el pantalón. Era Antonio Medina, el comandante de armas de ese lugar, quien se había agarrado a plomazos con el turco Názar, el que lo bañó de balas y lo mató.

Al hechor lo siguió la escolta hasta la estación del ferrocarril, donde fue capturado. Todo aquel barullo me puso en un gran aprieto, porque, de un momento a otro, podían reconocerme los chafas.

En Urraco estaba el cabo de comisario de la aldea La Veintinueve, con quien éramos amigos. Este me dijo que lo acompañara mientras llegaban el juez y las autoridades de Progreso a periciar el muerto. Yo, por no dar a conocer nada, le dije que sí. Al poco rato se presentaron las autoridades, y a mí me tocó quitarle la camisa al difunto, darle vuelta para examinarlo y también ponérmelo sobre la espalda para llevárselo a la viuda.

---

[12] Juego de dados con apuestas.

Cumplidas estas labores imprevistas, entré en la casa de un amigo, llamado Ramón, quien tenía un estanco[13] cerca de donde era el velorio. Dicho amigo me regaló un trago y, como ya sabía mi situación, me ofreció trabajo, así como su casa, mientras pasaba el peligro. Allí pasé la noche. Al día siguiente, por la tarde, hablé con otro amigo, quien me aconsejó que lo mejor que podía hacer era marcharme, porque la situación era peligrosa.

Por la noche partí para Paujil, otra vez a donde mi madre. Iba a pie, por el ramal, cuando me alcanzó un hombre en una bicicleta. Era don Juan, el chapulinero[14], quien me preguntó:

—¿Para dónde va, hombre?

—Para Paujil.

—Hoy temprano deseaba hablar con usted.

—¿Sí? —le pregunté.

—¿Le pasa algo a usted? —me dijo.

—No, ¿por qué?

—A mí no me niegue. ¿Usted cree que sólo usted anda así? ¡No, hombre! Son muchos los que andan huyendo.

—¿Y usted qué consejo me da?

—Mejor váyase para donde su mamá y su hermano; así, si nosotros llegamos a saber algo, le avisaremos oportunamente.

—Si para allá voy.

—Eso está bien —me dijo, y nos despedimos.

Llegué a donde mi madre. Aún no se había acostado. Grande fue su sorpresa al verme y mayor su indignación al saber la actitud del cuñado.

—¡Qué barbaridad! —dijo ella—. José no debería portarse así, sabiendo cómo hemos sido nosotros con él.

Mi hermano agregó a estas palabras:

---

[13] Cantina; venta de aguardiente.

[14] Conductor del chapulín: tractor de llantas de goma, designado así por comparación con la langosta, insecto al que los campesinos designan con aquel nombre.

—Pues aquí, como hasta la vez no se dan cuenta de nada, te podés quedar y me hacés la postrera[15] y una mancha[16] de frijoles. Pero eso sí, no debés hablar nada de política, porque eso es peligroso.

—Está bien —le dije yo—, y allí me quedé.

El siguiente domingo tomé el Machangay y me fui para Tela. Al llegar a la casa del zapatero, encontré únicamente a la esposa.

—Buenos días.

—Buenos días —me contestó.

—¿Y el compañero?

—Y... allá no lo tienen, pues.

—¿A dónde?

—¡En el presidio!

—¿En el presidio? ¿Y cuándo se lo llevaron?

—El jueves.

Aquello significaba un golpe muy duro para mí, porque nuevamente quedaba incomunicado. Dándole vueltas a esta idea, le pregunté:

—¿Solamente a él lo agarraron?

—Con Salgado, al que le dicen El Chino. Los demás andan huyendo. A los presos creo que mañana los llevan para San Pedro.

—¡Vaya! A nada vine —le dije, y nos despedimos.

Iba caminando hacia el parque cuando decidí comprar cigarrillos en un establecimiento próximo. Al entrar en una pulpería, me encontré con un grupo de empistolados que estaban tomando cervezas. Algunos eran de mi mismo pueblo, con los que habíamos crecido juntos. Todos eran punpuneros. Uno era guachimán desde hacía veinticinco años; otro, maquinista; otro, fogonero. El cuarto, de apellido Canales, había matado a un hombre en el campo El Olivo y hoy se encontraba de alta en la zona militar de Tela.

—¡Hola, paisano! —me dijo uno de los hombres—, ¿qué tal está?

—Pues bien —le respondí.

—Pase adelante y siéntese —me dijo el mismo hombre, al propio tiempo que ordenaba una cerveza para mí.

---

[15] Milpa de resiembra.
[16] Extensión pequeña de cualquier cultivo.

—Hombre —les dije—, yo no estoy en condiciones de chupar[17].

—¿Por qué? —me preguntó el que me había invitado.

—Porque no llevo dinero —le dije—, y a mí no me gusta sólo tragar.

—No trabe, paisano, como si le estuviéramos preguntando si anda o no dinero.

Entonces dijo otro de los hombres:

—A este paisano lo conozco desde cipote. El papá era un hombre muy inteligente, honrado, y prestó muchos servicios al pueblo: fue alcalde, juez, síndico, regidor; en fin, de todo.

—Y él no es atrasado tampoco —dijo otro, al mismo tiempo que gritaba—: ¡Sírvame otra tanda, patrona!

—Pues sí, yo sé bien que este no es atrasado, como vuelvo a decir —repitió el mismo hombre—, porque, por donde lo quieran atacar, sea en matemáticas, ciencias naturales, geografía, filosofía y hasta política, en todo les responde.

—¿Y de política qué dice, paisano? —preguntó uno más de los bebedores.

—Pues la verdad es que de eso no sé mayor cosa —le respondí entonces—. Lo primero, porque no soy político: vivo de mi trabajo. Lo segundo, porque la política hay que estudiarla, saber el principio de ella o, mejor dicho, la raíz de los intereses de clase que defiende cada político.

—Púchica, paisano —dijo uno de los sujetos—, usted anantes[18] no se ha hecho comunista.

—¿Por qué? —le pregunté, un poco sorprendido, aunque haciéndome el papo[19].

—Porque esos jodidos son bien preparados, y anantes no lo han conquistado.

—A mí no tiene que conquistarme nadie —le dije con firmeza—, porque yo vivo de mi trabajo y si no trabajo no como.

---

[17] Tomar; emborracharse.

[18] Aún antes; con significado de "por suerte", "por fortuna".

[19] Hacerse el inocente, el inofensivo, el tonto o que no sabe de qué le están hablando.

En eso estábamos cuando entraron otros hombres, que interrumpieron nuestra plática. Los de mi mesa los saludaron muy atentos. Eran el juez de paz, el síndico municipal y el secretario de aquel puerto. Canales, vestido de uniforme, se levantó y me presentó con los recién llegados.

—Este muchacho —les dijo— es un buen hombre, decente y honrado. Es hermano de un compadre mío y le tengo mucho aprecio.

—Sí —dijeron los demás paisanos—, nos criamos juntos en el pueblo. Así es que lo recomendamos. Si alguna cosa necesita, lo atienden, porque somos de los mismos.

—Está bueno —dijeron los nuevos bebedores—, nos tiene a las órdenes a la hora que quiera.

Pidieron más tandas y yo me despedí de ellos para ir a tomar el tren. Al llegar a la estación me quedé atónito al darme cuenta de que el ferrocarril ya se había ido, y yo, sin un centavo en el bolsillo para comida, dormida y pasaje. Después de darle vueltas al asunto, resolví irme para Tela Nueva, a donde vivía un primo, al que podía hablarle sin problemas porque era liberal reconocido. Me recibió muy contento con la familia. Este me dio dónde dormir y me proporcionó el pasaje para Paujil.

Desde ese entonces quedé más aislado del Partido y del movimiento. A Tela ya no podía ir porque de nada me servía. En El Progreso, la mayor parte de los compañeros estaban detenidos y los demás andaban huyendo. En San Pedro hicieron una redada en la que cayeron hasta los dos más importantes dirigentes[20].

En Cortés, La Ceiba y Tegucigalpa habían caído numerosos compañeros. En toda la República hasta los liberales eran presos y perseguidos. Después vino la deportación de los compañeros considerados más peligrosos por el régimen, lo cual era una penuria para mí.

En Palomas capturaron al camarada Hugo. En Tela cayó el compañero Euceda —Tormenta—. En Monterrey fueron detenidos Amaya y don Chevo. En Paujil capturaron a don Camilo y a

---

[20] Dionisio Ramos Bejarano, secretario general del Partido Comunista de Honduras, y Luis Manuel Zúniga, hasta entonces miembro de la Comisión Política, expulsado poco tiempo después.

Napoleón. Al primero lo torturaron, junto con otros más. Después de todas estas detenciones yo tenía suficiente para andar pianito[21].

Pero, aun así, decidí ir a Progreso. El domingo siguiente tomé el tren Machangay. Al apearme en la estación, observé hacia distintos lados y me encontré con el compañero Cruz. Saludándonos estábamos cuando fuimos interrumpidos por una voz que decía:

—¡Hola, cuñado! ¡Qué tal está?

—¡Hola! —respondo yo, al reconocer a un hermano de mi exesposa, de la cual mucho antes me había divorciado.

—Cuánto tiempo sin verlo, cuñado —me dijo el hombre.

—De veras —respondí yo, con más interés de que se fuera que en seguirle la conversación.

—Pues este encuentro —dijo de nuevo— merece un trago. ¿Quiere guaro[22] o cerveza?

—Ay, cuñado —le dije, impaciente—, para no despreciarlo, le tomaré la cerveza.

Nos encaminamos a una cantina próxima, pero antes me puse de acuerdo con el camarada Cruz para encontrarnos después de que yo despachara al importuno. Me bebí la cerveza a grandes tragos y, despidiéndome del cuñado, salí al encuentro de Cruz.

Le conté todo lo que me pasaba y, al final, le pregunté:

—¿Ya se están organizando las guerrillas, verdad?

—Sí —me dijo—, y siendo que usted se encuentra en peligro, es mejor que se reúna con ellos, pues actualmente suben los más perseguidos; los otros quedamos trabajando acá para sostener a los que están en las montañas.

—¿Y con quién me entiendo? —le pregunté.

—Usted puede entenderse con el compañero Amaya —me dijo.

—¿Amaya? —le dije, asustado—. ¿Ya salió, pues?

—Sí; ya salió y es el que se entiende en mandar a la gente para el monte.

—Entonces, el próximo domingo vendré a Monterrey para verme con Amaya.

—Está bien —me expresó, y nos despedimos.

---

[21] Andar con cuidado.
[22] Aguardiente de caña.

CAPÍTULO II: "YO SOY DE PATRIA O MUERTE"

Ese día regresé muy contento porque —¡al fin!— había conseguido el contacto con el movimiento. Esto fortalecía mi ánimo y me daba más autoridad ante los trabajadores del campo, principalmente los compañeros de la célula de Paujil y Loro. Mi propósito de tomar parte, en forma directa y activa, en la lucha contra los golpistas, comenzaba así a materializarse.

Un día de esos, por la tarde, cuando regresaba de trabajar, me dieron la noticia de que se le había muerto un niño al compañero Ruiz, exmiembro de la célula "Manuel Zepeda". Como yo había dirigido el movimiento en los dos campos durante varios años, tuve que acompañarlo. Al llegar a la casa nos recibió muy amable y nos pidió que nos quedáramos, en compañía de otros amigos, porque él iba a visitar al teniente Juan Hernández para pedirle prestado el trole[23] con el fin de ir a traer varias cosas a Urraco.

El teniente se mostró muy humanitario y no solo le prestó el trole, sino que personalmente fue a la casa donde se encontraba el muertecito. Este teniente, según lo había observado yo, no era tan malo y por eso luego lo quitaron de allí. Cuando nuestro compañero regresó mucho más tarde, todos los arreglos del velorio estaban hechos. Un conjunto de cuerda tocaba música popular, aunque no muy alegre, para entretener a los circunstantes.

Un rato después salió de la cocina el padre del pequeño difunto con numerosas copas de guaro para los hombres, y de vino para las mujeres. Numerosos grupos jugaban casino a la luz de varias lámparas de gasolina. En estas actividades estábamos cuando se me acercó el compañero del Cid, un simpatizante de la lucha, y me pidió que conversáramos. Nos apartamos un poco de la demás gente, pero no pudimos hablar porque muchos orejas se cruzaban junto a nosotros.

---

[23] Trolley: carretón que se utiliza en la línea férrea y que es movido por medio de una palanca en doble T, conectada al cigüeñal del eje.

El teniente pasó cerca de donde estábamos y se detuvo para conversar. A las primeras palabras de la plática se reconoció con del Cid, pues eran del mismo departamento: Intibucá.

Enseguida comenzaron a hablar de armas, pues del Cid había estado en la Escuela de Cabos y Sargentos durante el gobierno del general Carías. El teniente, por su parte, informó cómo había comenzado la carrera militar. Después de otro trago de guaro, el teniente hizo una especie de biografía del coronel Oswaldo López Arellano. Así continuamos conversando sobre distintos temas, hasta que llegamos a la huelga del cincuenta y cuatro.

—¡Ajá! —le dije yo—. Dígame, teniente, ¿qué se decía en ese tiempo y qué se dice hoy de los trabajadores de la Costa Norte?

—Pues se decían —contestó el teniente— y se continúan diciendo muchas cosas. Principalmente que los trabajadores son malos. Por ejemplo, cuando me mandaron para este lugar, algunos compañeros del ejército me hicieron numerosas recomendaciones sobre los peligros que implicaba el cargo.

—¿Y ahora que convive con nosotros —le volví a decir—, qué piensa usted?

—Pues no estoy de acuerdo con todas esas historias.

—Se ha convencido de que todo es pura farsa, ¿verdad?

—Así es.

—¿Y de la organización sindical qué se dice?

—Hombre, de la organización sindical está jodido hablar.

—¿Por qué?

—Es que en toda organización —dijo el teniente—, tratándose de los trabajadores, hay un principio metido en ella que es muy peligroso.

—¿Cuál es ese principio? —le pregunté, al verlo vacilar.

—El comunismo —dijo, apagando un poco la voz.

—¡Ah! —dije yo—, pero a mí me parece que en el Sindicato de Trabajadores de la Tela Railroad Company no hay comunismo.

—¡Jum! —expresó el teniente—. Sí lo hay.

—Bueno —le dije—, pero para eso están ustedes, para vigilar en todas las organizaciones de masas, a fin de mantener la tranquilidad del conglomerado y desenmascarar a todos esos individuos que pretenden aprovecharse de la miseria de los trabajadores para lograr objetivos no confesados por ellos.

—¡Jum! —vuelve a expresar el teniente—. Si viera que esos individuos son tan preparados y águilas que pueden hablar hasta con el presidente de la república y no los descubren. ¡A donde quiera se meten y nadie los conoce!

El otro compañero solo se sonreía y me apretaba el brazo al ver que lo estaba chuliando²⁴. Después me informó que, al oírme toda aquella cháchara, se decía para sí mismo: "¡Y si supiera!"

La conversación terminó cuando el padre del muertecito nos invitó a tomar una taza de café con pan. En cierto momento se me acercó el amigo antes indicado y me expresó en voz baja:

—¡Usted es gallo, compañero!

La música continuaba alegre, mientras se oía el sollozo de una mujer. Era la madre del muertecito, inclinada sobre él. El entierro fue al día siguiente.

El domingo de esa semana me fui a pie para Monterrey. Al llegar a donde el compañero Amaya, lo encontré en una silla, a la sombra de un árbol, escuchando radio. Todos sus cachivaches estaban dispersos en el patio, ya que la familia estaba lavando el cuarto y la cocina.

—¿Qué tal está, compañero? —le expresé al estar cerca de él.

—¡Hola, hombre! ¿Cómo le ha ido? —me dijo, inmediatamente.

—Pues aquí, visitándolo.

—Está bien; siéntese, pues.

—Gracias. ¿Y cuándo salió del tubo?²⁵

—Hace poco.

—¿Y don Chevo?

—También; ya salió. Siempre nos llevan y nos sacan juntos.

—¿Los torturaron?

—No; lo único que nos pasó fue que perdimos las pistolas.

—¿Y a usted cómo le ha ido? —me pregunta.

—Pues a mí me ha llevado Judas; sólo que he tenido la suerte de no caer en el bote.

—¡Vaya, más vale!

---

²⁴ Chulear; burlarse de alguien sin que se dé cuenta.
²⁵ Cárcel.

—¿Y viene dispuesto?

—Sí.

—Ya estoy sabido; me informó el compañero Cruz. Ahora estamos desvelados porque anoche fuimos a dejar a otro compañero allá, y a informar lo de usted.

—¿Ya están sabidos, entonces?

—Ya están sabidos. Alístese para el sábado, por la noche; procure salir algo tarde de Paujil, y a las ocho de la noche nos veremos en la carretera, cerca de la rampa.

—Si no vengo a las ocho, me hacen espera, porque está retirado y no voy a pasar por Urraco.

—Usted se viene por la carretera. No le vaya a contar a nadie, porque estos son asuntos peligrosos; sólo se desaparece y nada más.

—Está bueno.

—¿Qué clase de ropa tiene?

—Tengo dos mudadas azulonas[26], un par de burros[27], este sombrero y una colcha.

—Está bueno. Además, allá hay de todo.

—¿Tiene más conocidos aquí en el campo? —me preguntó.

—Sí tengo. ¿Por qué?

—Es que estos hijos de puta me tienen vigilado. Por eso es mejor que se vaya.

—Pues, compañero, ahí nos vemos.

—Que le vaya bien y no falle el sábado.

—¡Ah, no, eso nunca!

Esa semana trabajé muy duro para poder dejarle terminada la postrera[28] a mi hermano, pues él y mi madre estaban sabidos. En una entrevista que tuvimos con los compañeros de la célula, me plantearon el problema de irme a la montaña, pues ellos me podían mandar. Eso me obligó a decirles que estaba listo y que el sábado próximo me marchaba. Entonces decidieron hacer una contribución entre ellos mismos y me entregaron cuatro lempiras, con los que compré algunas cosas para el viaje.

---

[26] Ropa hecha de mezclilla.
[27] Zapato alto y de piel ordinaria; se usa mucho en el campo.
[28] Milpa de resiembra.

Estábamos en la primera quincena del mes de diciembre. Llegó el sábado, día de mi partida. Mi madre se mostraba muy contrita, pero sin decirme nada. Por la tarde llegaron los compañeros a decirme adiós y a darme saludos para los camaradas que estaban ya en la montaña. La salida era a las siete de la noche.

En un momento oportuno, cuando toda la gente del campo estaba con los radios sintonizados, escuchando la novela de "Cazán, el Cazador", y en el instante en que se transmitía el capítulo de la toma de una hacienda —por cuya razón el estruendo de ametralladoras y fusiles era tal que amenazaba con destrozar los receptores—, me despedí de mi madre, la que, con lágrimas en los ojos, me expresó:

—Bueno, hijo, ¡que te vaya bien! Dios te favorezca y te aparte de todos los peligros.

—Eso le deseo yo también. Además, debe sentirse tranquila y feliz porque nuestros sacrificios son en favor del pueblo hondureño —le manifesté.

Me despedí de mi hermano, quien sacó diez lempiras y me los entregó.

—¡Adiós! —me dijo una sobrina.

—¡Adiós! —le respondí.

Nadie me vio salir, pues todo el mundo estaba embebido en la novela radial. Di una vuelta, rodeando los dos campos, hasta desembocar en la carretera. La noche era espléndida. Varios ruidos se oían en la finca: era la brisa que soplaba los bananales, así como el tableteo de las ranas en los criques[29] y suampos[30]. El encenderse y apagarse de las luciérnagas seguía el eco de mis pasos. Al poco rato se puso la luna y sólo quedó la escasa claridad de las estrellas que brillaban en el cielo.

Por fin, llegué al punto establecido. Ninguna persona se encontraba allí. Esperé un rato. Luego metí entre una mata de banano la bolsa que llevaba y me fui para la rampa. No había nadie tampoco. A lo lejos se escuchaba el ladrar de los perros del campo. Entonces pensé:

—¿Vendrán o no vendrán?

---

[29] Creek: riachuelo.
[30] Swamp: ciénaga.

Volví al punto de espera. Me aparté un poco de la vía y me senté cerca de las matas de banano donde se encontraba la bolsa. Pocos minutos después escuché los pasos de dos hombres. Llegaron al puesto. Por la oscuridad no pude reconocerlos. Se detuvieron y comenzaron a foquear[31] hacia todos lados. Uno de ellos dijo:

—No ha venido todavía.

Al reconocerlos, salí del escondite.

—¡Hola! ¿Qué tal?

—¿Ya ratos vino?

—Sí.

—Nosotros vinimos temprano, pero usted no había llegado y ya creíamos que no iba a venir.

—¿Qué hora tiene? —me preguntó uno de ellos.

—Las nueve y media.

—Entonces, vámonos —dijo el otro, y nos marchamos.

Al comenzar a caminar por la carretera, nos sorprendió un automóvil. Nos tiramos a tierra, hacia el lado de la cuneta, para que no nos vieran los que iban en él. A la una y media de la madrugada llegamos al destino. Los compañeros dieron la consigna y salió un hombre a recibirnos. Este nos introdujo en el campamento, donde ya se encontraba un pequeño grupo de compañeros. Los que venían conmigo dieron su informe y yo también di el mío. Saqué los diez lempiras que llevaba y los entregué.

—¡Ah, trae algo! —me dijeron—. Eso está bien.

Conversaron largo rato y, a las dos y media de la mañana, regresaron los compañeros que me habían traído. A mí se me entregó una hamaca de lona. La guindé de dos palos y me acosté a dormir.

A las cinco de la mañana me desperté a las voces de dos compañeros que habían salido a comisión y regresaban. Amaneció y todos nos levantamos. Dos camaradas fueron designados para cumplir tareas: uno, a traer café de la casa del campesino Perales, que era donde nos hacían los alimentos; el otro, a traer agua de un crique o quinel, antiguo vestigio de las fincas de Los Chimbos y Buenos Aires.

Después del desayuno ordenaron que me dieran bramante, igual que a otros tres compañeros que habían llegado el día anterior, para

---

[31] Alumbrar con el foco o linterna eléctrica.

que hiciéramos mochilas, indicándole a otro que nos enseñara a hacer este trabajo. En un libro apuntaron todo lo entregado: una mochila, una cantimplora y varias cosas más.

El grupo estaba desorganizado. No había medidas de seguridad. En cuanto a armas, sólo tenían dos treinta-treinta, uno nuevo y otro ya viejo; un revólver cuarenta y cuatro, pero sin tiros; tres revólveres treinta y ocho; una escuadra veintidós y un revólver del mismo calibre. Había también una pistola Luger, pero ésta tenía el cargador inutilizado.

Se componía el grupo, con los cuatro recién llegados, de nueve hombres. Los seudónimos de los mismos eran los siguientes: Jesús Rosales, Casco, Romero, Guevara, Juárez, Rostrán, Rubén Velásquez, Zerón y Humberto Velásquez.

Poco tiempo después hicimos una asamblea para organizar el núcleo armado. Por mayoría de votos, la dirigencia del mismo quedó así: Primer Jefe al mando, Jesús Rosales; Segundo Jefe al mando o Comisario Político, Casco; Sargento, Romero; Cabo, Rostrán; Suministro, Juárez.

En esa misma asamblea se acordó no llamarnos por los nombres o seudónimos, sino por números, quedando éstos distribuidos en la forma siguiente: Rosales, No. 1; Casco, No. 2; Romero, No. 3; Rostrán, No. 4; Juárez, No. 5; R. Velásquez, No. 6; Zerón, No. 7; Guevara, No. 8; y H. Velásquez, No. 9.

También se dispuso elaborar el Código Guerrillero para mantener la disciplina. Quedaron encargados de ello Rosales y Casco. Asimismo, se ordenó que a cada uno del grupo le tocara un día de ir a traer la comida. Al fijarse las medidas de seguridad, quedaron señaladas dos horas de centinela por hombre.

Pocos días después conocimos el Código Guerrillero. Este era bastante drástico, pero así lo aprobamos todos. Algunos de sus artículos decían así:

"Todo aquel buen hondureño o centroamericano, mayor de dieciocho años, que voluntariamente quiera ingresar a nuestro movimiento en defensa de la Patria y los intereses del pueblo, será aceptado."

Las penas se dividían en dos clases: pena mínima y pena máxima. De la primera clase eran las siguientes:

"Todo aquel guerrillero que cometiere la falta de tratos pésimos, palabras soeces, desobediencia y tiro escapado, tendrá como castigo cuatro horas de posta, un día de aseo del campamento, acarrear leña para la cocina o un día sin comer."

Entre las penas máximas figuraban las que siguen:

"Todo aquel guerrillero que cometiere desacato, subversión contra el grupo o movimiento y traición a la Patria y a los intereses del pueblo, será castigado con la pena máxima. Asimismo, todo aquel guerrillero que violare o forzare una campesina mayor o menor de edad, será castigado con la expulsión de la guerrilla o con el fusilamiento."

La aplicación de estos castigos máximos quedó bajo la responsabilidad del Estado Mayor, el cual debería discutir y considerar la magnitud de la falta.

Después de esto, salieron Rosales y Rostrán de comisión, con dos días de tardanza. Según creo, fueron hasta Finca Ocho, o sea la aldea Cuatro de Marzo. Al regresar, traían una escopeta calibre dieciséis, con suficiente parque, la que obtuvieron donde un amigo. Guevara y Romero salieron también. Estos casi a diario iban a la aldea, donde Guevara tenía su familia, una milpa y un platanar. Al regresar trajeron también otra escopeta de dos cañones.

Como para entonces ya estábamos organizados y teníamos suministros, se nos entregaron éstos bajo inventario. Cada uno se hizo responsable de su arma, parque, mochila, nylon, hamaca, mosquitero, ropa, calzado, cantimplora, plato, cuchara y varios objetos más.

Por este tiempo salieron Rosales, Romero, Guevara y Rostrán a una misión muy delicada. Rosales llevó el treinta-treinta nuevo; Guevara, el otro treinta-treinta; Rostrán, la escopeta dieciséis; y Romero, su chachaguata[32]. Iban a quintar un verdugo.

Al marcharse, me quedé solo en mi hamaca. Casco se dirigió a donde estaban el Seis, el Cinco y el Siete para conversar con ellos. Después de hablar de varios asuntos, comenzó a contar la historia de su vida, refiriéndose a la muerte de su primera esposa. Luego informó que la compañera Licha, la mujer de Rosales, había desempeñado

---

[32] Escopeta de dos cañones.

muchas tareas difíciles y peligrosas; por ejemplo, el transporte de las armas que teníamos en nuestro poder.

En otra parte de su conversación, Casco se refirió a la lucha armada que estábamos comenzando. En este momento, uno de los compañeros le preguntó que quién sería el líder de la revolución, a lo cual contestó que eso no se sabía aún, pero que vendría otro a dirigir el movimiento.

—Yo no puedo porque no soy competente para el manejo de las armas —respondió Casco—. Por eso les digo que vendrá otro, y yo pasaré a la ciudad a ocuparme de las cuestiones políticas.

—¿Y Rosales no es competente? —le preguntó un compañero.

—Rosales sí lo es, tanto por su capacidad en el manejo de las armas como por su valor; pero Rosales no puede ser líder.

—¿Y por qué? —le preguntó alguien.

—Porque a Rosales lo tiene sancionado el Partido.

Al siguiente día, por la noche, regresaron los compañeros. Venían bien mojados porque cruzaron por unos guamiles[33] muy húmedos. En los brazos y hasta en la cara llevaban grandes rayones producidos por los zarzales donde anduvieron. A Casco le informaron sobre el fracaso de su misión.

El chubasco y el frío se desataron sobre nosotros. Días y más días pasaban sin que recibiéramos el calor del sol. Una noche de ésas, muy temprano, me dijo el Uno:

—Alistate, Nueve, porque saldremos a hacer un mandado.

Me dieron la pistola del Cinco y marchamos. Era a la bomba de agua de Naranjo Chino a donde debíamos ir. Allí tenía el Uno a su compañera. Cuando íbamos por una división balastada, como la finca era nueva y para todas partes se podía ver a la luz de la luna, el compañero se detuvo en el paso y, viendo hacia el oriente, donde se distinguía el filo de la cordillera de Mico Quemado y Nombre de Dios, me dijo:

—Mirá, cuando estemos en esas montañas, bien armados todos, seremos otros.

—Ojalá —le dije, y continuamos caminando.

---

[33] Monte espeso, formado por arbustos y lianas.

Llegamos a la casa. Una mujer trigueña nos salió al encuentro. Se saludó alegremente con el compañero y entramos. Nos sirvieron café. Mientras lo bebíamos, la mujer le dijo:

—Tu papá anduvo buscando ropa para que se vistieran de paisanos unos militares que habían desertado y deseaban irse a la chingada.[34]

—¿Y mi papá qué dice de mí? —le preguntó el Uno.

—Él está de acuerdo —respondió la mujer—. Dice que ustedes, los comunistas, deben hacer la revolución y que los liberales los apoyarán.

Ya entrada la noche, nos despedimos y regresamos al campamento.

Así iba transcurriendo el tiempo, bajo unas condiciones difíciles. Todos caímos enfermos: con gripe, tos y calenturas. El más grave fue Rostrán, a quien le dio neumonía, por lo cual tuvimos que trasladarlo a San Pedro para hacerle un buen tratamiento. Como Casco siempre viajaba a esa ciudad, para reunirse con la Dirección Nacional del Partido, acordaron que éste se llevara al enfermo, ayudado por Juárez. Muy de madrugada salieron a buscar transporte a la carretera de los campos de La Lima.

Al día siguiente regresó Juárez; iba cargado con una caja muy grande, que contenía una buena cantidad de candelas de dinamita, parque y como treinta granadas, entre las cuales había una de fragmentación.

Le dio el informe a Rosales, comunicándole que en San Pedro necesitaban dos pistolas. Al día siguiente se marchó de nuevo. Dos camaradas le hicieron compañía hasta cierta parte del camino.

Ese día, por la tarde, me dice el Uno:

—Vamos, Nueve, a cumplir una misión a Las Cuarenta.

De nuevo me dieron una pistola, porque yo andaba desarmado. Temprano en la noche nos marchamos, cruzando la aldea El Chorizo con mucho cuidado. Al salir de la aldea, cayó una tormenta que nos empapó de la cabeza a los pies. Cuando llegamos a una troja donde se iba a hacer el contacto, el Uno alumbró hacia adentro con el foco[35],

---

[34] Irse lejos.
[35] Linterna eléctrica.

descubriéndose que allí no se encontraba el muchacho encargado de esperarnos. Entonces nos fuimos a la casa del mismo, pero no entramos porque había una visita: era el novio de la profesora, hermana del cipote[36] que buscábamos. En esas condiciones dispusimos regresar mejor a la champa. Entramos y así, todos mojados, nos tendimos sobre el maíz.

Como a las diez de la noche vino el muchacho. Este se llevó un tremendo susto porque entró a oscuras en la troje y Rosales, o sea, el Uno, lo alumbró con el foco. Al reconocernos, dijo:

—No jodan; me han asustado.

—¿Quién estaba en tu casa? —le preguntó Rosales.

—Era Miguel Ferrera.

—¿Y ya se fue?

—Sí.

—¿Y esos se irán a casar? —le volvió a preguntar el Uno.

—Pues, a saber —contestó el muchacho.

—Bueno —dijo Rosales—, vine aquí porque mañana llega mi compañera.

—¡Ah, sí! Pues yo deseaba decirles que tengan cuidado, porque aquí, en esta champa, fue donde capturaron al profesor Rivera.

—¿Y los llevaron a ustedes también? —le preguntó el Uno.

—Sí, a yo y a mi papá —dijo el muchacho.

—¿Pero ustedes salieron luego, verdad?

—Sí.

Allí pasamos la noche como pudimos. Por la mañana, el muchacho se fue a ordeñar un pequeño hato de vacas. Al salir, nos dijo:

—No se vayan a dejar ver de la cocinera, que siempre viene al pozo a llevar agua y a lavar.

—¿Y quién es la cocinera? —le preguntó Rosales.

—Es una cipotona[37] de estos lugares.

—¿Y te la has conseguido? —le volvió a preguntar Rosales.

—No; pero tal vez —dijo el muchacho. Luego agregó: —Esa cipota vio al profesor cuando este estaba ahí; tengan cuidado.

---

[36] Muchacha de hasta 15 años.
[37] Muchacha.

—Está bueno —le respondimos nosotros.

Este muchacho era Arturo Díaz, quien recibió una buena capacitación militar.

Como a las siete regresó con una cubeta en la que nos traía el desayuno. Más tarde se presentó la profesora. Esta nos hizo la misma recomendación respecto a la cocinera. Por último, llegó la mamá e insistió en la misma historia. A mediodía nos trajeron el almuerzo y, como a las tres de la tarde, arribó la compañera que esperábamos. Habló bastante con Rosales. Temprano en la tarde, volvimos al campamento, pero solo los dos.

Al día siguiente, por la noche, regresaron Casco y Juárez trayendo más pertrechos. Enseguida nos leyeron un comunicado del Partido, en el que se daban recomendaciones sobre las medidas de seguridad para todos los compañeros, organizados y no organizados. Después le dieron lectura al Manifiesto del FAP al pueblo hondureño, así como a una hoja suelta del Movimiento Francisco Morazán. Casco nos dio otros informes, entre ellos, que ya quedaban organizados los comandos de la ciudad y que venía completamente satisfecho porque "esas juventudes eran audaces"[38].

Así íbamos pasando el tiempo, entre momentos de zozobra y momentos de alegría. Estando en aquellas condiciones, buscábamos entretenernos unos con otros, haciendo chistes, contando historias, adivinanzas, anécdotas y todo lo que a cada quien se le ocurría sobre sus propias experiencias. Principalmente los que habían viajado nos entretenían mucho con sus relatos. Entre ellos, Casco era muy ameno para conversar de México, los países de Europa, la Unión Soviética y China, a donde había ido en misiones del Partido. Los que más provecho sacábamos éramos los que no conocíamos ni siquiera todo Honduras, pues de esa manera nos dábamos cuenta de los avances y adelantos en aquellos pueblos.

Por las mañanas nos despertábamos al canto de las aves, sobre todo unos pajarillos grises, pecho amarillo, que se introducían dentro

---

[38] Esta organización se denominó "Comando Militar del Norte" (Comino). El propósito principal de la misma era obtener armas, medicinas y fondos para los guerrilleros. Además, en determinadas circunstancias, realizaría acciones de hostigamiento contra las fuerzas golpistas, a fin de inmovilizarlas.

del nylon o se posaban en los mangos de las hamacas y nos espulgaban con el pico, tirándonos de las hebras del cabello. Para nosotros era un alegre entretenimiento y un motivo de admiración ver aquellos pájaros familiarizados con el grupo. A los únicos animales que matábamos, principalmente de noche, eran las jutías[39], porque éstas nos hartaban la comida.

Por este tiempo se organizaron los círculos de estudio. Para ello nos dividieron en dos grupos: uno, a cargo de Rosales, y el otro, a cargo de Casco. También se organizó a los campesinos, hombres y mujeres, quedando como responsable de ellos Rosales. Esta organización se convirtió en base, la cual estaba compuesta por las siguientes personas: Perales, don Tiburcio —a quien llamábamos don Bucho—, Gregorio, Banegas y José. Este último estaba vinculado al ejército y nos informaba de todos los movimientos de los militares. A la base se le dio el nombre de No. 1.

Cierta vez, Juárez se puso a registrar las bombas y, de repente, dio una voz de alarma. Todos nos asustamos, pero más Casco, quien era muy medroso para las explosiones. Resulta que Juárez había encontrado una bomba con la espoleta floja.

—¡No jodan! —dijo Casco—. ¡Vayan a enterrar esa papada[40] a la mierda, porque nos puede matar a todos!

Juárez comenzó a fijarle la espoleta a la bomba. Por molestar a Casco, se la colocaba él mismo en el oído, lo cual ponía de punta[41] a aquél. Pasado el susto, todos hacíamos chiste del problema.

Un día, por la mañana, no soportando el frío, me invitó Casco a que fuéramos a una milpa próxima para recibir algo del calor del sol. En el camino, me preguntó:

—¿Y usted está dispuesto a seguir adelante en esta lucha?

—Sí, estoy dispuesto. Yo soy de "patria o muerte", como dicen los cubanos.

—¿Y usted?

---

[39] Roedor comestible, parecido a la guatusa, aunque más pequeño. Su nombre verdadero es hutía, con la h aspirada.
[40] Cosa despreciable; sin importancia.
[41] Irritado, incómodo.

—También; pero lo que pasa es que yo no estoy capacitado para esto.

—¿Y en la política?

—En la política, sí; y como soy de la Dirección, creo que me voy a ir para San Pedro. A este movimiento lo dirigirá otro.

—¿Y quién será?

—Creo que Aguilar.

—¿Y aquí está ése?

—No, pero ya viene de camino, y Aguilar sí está capacitado para esto.

—Pues, hombre, aunque yo le guardo aprecio a usted, me gustaría que viniera Aguilar, pues con él tenemos mucha confianza, ya que fuimos compañeros desde el año cincuenta en Birichiche y Muculá. Además, como usted dice, Aguilar ya está probado para este asunto de tiros. Y, a propósito, ¿Pereira dónde está?

—Se encuentra fuera del país, y creo que también está por llegar, aunque esto no se lo diga a nadie.

—Está bien.

Por ese tiempo comenzó a discutirse la partida para la montaña. El más exigente era Rosales; los demás estábamos también de acuerdo. Sólo Casco ponía algunas objeciones, entre ellas, que no se tenían bases, que no se había mandado una comisión a explorar, y otras cosas por el estilo. Juárez informó que en la montaña El Jute tenía un amigo muy bueno y que podríamos irnos para ese lugar. Casco mencionaba otro sitio, y yo les propuse un punto de la montaña de Nombre de Dios, cercano a la aldea de Santiago, donde tenía algunos amigos y compañeros con los que militamos en la célula de Palomas. Casco me dijo, entonces:

—¿Compañeros y amigos bolos?[42]

Por esa frase no volví a mencionar el asunto y me limité a observar y a oír.

Un día de ésos, bastante entrada la mañana, fuimos sorprendidos por un campesino de otra aldea que andaba monteando con unos perros. El hombre casi llegó al campamento. Por eso tuvimos que

---

[42] Borrachos.

cambiar de puesto. Nos trasladamos a un quinel[43], bajo una tarrera[44]. El sitio donde nos encontrábamos fue descombrado para borrar nuestras huellas. Por ese tiempo regresó Rostrán de San Pedro Sula, ya curado.

Casco hizo un nuevo viaje a la ciudad, siempre con Juárez. A los tres días regresaron y trajeron uniformes y gorras. De ahí en adelante, nadie usaría sombrero, excepto los enlaces al salir.

Por esa fecha se mandó a un compañero a Las Cuarenta a llamar a Arturo para que examinara unas granadas que nadie conocía en el campamento. En horas de la tarde regresaron ambos. Arturo examinó las bombas y sólo dijo que eran de TNT. Allí durmió con nosotros. Al día siguiente volvió a su casa, pero estaba tan emocionado que prometió incorporarse al grupo, aunque tuviera que mentirles a sus padres. Desde ese momento quedó designado con el No. 10.

Un día después de esto me tocaba ir a traer la cena a la casa donde nos hacían la comida. Salí con ese objeto. Al aproximarme al lugar me llevé tamaña sorpresa: a la sombra de un charral[45] se encontraba Rostrán con otro compañero. Este era Pacheco, quien, cuando yo militaba en los años cincuenta y seis y cincuenta y nueve en Finca Loro y Paujil, él lo hacía en Finca Amapa; ambos habíamos participado como delegados en el Primer Congreso del Partido Comunista de Honduras, el que se realizó del 27 al 30 de abril de 1958.

Dichos compañeros venían de San Pedro y estaban comiéndose unos nacatamales. Al verme, Pacheco también se sorprendió porque, desde que nos despedimos en la Compañía en el cincuenta y nueve, no nos habíamos vuelto a ver. Nos abrazamos con mucho entusiasmo. En la carga que llevaban venían dos metralletas nuevas, sin pecar: una San Cristóbal y la otra Usin.

Después de un breve cambio de impresiones, nos despedimos: ellos se fueron hacia el campamento y yo a traer la cena.

Sin duda, los demás compañeros, al ver las nuevas armas, se emocionaron tanto que comenzaron a cargarlas y a descargarlas para

---

[43] Canal de riego.
[44] Mata de bambú, variedad conocida como tarro.
[45] Monte bajo y enmarañado.

probarles el mecanismo. En esto estaba Rosales cuando se le escapó un tiro, el que por nada le da al Siete. Todos se quedaron helados, pues parecía que el hombre estaba muerto. Desde la casa donde me encontraba también se escuchó, y fuerte.

—¿Qué será eso? —dijo la patrona que me atendía.

—Probando algún arma o tiro escapado —le dije—. Si es esto último, ya vamos a tener la primera pena máxima.

Después le hablé de otras cosas para disimular mi nerviosismo, pues yo esperaba encontrarme con un muerto al regresar.

Cuando llegué al campamento, les pregunté:

—¿Y qué les pasó?

—Un tiro que se le escapó a Rosales —me dijeron.

—¿Se oyó de allá?

—Sí, hombre, y la patrona se asustó.

Al nuevo le suministraron todo lo necesario: su hamaca, nylon, mosquitero, una mudada, cantimplora y bramante para que hiciera su mochila. Se le bautizó con el No. 11. Después, Guevara trajo a un cuñado, el que se registró con el No. 12.

Rosales tomó la carabina San Cristóbal por ser el Jefe. La metralleta pasó a manos de Casco.

Con quien yo me llevaba muy bien y marchábamos de acuerdo era con Guevara, porque, cuando éste salía, yo le hacía los turnos, y así lo hacía él cuando yo estaba enfermo. Nos teníamos mucha confianza.

Un día que limpiábamos las armas, estando un poco apartados, Guevara se refirió a los equipos. Señaló que la metralleta no le convenía a Casco porque éste no sabía de armas. Yo estuve de acuerdo y le manifesté que, a mi entender, las mejores armas se las debían dar a los mejor entrenados, como él, el Uno, el Tres, el Siete y el Diez. Le manifesté también que yo pensaba que había alguna discriminación respecto a nosotros.

Por esa época se incorporó al grupo Díaz, el No. 13. Lo recibimos muy contentos. Con él ya éramos doce; únicamente nos faltaban tres para completar la guerrilla.

Una tarde, siendo sábado, me sentí muy alegre, pues inesperadamente llegó Hugo, un compañero a quien mucho estimaba por ser uno de los que yo había formado. Allí durmió con nosotros.

Al siguiente día, por la mañana, llegaron de Monterrey Tano y Cáceres, así como otro compañero de El Progreso. El grupo se reunió con Rosales y Casco. Esto era para organizar el Comité Municipal de El Progreso, tarea que se cumplió durante todo el día. Por la tarde se retiraron.

De esa manera pasó el tiempo y llegamos a las fiestas de Navidad. Se dispuso comprar una chancha para aprovechar su carne y su manteca. Esta compra costó veinticinco lempiras.

En los días de Navidad y Año Nuevo nos invitó Perales para que pasáramos un rato con él. Su esposa, la compañera Irma, era muy buena con todos nosotros y nos hacía la comida sin ganarnos un centavo. En esta ocasión nos sirvió torrejas con café. Pasamos un rato muy alegre, contando historietas y haciendo chistes. Nos retiramos a las doce.

Al amanecer, llegó don Bucho cargando un caldero de arroz con leche, enviado a nosotros por doña Lipa, su señora. Después se presentó Gregorio con unos tamales.

Todo el mes de enero de 1964 fue de grandes chubascos y de un frío intenso. Un día de principios de febrero fuimos sorprendidos por el ladrar de unos perros y el ajotar[46] de un campesino. Dos hijas de este hombre venían a pescar al quinel que estaba cercano al sitio donde nos encontrábamos. Tuvimos que huir agazapados, arrastrando las cosas para que no nos fueran a ubicar, pues dicho campesino era peligroso.

Después de algunos minutos de marchar en esas condiciones, nos quedamos en el bordo, echados de barriga, aprovechando la sombra de unas parras de tarro. Solamente el cabo, o sea Rostrán, no detuvo la carrera, con la mochila en el hombro y la escopeta en una mano. Atravesó el quinel y fue a enguatarse[47] a una camalotera[48]. Guevara, que estaba un poco atrás de nosotros, estuvo a punto de dispararle, creyendo que se trataba de un extraño; pero, dichosamente, lo

---

[46] Azuzar los perros con palabras y gritos.
[47] Introducirse en el guatal, monte bajo, formado predominantemente por gramíneas.
[48] Lugar donde abunda el camalote, una gramínea parecida al zacate o pasto, pero que no come el ganado.

reconoció. Casco se convenció entonces de que Rostrán no era capaz para el puesto de cabo.

—¡Pucha!, aquí como que ha estado gente durmiendo —dijo una de las hijas del campesino.

—Y por lo que se ve, son varios —contestó el papá.

Bajaron al quinel. El padre se puso a pescar y las hijas a lavar ropa. La otra de las hijas observó:

—¿Y por qué estas piedras y palos están blancos de jabón?

—Y no sólo es uno —volvió a decir el viejo.

En aquellas condiciones nos mantuvimos hasta que se fueron. Regresamos al puesto. Rosales y Casco le dieron una reprimenda a Rostrán por la mala acción que había cometido, pues eso indicaba que ya, en un combate, dejaría fracasar a toda su gente. Rostrán prometió que no volvería a portarse de esa manera.

Ese mismo día se mandó a llamar a todos los campesinos para tener una reunión con nosotros, a fin de tratar la partida hacia la montaña, porque en aquel sitio ya no podíamos permanecer. El compañero Hugo, cuando pasó por el campamento, había dicho que podíamos ir hacia un lugar de la montaña donde moraba un tío suyo, al cual iba a hablarle para que nos tuviera en su terreno.

Por la noche vinieron los campesinos, después de que ya habían discutido entre ellos sobre el mismo asunto. Al preguntarles Casco y Rosales su opinión respecto a la partida, uno por uno fue diciendo que lo mejor era que nos marcháramos, porque en ese lugar ya no podíamos estar, en vista de que, de un momento a otro, se nos ubicaría, y entonces ellos iban a ser las principales víctimas. Uno de los campesinos dijo que tomáramos en cuenta que todos eran afamiliados y que el fracaso sería más para sus hijos.

Todos aprobamos lo dispuesto por los campesinos y se acordó mandar a los mismos, al día siguiente, a comprar provisiones para el viaje. Rosales y Casco aprovecharon la oportunidad para dirigirles unas cuantas palabras, rindiéndoles las gracias por el tiempo que habíamos estado allí y los servicios que nos habían prestado.

Después se nos cedió la palabra a todos para que cada uno les diera a conocer su gratitud, conforme mejor lo pudiera hacer. Cumplido esto, los campesinos acordaron enviar a cuatro de ellos para que nos acompañaran hasta el lugar de destino. Quedaron nombrados: Perales, don Bucho, Gregorio y don Felipe.

Al siguiente día, cuya fecha no recuerdo, aunque era el mes de febrero, después de hacer los preparativos, Rosales, el primer jefe al mando, nos ordenó formar, cada quien con su mochila en el hombro, su cantimplora llena de agua, atada a la cintura, y su arma en la mano, para darnos las instrucciones de la marcha: en caso de ser sorprendidos por el enemigo, a qué lado íbamos a huir y el lugar designado como punto de referencia. Asimismo, organizó el grupo en punta de vanguardia, grueso y retaguardia, cada grupo con su respectivo responsable. La formación era en fila india, a cuatro o cinco metros de distancia entre hombre y hombre. Observando el reloj, que marcaba las diez de la noche, comenzamos la marcha.

La luna estaba clara, el cielo despejado y lleno de estrellas; la noche, fresca, por la brisa que soplaba. Rodeamos la aldea de El Chorizo, muy sutilmente; después cruzamos un quinel grande y luego otro más pequeño, donde había un palo como puente. Aquí tuvimos el primer contratiempo: el Siete se desbarrancó del palo y se descompuso el pie, por lo que tuvimos que marchar más despacio.

Llegamos al terraplén y continuamos por éste, rodeando la aldea Las Cuarenta. Cruzamos la carretera de Progreso a Tela con mucho cuidado y, rodeando otras casas, comenzamos a trepar la cuesta. Al pie de ella se encuentra una pequeña quebrada. Allí tomamos agua y llenamos las cantimploras. Hasta cierta altura, de donde podíamos divisar las luces de San Pedro, Lima y todos los campos, dispusimos descansar, aunque, a lo largo de la marcha y cuando no había mucho peligro, nos daban diez minutos de reposo después de cada hora.

En ese lugar ya se sentía la fría brisa de la montaña; pero, como íbamos sudorosos, nos agradaba. Continuamos cuesta arriba, atravesando muy quedo los patios de varias casas, tanto que hasta después de atravesarlos nos sentían los perros. Íbamos despacio, haciéndole tiempo al Siete, pues éste apenas podía caminar del dolor en el pie, el que llevaba muy hinchado del esfuerzo que hacía por no quedarse atrás.

Así arribamos a la última descansada de esa noche, pues era ya de madrugada. Perales dijo que había que meterse en el monte porque no alcanzaríamos a cruzar, antes de amanecer, una aldea y varias casas situadas más arriba. Dentro de un guamil, situado al bordo de un barranco, desde el cual se oía el ruido de una quebrada que corría en el fondo, nos quedamos. Allí estuvimos todo el día, sin comer, por la imposibilidad de encender fuego.

Después de un largo rato de descanso, dijo Perales que tenía los pies como un chile y que si le daban permiso de descalzarse. Se le concedió el permiso y, al solo quitarse los zapatos de hule que portaba, nos dio un tremendo golpe en la nariz: ¡aquello era pura mortandad!

—¡Ufa! —dijimos todos—. Este ya nos va a matar sin hacer un tiro. ¡Qué bárbaro!

Por la mañana dijo Perales que sería bueno enviar un enlace a donde un campesino de apellido Moreno, para que estuviera sabido de nuestra marcha y, de ser posible, nos viniera a encontrar. Se ofreció a cumplir esta tarea porque era amigo de dicho campesino. Fue aceptado y se le dieron instrucciones sobre cómo debería hablarle al hombre. Antes de transcurrir la mañana estaba de regreso, informando que el campesino se manifestaba de acuerdo y vendría a encontrarnos, porque había que rodear una casa peligrosa.

Mientras llegaba la noche y la hora de la partida, Casco y Romero estuvieron divirtiéndose con los binoculares, observando hacia todas partes. Guevara y yo nos repartimos las cosas que traía el Siete, a fin de quitarle la carga para que atendiera solo a su bordón.

A las nueve y media de la noche partimos. En cierta parte del camino encontramos a Moreno. Este nos saludó muy contento, convirtiéndose después de allí en nuestro guía. Nos condujo por un cafetal, hasta salir adelante de la casa peligrosa. Llegamos a una quebrada pequeña; continuamos hacia arriba, hasta llegar a la orilla de otro cafetal, indicándonos que allí podíamos quedarnos a dormir y que, por la mañana, nos conduciría al sitio donde era posible instalar el campamento.

Temprano de la mañana se presentó un hermano de Moreno, quien nos llevó por la montaña al puesto donde pensábamos quedarnos. A este hombre se le preguntó si había algún camino bastante disimulado que pudiera aprovecharse para el regreso de los cuatro campesinos, sin necesidad de esperar la noche. El hermano de Moreno respondió que sí había ese camino y que él podía sacarlos a la carretera. Desde entonces dicho camino quedó para acarrear desde la ciudad todo lo que necesitábamos.

Al siguiente día llegaron: Moreno, Jesús, Aquileo —o sea el tío de Hugo— y un sobrino de éste, pues ya todos sabían de nuestra presencia por informes del propio Hugo en El Progreso. Estos campesinos eran los que nos acarreaban la provisión. El grupo de visitantes se marchó con Rosales, Casco y Juárez para ir a conocer el puesto donde organizaríamos el nuevo campamento, ya en el terreno de don Quilo, el tío de Hugo. Al otro día nos fuimos para dicho lugar, el que le gustó mucho a Casco. Arreglamos la cocina bajo unos árboles muy grandes, introduciendo nuestras pertenencias en las mochilas, para estar como listos, en caso de ataque.

Poco tiempo después fueron organizados los campesinos. El lugar quedó denominado como Base No. 2.

Una tarde, Rosales y Casco salieron a una reunión con los campesinos. Al regreso, dijeron:

—El Ocho y el Nueve se alistan para salir mañana, temprano, a ayudarle a don Quilo a cortar café; allá les darán la comida.

Aquello nos causó mucha alegría, pues, para nosotros, ese trabajo era una distracción. Muy temprano del siguiente día nos metimos las pistolas debajo de la camisa y partimos. Nos recibieron muy bien.

Por la tarde regresamos. Después fueron otros compañeros, ya que se trataba de una ayuda por la comida.

Enseguida pasamos a organizar las tareas del campamento. Primero, la cocina, la cual quedó a cargo de un cocinero y un ayudante para cada semana, a fin de que todos aprendiéramos el oficio. También se acordó el reglamento de rutina, quedando de la siguiente manera: a las cinco a.m., desmantelamiento y traguito[49]; a las 5:30, formación e inspección de armas; a las 6:00 a.m., desayuno; y, desde esa hora en adelante, unos a trabajar, otros a sus turnos de vigilancia, y el que quedaba vacante, a estudiar, pues todos nos encontrábamos organizados en círculos de estudio.

Por la tarde, después de la cena, que era a las cinco, se nos daban charlas conforme a lo que íbamos estudiando, a fin de ponernos claros

---

[49] Taza de café que los campesinos acostumbran beber inmediatamente después de levantarse, antes del desayuno.

sobre los acontecimientos políticos nacionales e internacionales, así como sobre los problemas de la revolución. Lo malo era que en el grupo había muchos liberales y a éstos no se les podía hablar de marxismo y, mucho menos, de comunismo. Había que darles otro tipo de charlas, de lo cual se encargaba Casco, el Comisario Político.

Mientras tanto, a diario se presentaban delegados obreros y campesinos de diferentes aldeas y lugares a entrevistarse con los jefes para conocer el movimiento, pues éste ya estaba alcanzando popularidad por todas partes. Un día llegó un campesino de la aldea Las Cuarenta, llamado Gisnecio, con tres o cuatro gallinas arregladas y un montón de tortillas. Este nos informó que había puesto a trabajar a las mujeres de su aldea para llevarnos algo a nosotros, pues en el lugar había simpatía por nuestra causa.

Cierta vez Casco hizo una acción que fue considerada como un error. No estaba Rosales, pues había sido llamado no sé de dónde y, como siempre que Rosales salía, era Casco quien quedaba como jefe, en esta ocasión él estaba al frente de la guerrilla. Ocurrió lo siguiente: sabiendo Casco que ese día iba a llegar a determinado punto un representante de los campesinos de Baracoa y Mango, llamado Rafael, ordenó a todos que lo siguieran, dejándome a mí en el campamento.

Al arribar al sitio de la entrevista, ordenó que los compañeros se escondieran en el monte para que, a una señal suya, salieran intempestivamente. En efecto, llegó el delegado con varios amigos de la zona. Casco habló con ellos y, cuando ya estaban por despedirse, salió el grupo de su escondite y rodeó a los hombres.

Al ver el delegado a tanta gente con armas y otros equipos, sufrió un susto enorme. Después, al recuperarse de la sorpresa, dijo que en aquel momento se encontraba emocionado porque ya no le contarían mentiras sobre el grupo guerrillero, pues él mismo había visto la realidad y le llevaría buenas noticias a la gente de su aldea. Ya bastante tarde regresó la guerrilla al campamento. Durante el almuerzo, los compañeros hacían toda clase de chistes sobre el susto que le habían dado al pobre campesino.

Un día, por la mañana, subieron dos enlaces del puesto No. 1 con un compañero de Baracoa, enviado por Rafael para incorporarse al grupo. A éste se le dio el No. 13. También llegaron, un poco más tarde, dos muchachos con una carga de provisión, quienes iban a quedarse. Uno de ellos se llamaba Hermelindo Villalobos, a quien se registró con el No. 14; el otro era de nombre Lencho, el que recibió el No. 15.

Algún tiempo después llevaron uno más desde San Pedro, aunque era de Santa Bárbara. Este nuevo comenzó a pedir permiso para ir a ver a su esposa casi inmediatamente después de llegar al campamento. Tanto molestó que al tercer día tuvieron que regresarlo a dicha ciudad por un camino extraviado.

Los permisos comenzaron a convertirse en un verdadero dolor de cabeza, pues todos querían bajar a ver a sus familias. Solamente yo y otros compañeros más, como el Seis, el Siete y el Once, no solicitábamos permiso, porque considerábamos que no se nos daría, pues éramos tratados con discriminación por causa del alcoholismo.

Los permisos fueron prohibidos para evitar los problemas que producían. Esto provocó la primera deserción de nuestras filas. Fue el No. 13, quien había solicitado el visto bueno para ir a ver a su familia, pero se lo negaron en cumplimiento de lo acordado. Entonces, un día, muy de mañana, le dijo al cocinero que iría a traer palmiche[50] para guisar durante el almuerzo y, como ya había hecho eso numerosas veces, el cocinero lo autorizó, desapareciéndose del campamento con un machete nuevo.

Mientras tanto, la Base No. 1 informó que dos hermanos se encontraban enmontañados, entre Tela y La Ceiba, huyendo de la policía. Se tomó entonces la determinación de buscar contacto con ellos, encargándose a Perales, miembro de la base antes mencionada, de cumplir esa tarea.

Además, dos campesinos de la misma base trajeron cierta madrugada al compañero Cárdenas, quien había sido deportado a Belice y, viajando a Guatemala, el avión hizo escala en San Pedro Sula, de donde se fugó. Por eso lo mandaron donde nosotros. A éste se le dio el No. 13, o sea, el de quien había desertado. En esta oportunidad se llevó a la montaña una metralleta marca inglesa, un fusil M-1, tres fusiles Mauser, parque y varias cosas más.

---

[50] Palmito; tallo tierno de esta planta, de mucho consumo en el campo hondureño.

El contacto con los hermanos que andaban enmontañados fue establecido. Estos se incorporarían a nosotros, quedando Perales con el encargo de ir a traerlos a determinado lugar, cercano a la carretera. Una noche llegó con ellos y dos más. A los hermanos los recibimos con gran júbilo, porque, aunque eran liberales, ellos habían sido organizadores de campesinos en la zona, y todos recordábamos que durante las fiestas del 10 de Mayo tomaban el micrófono y hablaban como unos marxistas, siendo analfabetos.

Suponíamos que su llegada se debía a que, poco después del golpe, habían peleado con los chafarotes, lo cual resultó cierto, porque uno de ellos traía las cicatrices de las heridas recibidas. En cuanto a armas, sólo llevaban dos rifles veintidós, los mismos que utilizaron al enfrentarse a los militares. A éstos se les conocía en todas partes por el nombre de Los Hermanos Paz.

Uno de sus acompañantes era el chane[51], también adelitado[52], porque había sido Segundo Jefe de la Guardia Civil en Yoro y allí se había batido a tiros con los militares. De ese lugar lo cambiaron con el mismo cargo a Santa Rita, donde le dio muerte a Mateo Díaz, suegro del alcalde del pueblo. A causa de este hecho, la Zona Militar comenzó a perseguirlo, haciéndole varios disparos, los que él contestó.

Barriéndose por un malval, logró escaparse, aunque salió con varios balazos, uno de los cuales casi le cortó el pene. Tenía más de tres años de andar huyendo por las montañas, pues si lo capturaban los chafas, no lo perdonarían. Cierta vez lo hicieron ir, engañado, a Tegucigalpa, pero también de la capital logró escaparse.

Conocía perfectamente varias montañas, desde La Ceiba, Yoro y la cordillera de El Merendón, hasta Guatemala. Por eso era el chane que traían los Hermanos Paz, de los cuales era hasta algo pariente y del mismo lugar: Gracias.

Aquella noche fue corta para escuchar todo lo que tenían que contar estos hermanos, principalmente uno de ellos, que aspiraba a ser jefe. Les leyeron el Código Guerrillero y les preguntaron si se sometían a la disciplina. Ambos respondieron afirmativamente. A uno

---

[51] Guía en la montaña.
[52] Prófugo de la justicia.

se le dio el No. 16, al otro el No. 17 y al chane, cuyo nombre no recuerdo, se le asignó el No. 18. El cuarto hombre del grupo no recibió número porque sólo tenía el encargo de llevar a los otros tres, aunque se quedó ocho días con nosotros, descansando. Era de apellido Serrano.

A este último lo miraba yo con curiosidad porque tenía la impresión de haberlo conocido en alguna parte. Esa duda se resolvió poco tiempo después, cuando el hombre me preguntó si había sabido algo de Manuel Anariba, a quien yo conocía. Le informé que se encontraba en Progreso y que no le había pasado nada durante el golpe militar porque ya había entregado el puesto. Entonces ambos recordamos que nos habíamos visto en Yoro.

Después, él se puso a contar cómo los chafarotes se arrojaron contra los guardias civiles en aquel lugar y lo que había ocurrido. Con tal información le comuniqué a Casco, en secreto, que a ese hombre lo había conocido en Yoro como segundo de la Guardia Civil, y que había que tratarlo como liberal.

Por este tiempo trajeron a otro compañero de Progreso, llamado Claudio, a quien se le dio el No. 19.

A todo esto, R. Velásquez y Rostrán comenzaron a exigir que se tratara de obtener información sobre el paradero de Aquilino Inestroza, muy conocido entre nosotros por antiguas actividades entre los campesinos de la zona, de quien se decía que entregó a Benavides, del que no sabíamos si estaba vivo o muerto. También nos llegaron rumores de que a Inestroza le ofrecieron mil lempiras para entregar a todos los hombres con alguna preparación guerrillera que él conocía.

Por eso comenzaron las pesquisas. Después de algunas búsquedas, tuvimos información de que había llegado a la aldea Cuatro de Marzo y que, encontrándose amenazado por los campesinos a causa de las mismas acusaciones, envió una carta solicitando su incorporación en el grupo, donde esperaba aclarar su situación. La carta fue retenida en San Pedro por los comandos.

Conocido lo anterior, se dispuso enviar un enlace para llevarlo al campamento y hablar directamente con él. En efecto, una madrugada llegó con otro compañero. Las pláticas con los jefes resultaron satisfactorias, por lo cual se les leyó el Código y se quedaron con nosotros.

Entonces, como a Serrano se le dio el No. 20 por haber prometido regresar en un mes, Aquilino Inestroza recibió el No. 21 y el otro compañero el No. 22. Sin embargo, este último, al poco tiempo, recibió la baja porque padecía de asma y el frío de la montaña le era perjudicial.

CAPÍTULO III: "¡MATAR A CHOCOLATE!"

En la montaña la vida era distinta a la del valle. Aunque en un principio nos pareció más segura, después no lo era tanto, porque, por las condiciones del grupo, nos imaginábamos un ataque de un momento a otro. Además, tuvimos que acostumbrarnos a las condiciones en la selva.

Primero, reconocer todos los ruidos: las caídas de agua; el goteo continuo de los árboles; los pasos de diferentes animales nocturnos; el canto de pájaros que semejan silbidos de persona; los alaridos de ciertos animales, capaces de confundirse con los gritos de un hombre; y el estruendo de los árboles secos al desplomarse y que, al rodar por las laderas, parecen descargas de ametralladora y fusilería.

Segundo, saber convivir con toda clase de bestias, principalmente las víboras, como el barbamarilla, el devanador, el yugualán, el timbo, el tamagás verde y otras, así como el tigre y un pichete grande, que le dicen camaleón porque cambia de colores. A todo esto, uno tiene que adaptarse para no perder la cabeza y causarles problemas a los demás.

Por ejemplo, cierta vez salieron muy temprano en la mañana dos compañeros a cumplir una misión. Cuando iban por una vereda abierta en la espesura del monte, uno de ellos le dijo al otro, muy asustado:

—¡Viene una bicicleta!

Corrieron ambos y se tendieron de bruces a un lado de la senda por donde iban, para esperar a que pasara la mentada bicicleta. Después de un rato, el otro compañero, ya un tanto serenado del susto, le dijo al primero:

—Pero, hombre, ¿cómo va a caminar alguien en bicicleta por estas alturas?

—¡Es cierto! —dijo el otro.

Se levantaron y siguieron el camino. Lo que los había confundido era la luz de una luciérnaga muy grande que, de vez en cuando, aparecía en la montaña.

En otra ocasión me llevé un susto escandaloso en pleno día. Encontrándome de turno, escuché un ruido exactamente igual al que hace un fusil cuando se manipula. Inmediatamente me tiré a tierra, parapetándome en un lugar seguro, con el fusil bala en boca. Pasó un rato y no hubo más ruidos. Entonces inspeccioné con cautela, y ¿qué debía de ser?

Un pájaro no muy grande, de color cenizo, con algunas partes blancas y otras negras, y la cabeza rayada. Este animal tenía el pico parecido al de los patos y emitía un ruido como el antes dicho. Este susto no sólo me lo llevé yo, sino muchos otros compañeros.

También una tarde, como a las siete y media, estando en sesión los principales del grupo, se escuchó un estruendo enorme, como ráfaga de ametralladora. De inmediato, unos compañeros corrieron a parapetarse en contención de fuego, mientras otros se dedicaron a desmantelar el campamento. Rosales y Casco ordenaron partir hacia un punto inmediato, donde se pusieron en práctica las respectivas medidas de seguridad.

Allí nos mantuvimos, alertas todos, pues esperábamos que el enemigo nos atacaría en las primeras horas de la mañana. Sin embargo, cerca ya de la madrugada, se escuchó otro ruido exactamente igual al que percibimos temprano. Entonces reconocimos que era una rama seca desprendida de un árbol, la que, al rodar por la falda del cerro, producía aquel estruendo parecido a una descarga de arma automática. Claro, después del susto todos hacíamos chistes, pero era de vernos las caras mientras lo pasábamos.

Por este tiempo ya habíamos construido todo lo referente a la ingeniería de combate: pista para formación y ejercicios, pozos de tiro y un refugio grande, bien ordenado, para guardar todo el excedente de provisiones. Construyendo este refugio nos tomaron una foto por orden de Rosales. Después se hicieron muchas más en el campamento, en la cocina, cada quien con su arma y equipo. También se les tomó fotos a los enlaces de la Base No. 1 y a un comando de la ciudad. Nunca supe qué se hicieron esas fotografías.

Cuando hacíamos el refugio tuvo lugar un accidente. Encontrándome trabajando adentro, antes de hacer el atierro, se desbarrancó el No. 7 de una altura de diez a doce pies, cayéndome a un lado, sin sentido. Inmediatamente me quité la camisa y se la tiré encima; otros compañeros hicieron lo mismo, de modo que lo dejamos bien embojotado. Del campamento vinieron a traerlo en hamaca, pero el Siete ya había vuelto en sí y, como pudo, se fue caminando. Nosotros dijimos que este compañero tenía vida de garrobo[53], porque nunca creímos que despertaría del tremendo golpe que se dio.

Así continuó pasando el tiempo. Por las noches se hacían grandes conversaciones. Sólo yo no hablaba, porque, cuando lo hacía, todos se me tiraban encima, burlándose de mí. En esas ocasiones me decían que, por borracho consuetudinario, el Partido me había sancionado. Entonces yo les contestaba que, a causa de ese sectarismo, habían casi destruido la organización, porque a varios compañeros, por simples prejuicios, los habían separado, mientras que a otros, a pesar de cometer muchos desmanes, los habían premiado mandándolos a capacitarse al extranjero.

—Sin embargo —les decía yo—, ¿dónde están ahora ésos? ¿Qué se hicieron? Yo, es cierto, he sido borracho, igual que otros compañeros; pero aquí estoy, dispuesto a dar la vida por la causa. Eso quiere decir —continuaba— que en el Partido se comete el error de enviar al extranjero a individuos que se convierten en cuchillos para nuestro propio movimiento.

—¡Es cierto! —decían algunos compañeros.

—¡No! —afirmaba Casco—. Lo que pasa es que el compa, cuando fue castigado, se resintió, y lo que hizo fue retirarse.

—Nunca me he retirado del Partido —replicaba yo—. Me retiré de la gachera[54], que era la que me tenía y me tiene desconfianza; pero siempre he mantenido relaciones con varios miembros del Comité Central para estar al tanto de todo.

Entonces me decía Pacheco:

—No, compa, mejor cállese, porque usted y yo no tenemos derecho de hablar nada, porque siempre nos sacan el tema del maldito trago.

---

[53] Saurio, abundante en Centroamérica, cuya cola tiene la propiedad de regenerarse cuando la pierde.

[54] Los elementos de poca importancia en una organización.

Una tarde, bastante temprano, se pusieron Juárez y Díaz a registrar todas las bombas, encontrando la que nos había asustado en el bajo[55]. Todos teníamos desconfianza de que pudiera estallar. Se dispuso, entonces, probarla. Juárez y Díaz eran los más audaces en estos asuntos. Tomaron la bomba y la arrojaron por un guindo[56], sin reventarle el cáñamo de la espoleta, por lo cual el artefacto quedó colgado de una rama. En el campamento se produjo todo un desparpajo. Hasta el cocinero salió disparado.

Díaz bajó al lugar donde estaba el aparato, balanceándose como un panal y, desprendiéndolo, se lo llevó al campamento. Después dispusieron probar la bomba en un sitio más retirado. Casco se fue con ellos hacia la quebrada. Allí, en una roca que tenía un hueco, Juárez arrojó la granada y ésta, al solo chocar con la piedra, hizo una tremenda explosión, la que se escuchó en varios kilómetros a la redonda. Al observar el sitio del estallido, encontraron en la roca viva un agujero como de seis pies de diámetro. Así nos dimos cuenta de la clase de bombas que teníamos.

Díaz era nuestro enlace con San Pedro. En uno de sus tantos viajes regresó con Benavides. Todos los que lo conocíamos sentimos una gran alegría al verlo, pues ya lo considerábamos muerto. Este entró desde El Salvador y, al llegar a San Pedro, consiguió que lo mandaran al grupo. Nos informó de sus aventuras: de cómo lo habían capturado y cómo lo condujeron a El Salvador. Al referirnos estos hechos se le notaban ciertas lágrimas en los ojos. Fue bautizado con el No. 23.

Al poco tiempo de esa fecha tuvimos ajetreo. Durante la marcha, Benavides y Aquilino conversaron acerca de lo que se decía de ellos, o sea, que la captura del primero se debía a que fue entregado por Aquilino. Este le dijo que tal información era falsa y que, como podía verlo, él también andaba huyendo. Le expresó, además, que se sentía contento de su arribo, porque, de ese modo, se comprobaba que él no era traidor. Benavides le respondió que, por su parte, no lo creía, y que, a causa de ello, nunca dijo nada y se limitó a soportar todo lo que le hicieron.

---

[55] En el valle.
[56] Pendiente.

En este período fue castigado el No. 17 con cuatro horas de posta por haberle tirado, sin permiso, con el rifle 22, a un pico de navajo[57]. Poco tiempo después se despojó a Romero del grado de sargento, quedando como raso, por descuido en el cumplimiento de su deber. También fue degradado Rostrán por la misma causa.

Para sustituirlos, fueron ascendidos: a sargento, Arturo Díaz; y a cabo, Guevara, siendo juramentados ambos. No mucho tiempo después, mientras Rosales andaba en una gira, Casco ascendió a Aquilino Inestroza, el No. 21, dándole el grado de sargento porque "era muy activo y capaz para ese puesto". Asimismo, lo ingresó al Partido. También Díaz, que era el enlace y que, por esa causa, casi nunca permanecía en el campamento, fue ascendido a sargento general.

Desde que el Veintiuno tomó el mando, la disciplina se volvió puro chafarotismo, pues con nada se imponían castigos. Como se había acordado que de las ocho de la noche en adelante se guardara silencio, a los compañeros que se quedaban conversando en voz baja les gritaba:

—¡Silencio! ¡Los voy a castigar como si estuviéramos en un cuartel de chafas!

Todo esto lo miraba bien Casco, aunque a los demás no nos pareciera. Por otra parte, estos hombres siempre se tomaban las mejores armas, mientras nosotros, los que habíamos fundado el grupo, debíamos conformarnos con lo más ruin. Por ejemplo, yo siempre continuaba con la misma pistola vieja e inservible, pues tenía malo el chifle[58]. También otros, como el Seis, el Siete y el Once, eran discriminados, aunque, en el caso del Siete, había cierta razón, pues era indisciplinado y nunca se quiso superar; los demás no dábamos motivo alguno, y eso de nada nos servía.

Benavides nos hablaba de muchas tácticas, pues tenía el grado de Sargento Primero en el Ejército de El Salvador y había hecho un curso en el Canal de Panamá de lucha antiguerrillera. A éste se le decía que

---

[57] Pájaro de pico muy grande, parecido al tucán. Abunda en la Costa Norte de Honduras.
[58] Cargador de las armas automáticas.

todo lo que hablaba era puro chafarotismo, con lo cual se le mataba la moral.

A los integrantes del grupo nos estaba prohibido entablar conversación con los comandos que llegaban de San Pedro. Esto era, quizá, para que no informáramos lo que pasaba en el campamento. Sin embargo, nosotros éramos discretos, pues habíamos aprendido que el guerrillero no debe saber más de lo que le corresponde y no debe comunicar a nadie lo que escucha o ve, salvo si conviene a la seguridad de todos. Yo decía para mis adentros: "la historia sí hablará a su tiempo".

Una vez que íbamos a trabajar con Pacheco, incurrí en un error al depositarle demasiada confianza. Todo vino por la plática que él me hizo.

—¿Ya sabe —me informó— de la tarea que nos han asignado para ir a cumplir?

—No. ¿De qué se trata?

—Nos han elegido para eliminar a Chocolate[59]. Según me han informado, iremos usted, Guevara y yo. Pero no le diga nada a nadie de esto, porque se trata de algo muy confidencial.

—Bueno —le contesté—, si se trata de una orden, no tendré inconveniente en cumplirla, pero lo malo de esto es que a estas tareas deberían mandar a hombres competentes, bien entrenados y, de ser posible, que ya hayan hecho esas acciones, como es el caso de Guevara. Pero yo, ¿qué práctica he tenido, si ni siquiera he sacado una gota de sangre, contimás[60] matar?

—Pues yo lo mismo —me dijo Pacheco.

—¿Cree que mancornarse con ese negro para dominarlo es teta? —le expresé—. Estos, como nos ven de menos, nos tiran a que nos maten. ¿Por qué no mandan a Rostrán, a Guevara, hombres hechos a tales cosas, o a Juárez, que tiene un buen entrenamiento?

Después le conté lo que, en otra oportunidad, había dicho Casco de Rosales y Guevara, principalmente de este último, al que calificó de "un hombre frío para matar".

---

[59] Comentarista radial pagado por la reacción para atacar al movimiento revolucionario. Murió en un accidente mucho después.

[60] Cuanto más, con la acepción de "no digamos".

—Pero esto —me dijo— hay que informárselo al Partido.

—Por ahora no —le manifesté—, porque pueden producirse consecuencias desagradables.

Pacheco, sin embargo, no se aguantó, y al primero que le informó de todo fue a Guevara, quien hizo el alboroto entre varios, incluyendo al enlace, Díaz. Este se puso también a decir otras cosas contra Casco, complicándose así, de manera peligrosa, aquel pequeño incidente.

Una tarde que llegué de trabajar, encontrándome en mi hamaca, me dijo Pacheco:

—Hoy por la noche nos reuniremos todos para discutir aquel asunto de que me habló sobre Casco. Guevara está bien enojado.

Yo me quedé en silencio, haciendo comentarios sobre el error que había cometido al proporcionarle información a un compañero que no cubría nada. Me conformé y decidí arreglármelas como pudiera, llegado el momento.

Al anochecer se dirigieron Rosales y Casco a la cocina, pues ese era el lugar destinado para la reunión. Guevara ya estaba en el puesto. Luego llamaron a Díaz, Romero, Rostrán, R. Velásquez, Juárez y, por último, a mí. Al llegar a donde estaban todos, les dije:

—Aquí me tienen, señores.

—Bueno, H. Velásquez —me dijeron—, ¿cómo es un asunto que le informaste a Pacheco de que, en cierta ocasión, Casco vertió unas palabras contra Guevara?

Meditando unos segundos sobre cómo responderles, dije:

—Bien, voy a decirles la verdad, y si por hacerlo merezco un castigo, estoy dispuesto hasta que me fusilen. Esto me sirve de experiencia para que, de aquí en adelante, no se me zafe nada de todo lo que escuche y observe. Acepto el error de haberle comunicado secretos a Pacheco, creyendo que era otra clase de hombre, por lo que, de hoy en lo sucesivo, mi boca será un candado. En cuanto a lo que me preguntan, el problema es el siguiente: ¿se acuerdan de aquel día, por la tarde, que salieron Rosales, Romero, Rostrán y Guevara a cumplir una misión, la que no pudo realizarse? Pues, como Casco vio a Guevara actuando con mucha irresponsabilidad, manifestó que si este compañero no se sometía a la disciplina, había que fusilarlo, porque el Partido no puede aceptar en sus filas a hombres que quieran hacer las cosas a su modo y no como lo manda la organización. Esto es todo, y lo sostengo, porque fue escuchado por otros camaradas.

Guevara dijo, entonces:

—Compañero, ¿y por qué usted no me había informado esto, a pesar de la confianza que nos tenemos?

—Porque no había tenido oportunidad y no era el momento adecuado —le contesté.

—¡Puta! —dijo Guevara—. ¡Pero que lo maten a uno los mismos, y por nada, está jodido! ¡Vale que esto ocurre conmigo y no con mi hermano, pues ése no aguanta nada!

Rosales señaló que no había por qué sulfurarse y echó toda la culpa del problema a Casco, por no saberse medir. Este tomó la palabra y expresó que no había que darle tanta importancia al asunto. Luego dijo que él tomaba todo aquello como una intriga contra su persona, encaminada a restarle autoridad en el grupo. Rosales manifestó, entonces, que este punto quedaba concluido, llamando a ponerle fin a las discordias y resentimientos.

Desde entonces me mostré más indiferente, más apartado. Hablaba cuando me hablaban. Eso sí, siempre cumplía todos mis deberes para evitar un castigo. Nunca volví a confiar en nadie ni a contar asuntos delicados.

Una vez me llamó Casco, mientras se encontraba solo.

—¿Qué fue? —le dije.

—Lo hemos seleccionado para una misión.

—¿Qué clase de misión es ésa? —le pregunté, aunque ya sabía de qué se trataba por la plática con Pacheco.

—Se trata de quitar a Chocolate —me dijo.

—¡Ah! —dije yo.

—¿Lo conoce?

—Sí.

—Entonces, mejor —señaló—. Ese jodido le está haciendo mucho daño a nuestro movimiento con un programa de radio que le paga la reacción. ¿Qué dice? ¿Está de acuerdo?

—¿Y no hay otro que pueda desempeñar csa tarea?

—No.

—Es que yo nunca he matado.

—¡Si es fácil y, después, hasta le va a gustar!

—Gustarme por profesión, no —le contesté—. Ahora, cumplir una tarea ordenada por el Partido para quitar a un enemigo, sí lo puedo hacer. ¿Y quiénes son los otros?

—Pacheco y Guevara. ¿A usted no lo conoce Chocolate, verdad?

—Sí me conoce.

—Pues entonces, mucho mejor. Ustedes se irán de aquí durante una de estas noches. En Progreso se hospedarán donde un compañero. Allí se estarán sin salir y sin que nadie los vea. De ese lugar saldrán a localizar a Chocolate. Usted conoce Progreso, ¿verdad?

—Sí; conozco Progreso muy bien.

—Está bueno. Mire —dijo, sacando un papel—, esta es la emisora donde él trabaja. Aquí está la casa donde vive el compañero que los hospedará. De ahí salen por esta calle, hasta llegar a esta otra; aquí lo esperan, todos regados. Al verlo venir, usted le sale como al encuentro y, sin dar a conocer malicia, le dice:

—¡Hola, compañero! —y le da la mano.

Él tiene que contestarle y darle la mano también. Entonces usted lo agarra como hombre. Pacheco llegará en su ayuda y, tomándolo cada uno de un brazo, lo dominan. Guevara se aproximará en ese momento y le ajustará las cuentas con el cuchillo. Lo registran, pues anda una pistola por dentro de la camisa. Si lleva reloj y dinero, se los quitan. Después, ustedes salen corriendo, cada quien por su lado. Llevarán pistolas por si los siguen y es necesario defenderse. No importa que se tarden en volver dos o tres días. ¿Estamos?

—Pero es que yo nunca me he mancornado con nadie, y ese negro tiene fuerza; con un cabezazo lo puede matar a uno.

—Juárez los va a entrenar con tácticas chinas; ése sabe toda clase de llaves.

—¿Y él? ¿Por qué no lo mandan?

—Porque lo conocen casi todos en Progreso, lo mismo que a mí.

—Si yo también soy conocido.

—Pero menos que nosotros.

—Está bien, pues.

Desde ese día pasaba yo pensativo, porque nunca me había tocado una tarea de éstas y jamás en mi vida había sacado una gota de sangre, y peor de tal manera. Recordaba que en mi ascendencia por ambas partes nadie se había manchado en ninguna forma. Por eso me desvelaba, pensando en cuál sería la razón de que a nosotros nos tiraran a ese tipo de tareas. Pero después me decía: no importa, cualquiera que sea el resultado, tengo que hacerlo por honor. Afortunadamente, esta misión nunca se llevó a cabo.

Durante este tiempo me enfermé. Con motivo de la gripe que me había dado en el bajo, me quedó una tos que se me fue empeorando poco a poco en la montaña. Durante las noches casi no dormía. Al toser daba unos grandes silbidos. Los compañeros hacían chistes de esto, diciendo que me había dado la "tos chiflona", lo cual me resentía mucho. Comencé, pues, a sentirme muy débil y a sufrir un insomnio tan grande que me pasaba las noches enteras sin pegar los ojos un solo momento.

Casco me llamó cierto día y me dijo:

—Compa, usted se encuentra enfermo. ¿Qué siente?

—Nada —le dije, porque estaba resuelto a morirme.

—No —me contestó él—, sea franco: usted está enfermo y debe decir lo que siente.

—Sí —le manifesté—. Lo primero es esta tos que no me deja dormir. Luego, es un debilitamiento tremendo, que no me permite hacer nada. Además, tengo insomnio.

—Bueno, yo voy para San Pedro y consultaré al médico para que le mande un tratamiento especial.

Efectivamente, como a los tres días regresó. Llegó con dos campesinos bien cargados de ropa, calzado, hamacas, nylons, colchas, medicinas y pertrechos. Ese día yo estaba destinado a efectuar un trabajo con otros compañeros. Nos habíamos levantado temprano y estábamos listos a salir. Casco me encontró y me comunicó:

—Aquí tiene estas pastillas; las toma tres veces, una antes de cada comida. Hay suficientes para un mes. Tiene prohibido fumar.

Cuando regresé, por la tarde, Casco me llamó de nuevo y me dijo:

—No trabaje, compa, si a usted le suspendieron el trabajo. Por la mañana sólo le entregué las pastillas, sin ver lo que manda a decir el doctor. De hoy en adelante se quedará en reposo durante un mes: no irá a trabajar ni hará postas. Cuando sienta apetito, pida lo que quiera. El cocinero ya recibió la orden de atenderlo.

Desde que comencé a tomar las pastillas dormí muy bien. El tratamiento fue efectivo. Al poco tiempo estaba como antes.

La vida en el campamento continuó como siempre. En los ratos libres hacíamos chistes y bromas, principalmente Juárez y Romero, que eran los más alegres. Cierta vez, el primero de estos camaradas regresó con una culebra que había matado. Parecía barbamarilla, pero era víbora castellana. Como sólo yo estaba en el campamento, leyendo el Manual de Marxismo-Leninismo, Juárez aprovechó la oportunidad para colgar la víbora sobre la hamaca de Casco, de lo cual no me di cuenta al principio.

Cuando Casco fue a arreglar su hamaca para dormir, rozó la víbora con la cara y dio un tremendo salto. Al darse cuenta de que estaba muerta, me preguntó:

—¿Quién ha traído ese animal aquí?

—Al que vi llegar con esa culebra fue a Juárez —le dije—, pero yo creí que la había botado.

En realidad, nunca me imaginé que Casco se enojara tanto por aquello; eso me llevó a contestarle como lo hice. Pero al llegar Juárez le dio tal regañada que ya parecía que lo iba a matar. Juárez se resintió mucho y no quiso comer. Después, Casco tuvo que rebajarlo, diciéndole que lo hacía por su bien, para que no volviera a hacer esas bromas tan pesadas. Juárez aceptó, diciendo que lo excusara porque él era muy bruto. El episodio pasó y nadie quedó resentido.

Comenzamos a pasar algunos momentos de angustia. Resulta que la trucha[61] donde comprábamos las provisiones había sido fiscalizada, a consecuencia de las cuantiosas ventas que hacía. Supimos que la vigilaban. Carne no comíamos porque esta montaña es pobre en caza. Sólo una vez que el Cuatro salió con el Diecisiete, regresaron con dos guajolotes. Además, Tollino, el hijo de don Quilo, un cipote muy encariñado con nosotros, salía con los perros a montear y, de vez en cuando, nos llevaba ciertos animales, como tepezcuintes, pizotes y otros.

En cierta ocasión llevó un cusuco grande. Le preguntaron a Casco que si comía de él y contestó que no, haciendo ascos; luego, hicieron lo mismo conmigo. Yo les respondí que bien guisado, sí comía. Lo pelaron, lo lavaron y, en un caldero muy grande, lo pusieron al fuego. Cuando ya estaba en hervores, dice el Diecisiete:

---

[61] Pulpería, negocio de abarrotería.

—A ver, cocinero, deme un plato de sopa.

—¿Y así, sancochado? —le preguntó aquél.

—Pues así es más bueno —le contestó el Diecisiete.

Le sirvieron el plato y pidió tres tortillas. A los pocos minutos pidió otro plato. Se arreó las dos platadas de sopa y quedó muy tranquilo. Yo me dije a mí mismo: ¡éstos sí son estómagos de guerrilleros!

Otra vez Rostrán mató con el rifle 22 un animal muy raro que cruzaba el campamento y siempre nos asustaba. Nadie pudo reconocer qué animal era. Tenía la pelambre como el perico-ligero, pero todos estuvimos de acuerdo en que no era ese animal. Bueno, lo cierto es que, fuera lo que fuese, también nos lo comimos.

Así pasamos aquellos días difíciles. Cuando no trabajábamos, invertíamos el tiempo en la limpieza de las armas o en estudiar, porque siempre funcionaban los círculos de estudio. Rosales y Casco habían sudado la gota con la máquina de escribir, copiando capítulos del Manual de Marxismo-Leninismo para distribuirlos entre nosotros. También estudiábamos el folleto La guerra de guerrillas, de Che Guevara. En el campamento no había otro tipo de materiales.

Ocasionalmente realizábamos algunos ajetreos: tiro teórico y, después, tiro efectivo con rifle 22, porque el lugar no era apropiado para un entrenamiento más completo. Por eso, y por otras razones, se comenzó a escoger un sitio en donde pudiéramos hacer mejores prácticas, sin que nadie escuchara las detonaciones.

El Dieciséis y el Diecisiete, así como el Veinte, decían que el lugar donde ellos habían estado era conveniente para ese fin, porque se trataba de una montaña extensa, que desde Ceiba llegaba hasta Trujillo. Hablaban de los cañones abiertos por los ríos Mezapa, Mangungo y Matarrás, en los que se podían disparar armas hasta de grueso calibre, sin que se escucharan en ninguna parte.

"De campamentos no hablemos —dijeron— porque hay magníficos lugares, y la gente es muy buena, porque casi toda es liberal".

Así se llegó al acuerdo de enviar a varios compañeros a inspeccionar dicho punto. El Veinte los llevaría, pues éste, de todas maneras, iba a regresar allí para doblar una milpa. De inmediato se pusieron en movimiento. Se compró provisión para los que iban y los aperaron de buenos zapatos. Formaban la comisión: el Tres, el Cinco, el Trece, el Quince, el Dieciocho y el Veinte.

Como responsable del grupo quedó el Tres, o sea, Romero. Este no estaba muy conforme con esa responsabilidad, pero la aceptó por "honor y patriotismo", según dijo. Los cocineros les prepararon el bastimento y, un día por la mañana, Rosales los mandó formar y les dio las instrucciones del caso.

Se le preguntó al Veinte cuántos días se necesitaban para el viaje. Este contestó que, caminando todos parejo y tomando en cuenta que por algunos lugares solamente caminarían de noche, se necesitaban tres o cuatro días, más uno o dos para la inspección del lugar; total: diez días de ida y regreso. Rosales les comunicó que tenían diez días de tiempo mínimo y doce de tiempo máximo.

"Si no vienen en ese lapso —les dijo—, es que algo les ha pasado; entonces nos pondremos en movimiento para investigar".

Después de esto y de confirmar que todos llevaran armas livianas, al grupo se le ordenó media vuelta y los despedimos. Hasta ya por la tarde, dijo Rosales con asombro:

—¡Ve, hombre, se me olvidó darles a aquéllos por lo menos dos lempiras para cualquier cosa!

—¡De veras! —dijimos todos.

—Pero van con el Veinte, que tiene amigos en esos lugares —señaló uno de nosotros.

—Es cierto —dijo otro.

Se me escapaba decir que, antes de marcharse el grupo, Juárez le dijo a Cárdenas:

—No quiero oírlo con lloriqueos en el camino; usted, cuando se cansa, sólo con las nalgas camina.

—No jodás, yo soy vergón donde quiera —le respondió aquél.

—Bueno, ya lo sabe —le replicó Juárez.

El hecho es que Cárdenas era chofer de oficio y, por no estar hecho a las grandes caminatas, pronto se cansaba.

Pasaron los diez días. Luego los doce, y no regresaron. Entonces ya todos estábamos en cuidado. Durante las noches, los postas se ponían más alertas por si escuchaban los silbidos de la consigna. Después de quince días aparecieron Romero, Cárdenas y el Quince, faltando Juárez y el Dieciocho. Los recién llegados estaban muertos de hambre, porque llevaban tres días de no comer. Inmediatamente les prepararon algo en la cocina.

Después, Romero rindió el informe:

—Nos hemos atrasado —dijo— porque Cárdenas se cansó. Cuando llegamos a La Florida fue imposible hacerlo pasar de allí. Dijo que mejor lo mataran antes que continuar. El Veinte decidió, entonces, irse adelante para conseguir una bestia. Los demás nos apartamos del camino y nos metimos en una tarrera, donde esperaríamos hasta el siguiente día. Pero poco después dijo Juárez que él se iría con el Veinte, y lo mismo dijo el Dieciocho.

—Pero, hombre, ¿y no eras vos el jefe para que les impidieras irse? —le manifestó Rosales.

—Yo me opuse —contestó Romero—. Sin embargo, todo fue imposible; Juárez tendrá capacidad para otras cosas, pero carece de disciplina.

—Entonces los hubieras desarmado —le volvió a decir Rosales.

—También quise hacerlo, pero se opusieron, y para desarmarlos hubiera necesitado pelear con ellos, y eso no me pareció conveniente.

Continuó Romero con el relato:

—En aquel lugar pasamos el primer día. Luego el segundo. Después, el tercero, y no llegó nadie a traernos. Por eso dispusimos regresarnos, pues ya no aguantábamos el hambre. Transcurrido un buen tiempo de caminar, decidimos presentarnos en una casa a pedir comida.

—¿Y así, armados, llegaron a la casa? —le preguntó Rosales.

—No —respondió Romero—, escondimos las armas y las mochilas en un lugar vecino.

—Después de comernos lo que nos dieron, continuamos la marcha —siguió diciendo Romero—. Cruzamos la montaña hasta llegar a la carretera. De este lugar no quería pasar Cárdenas por el cansancio. Teníamos que ir muy despacio para no dejarlo. Continuamos por la carretera, apartándonos a cada luz de carro que venía, hasta llegar al aparte del camino hacia acá. La loma nos ha costado mucho subirla porque este hombre ya no podía caminar y nos rogaba que lo matáramos. A pura súplica y paciencia lo hemos hecho llegar hasta aquí. Pero yo debo decir que toda esta hambriada la hemos tenido por no andar una ficha[62] en la bolsa.

Rosales y Casco guardaron silencio ante este reclamo. Después le dijeron a Romero que él sería el responsable si a Juárez le pasaba algo, por no saber mandar. Desde entonces Romero se puso muy nervioso y afligido. Continuamos esperando, y los perdidos no llegaban.

"A éstos es que ya los mataron", decía Casco, lo cual ponía más preocupado a Romero. Se nombraron algunas comisiones para investigar, pero no se tuvieron informes.

Por fin, como a los siguientes doce días, apareció Juárez con otro muchacho. Todos los recibimos con mucho entusiasmo, pero más Romero, a quien le volvió el alma al cuerpo. Rindió su parte. Dijo que él había dispuesto ir hasta donde los habían mandado porque le pareció incorrecto regresarse sin traer datos sobre el lugar. Informó también que el Veinte había conseguido la bestia para conducir a Cárdenas, así como un muchacho que fuera a traerlo, pero que, al llegar éste al puesto donde los habían dejado, no los encontró.

Por eso se fueron mejor a inspeccionar la montaña. Dijo que se trataba de un lugar inmejorable, con todas las condiciones para la guerrilla. La gente es muy buena, simpatizante del movimiento.

—¿Y los demás compañeros? —le preguntó Rosales.

—El Dieciocho se portó mal —dijo Juárez—, porque habíamos guardado las pistolas a donde un amigo del Veinte, y antes de volver aquí manifestó que deseaba pasar por donde su familia, en Tela, y pidió que le entregaran la pistola. Al principio no se la quisimos dar, pero exigió tanto que el Veinte se enojó y le dijo al amigo que se la diera. El Dieciocho se comprometió a regresar al siguiente día para venirnos juntos hacia acá. Lo esperamos tres días y no volvió. Entonces el Veinte me mandó adelante con este muchacho; él llegará aquí entre dos o tres días, con otro compañero.

Este informe lo recibieron con entusiasmo Rosales y Casco. Pero cuando terminó Juárez, le dieron una buena reprimenda por indisciplinado. A Juárez se le rodaron las lágrimas, pero reconoció que, por quedar bien con el movimiento, había actuado mal.

---

[62] Moneda de dos centavos de lempira.

83

Como a los cuatro días después, apareció el Veinte, acompañado de un muchacho. Fue bien recibido en el campamento, porque a este hombre se le tenía mucho respeto. Repitió lo ya dicho por los otros.

Lo más importante de su informe fue lo referente a la popularidad de nuestro movimiento en aquellos lugares. Todos nos alegramos con eso.

Al mismo tiempo que ocurrían tales hechos, tuvimos que despachar a su casa al Veintidós, el compañero de Aquilino. Este padecía de un asma terrible y se había agravado. Dándole algunos centavos para que comprara medicinas, se le mandó a dejar con otros compañeros a donde su familia.

Esto determinó que los dos muchachos, compañeros del Veinte, ocuparan los números vacantes: el que llegó con Juárez, que era de mi mismo pueblo, recibió el No. 18, en reposición del que se robó la pistola; y el que acompañaba al Veinte fue registrado con el No. 22, sustituyendo al asmático.

Cierta tarde de ésas, bastante temprano, me encontraba leyendo el Manual de Marxismo-Leninismo en un catre de campaña. Rosales había salido, no sé a dónde. Entonces oigo, en el patio de formación, como a quince metros de donde yo me encontraba, una discusión muy acalorada entre Benavides y Aquilino, quienes estaban a punto de agarrarse a tiros. Benavides tenía su 30-30 y Aquilino su metralleta. Yo nunca supe cuál fue el motivo de la discusión, pero lo único que escuché fue que Aquilino decía con palabras descompuestas:

—Yo he venido aquí para salir de un compromiso, pues se decía que te había entregado a los cuerpos policiales; pero hoy ya viniste y eso me libra del compromiso. Por eso me voy a la chingada.

Al escuchar las primeras palabras ardorosas, tomé la carabina que me había dejado Guevara —pues este andaba con permiso donde su familia—, y, disimuladamente, la puse bala en boca. Cuando Aquilino dijo que se marchaba, se descolgó la metralleta del hombro; entonces yo me alisté para dispararle porque pensé que iba a hacer uso de su arma, pero, dichosamente, me contuve unos segundos y entonces me di cuenta de que no era ese su propósito, sino más bien colocar la metralleta en un rincón para sacar sus pertenencias personales.

Durante el alegato, Romero estuvo mediando entre Aquilino y Benavides; se paseaba de un lado a otro, cerca de ellos, con su M-1 al hombro. Cuando vino Rosales, un poco más tarde, lo pusieron en conocimiento del incidente. Llamó a los dos y, con palabras moderadas, los aconsejó en el sentido de que dejaran esas cosas, poniéndoles muchos ejemplos. Aquilino y Benavides se reconciliaron. De ahí en adelante siempre conversaban, aunque nadie sabía cómo andaban por dentro.

Una noche, antes de la hora de silencio, encontrándose cada quien en su hamaca, ocurrió que Pacheco se puso a darle una charla al Siete. Pacheco tenía esta afición y siempre la practicaba, aunque fuera todo machacado. En esa oportunidad le explicaba al Siete algunos problemas de la Filosofía Materialista. Sin embargo, por decir Filosofía, decía Sicología. Esto me impulsó a gritarle desde mi hamaca:

—¿Qué le pasa, compañero? No confunda la Filosofía con la Sicología.

Casco, entonces, les dijo a los demás:

—Ya tocaron a ese hombre, y ése, tanto en matemáticas como en historia y en cualquier cosa, es un bárbaro.

—Pues sí, compañero —volví a decir yo—, la Filosofía y la Sicología son dos ciencias distintas.

—Si es lo mismo —dijo Pacheco.

—No, compañero —volví a decir—, no ve que la Sicología es el estudio del carácter de las personas.

—Óiganlo —les decía Casco a los demás—, se está repasando en él.

Pero Pacheco no se detuvo en su charla para el Siete y continuó hablando del tema, según sus alcances. A los pocos minutos llegó el cabo y ordenó silencio porque ya eran las ocho de la noche, hora de dormir.

Después de ese momento, los que teníamos alguna preocupación y no podíamos conciliar el sueño quedábamos escuchando los distintos ruidos de la noche: el susurro continuo de los árboles y la fuerte respiración de los compañeros, que dormían muy tranquilos.

En cuanto a Pacheco, recuerdo que al ingresar en el grupo había comunicado que, desde mucho tiempo antes, padecía de la vista, habiendo hecho la solicitud de ayuda para ir a curarse a Tegucigalpa. En el grupo se le contestó que eso no era posible en aquel momento por no haber fondos. Sin embargo, se le prometió ayuda en la primera oportunidad. Pero resulta que, como Pacheco también desempeñaba las funciones de cocinero, igual que los demás, el humo del fogón comenzó a hacerle daño, de modo que se puso bastante mal de los ojos.

Esto obligó a tomar la determinación de mandarlo donde la familia. Se le hizo el inventario de lo que tenía y, como andaba puesto un par de zapatos nuevos, Rosales le ordenó quitárselos y ponerse unos viejos.

—Estos zapatos no sirven —dijo Pacheco al verlos.

—Sí te aguantan —le contestó Rosales—; al llegar allá los mandás a clavar.

Pacheco se puso los zapatos, pero se le notaba su disgusto. A mí no me agradó aquella acción, pero, como no tenía mando de ninguna clase, nada pude hacer. Rosales le volvió a decir:

—Díaz te dará el pasaje en San Pedro para que te vayas a donde tu familia.

En efecto, el enlace viajaría una vez más a dicha ciudad. Otros dos hombres, Romero y el Doce, irían también, pero hasta la Base No. 1, para esperar a Díaz y ayudarlo con la carga que trajera. Estos compañeros contaron que ya en el bajo se extraviaron, tomando un camino fangoso, y que al pobre Pacheco se le habían desclavado los zapatos, por lo cual los tiró al monte, quedando completamente chuña[63]. En esas condiciones llegó hasta San Pedro.

—¿No le aguantaron los zapatos? —preguntó Rosales.

—No le aguantaron —dijo uno de los compañeros.

—Fue una grosería mandar chuña a ese hombre —dije yo, entonces—. Rosales no debería portarse así, porque Pacheco es más viejo luchador que él.

Por ese tiempo Casco se encontraba en San Pedro, tratándose de no sé qué enfermedad. Entonces fue cuando me ocurrió un accidente algo serio.

Un día, como a la una de la tarde, me puse a cambiarle lazos a la hamaca, pues tenía desconfianza dc que se pudieran reventar. Pero de nada me sirvió esa precaución, pues, al atarla de nuevo y acostarme,

---

[63] Descalzo.

se rompió el lazo de la cabecera, con tan mala suerte que di con la rabadilla sobre el pico de la cantimplora, la cual había puesto debajo, llena de agua. Quedé casi sin respiración del golpe y con un dolor terrible.

Los compañeros que estaban cerca corrieron a levantarme y trataron de ponerme en pie, pero fue en vano. Me acostaron en un catre de campaña. Al siguiente día amanecí lo mismo y tampoco mejoré el segundo ni el tercero.

Como al cuarto día de encontrarme postrado, llegó don Quilo a llenar unos cumbos con agua para llevarles a los compañeros que habían sido designados como sus ayudantes en la milpa. Platicando con Rosales se encontraba, cuando se presentó uno de los muchachos a dar el aviso de que había un accidentado en el trabajo.

—¿Quién es? —preguntó Rosales.

—Es el Siete —le respondió el compañero.

—¿Y qué le pasó? —volvió a preguntarle Rosales.

—Se metió el machete en la rodilla —le dijo aquél.

Don Quilo y Rosales se fueron en carrera hacia la milpa. Al poco rato volvieron con el herido en una hamaca, el que traía la pierna bañada en sangre. Rápidamente lo atendió Benavides, quien desempeñaba las funciones de enfermero. Le hizo unas cuantas puntadas en la herida, le tancó la sangre y lo desinfectó. Después fueron a acostarlo. Con él ya éramos dos los que estábamos accidentados en el campamento.

Díaz regresó de San Pedro y trajo a la compañera Licha, señora de Rosales. Todos la recibimos con alegría porque era la primera mujer que llegaba a la montaña a ver a su marido.

—¿Y se va a quedar por derecho[64]? —le preguntábamos.

—Sí —contestó ella—, al solo encontrar quién me ayude con la familia.

Ese día, después de la llegada de Licha, Rosales dividió el frente en dos grupos y los situó como a doscientos metros de distancia uno del otro, quedando una quebrada entre ambos. A cada grupo le asignó sus respectivos cabos y sargentos. El pretexto para tomar esta medida fue que estábamos amenazados por el enemigo, aunque la realidad era

---

[64] Definitivamente, de una sola vez.

que deseaba alejar del campamento a toda la guerrilla para quedarse con su esposa.

A los tres días regresó la señora de Rosales. La acompañó don Quilo, haciéndose pasar como tío de ella.

Como Casco se encontraba en San Pedro y yo no mejoraba del golpe, Rosales dispuso hacerme salir del campamento. Me preguntó que si tenía familia a dónde ir y que si me era posible obtener algún dinero para consultar a un médico. Le respondí que podía ir a donde mi madre y, con ella, obtener algunos lempiras para visitar una clínica.

—¿Podés caminar? —me preguntó Rosales.

—Despacio, sí —le contesté.

—¿Y por dónde te irías para verte con tu mamá?

—Primero iría a San Pedro; de ahí a Baracoa, donde tengo una hermana; de ese lugar podría hacer que mi madre fuera a verme.

—¿No hay peligro?

—No lo hay.

—Entonces te vas con Díaz hasta San Pedro; allí Casco puede darte el pasaje para que te vayás a donde tu hermana y hacés lo que me has dicho. Llevás permiso indefinido. Cuando te mejorés, regresás. Lo único que te recomiendo es que no vayás a probar un trago de guaro.

—Está bueno.

—Bien —me dijo—, entregale todo al Suministro.

Cuando entregué todas mis cosas, el compañero me preguntó:

—¿Ropa?

—No —le respondí—, las dos mudadas que tengo, la colcha y el sombrero son personales.

—¿Gorra?

—Esa sí.

—¿Calzado?

—Solamente el que llevo puesto.

—Está nuevo, ¿verdad?

—Sí. ¿Me lo quito?

—¿Y cómo te vas a ir? —me dijo Rosales.

—Descalzo, si es necesario.

—¡No, hombre, eso sería el colmo!

Me rasuré, pues tenía la barba muy crecida. Luego nos fuimos para la cocina, a donde nos darían la cena antes de partir. Allí me dijo Cárdenas:

—¿Se va, compa Nueve?

—Me voy.

—Yo también pronto me iré.

—¡Ah, sí! —le dije, sorprendido.

—Allí veea si me acompaña —volvió a decirme—, pues yo voy a ir a organizar un frente al lado de Cortés. Aquí pasaremos meses y años y nunca pelearemos, pues actuamos como si solamente estuviéramos huyendo.

—Así parece —le dije.

Terminamos de cenar. A las cuatro y media de la tarde partimos. Caminábamos despacio porque el golpe me impedía hacerlo más de prisa. Conversando de muchas cosas, llegamos al bajo antes del anochecer. Por eso tuvimos que esperar la oscuridad para cruzar la carretera. Cuando lo creímos conveniente, continuamos la marcha, llegando a la Base No. 1 a las diez.

Primero nos dirigimos a donde Gregorio, quien nos dio de comer. Después nos fuimos a donde Perales, en cuya propiedad teníamos que dormir. Al siguiente día, después del desayuno, partimos de nuevo, yendo con nosotros el propio Perales, por si se traía algo. Cruzamos un quinel bastante hondo y, poco después, entramos en la finca Naranjo Chino, donde por todas las divisiones caminaban decenas de trabajadores. Esto nos obligaba a tener mucho cuidado, pues era peligroso encontrarse con un conocido, entre los cuales había muchos orejas.

Por fin, cruzando varias divisiones en forma de zeta, atravesamos la línea férrea y llegamos al río Ulúa. Allí alquilamos un cayuco para pasar al otro lado. Mientras esperábamos, varios comerciantes llegaron al embarcadero. Uno de ellos le preguntó a Perales:

—¿Usted viaja bastante a San Pedro, verdad?

—Sí —contestó aquél—, pero por necesidad, pues tengo un hermano grave en el hospital, y ahora éste, que, trabajando, le cayó un palo en la rabadilla y no se mejora. Como no conoce San Pedro y yo voy a ver al hermano, decidimos aprovechar el viaje para internarlo a él también.

Al escuchar esta conversación, me hice el más enfermo, simulando no poder caminar. Me apoyé entonces en Perales y Díaz al subir al cayuco. Entre los comerciantes había un viejo barbón, vendedor de carne de cerdo en los campos. Este, desde que se sentó, comenzó a renegar por la mala situación de su negocio, pues, según dijo, los clientes le quitaban fiado y después no le pagaban.

Luego, con notorio disgusto, expresó:

—La situación está muy jodida. En tiempos de mi general (6) tuve un negocio en Urraco y Progreso con el que me iba muy bien. Pero en la actualidad ya no se puede hacer nada. El que se ha repasiao en Honduras es ese hijo de puta de Villeda Morales, pues todos los fondos del gobierno se los ha robado para mantener una pila de lagartos. Además, ese cabrón ha permitido la entrada del comunismo en el país. Por eso las Fuerzas Armadas tuvieron que echarlo a la mierda, a fin de salvarnos de semejante peste.

Ahora los militares los tienen jodidos a todos, tanto a comunistas como a liberales, porque, el que se mueva, lo quiebran a punta de bala. Por ahí dicen que hay unos grupitos enmontañados. Hasta hoy el ejército los está dejando para caerles encima de un momento a otro y barrerlos de una sola vez. Yo tengo dos hijos en el ejército y espero que esos jodidos le sirvan a la patria.

Todos los que veníamos en el cayuco guardamos un completo silencio ante las palabras de aquel hombre. Al desembarcar, siempre ayudado por Perales y Díaz, nos apresuramos a alejarnos de aquel sitio. Tomando un bordo y luego entrando en una división de finca, llegamos a la estación de Ceibita. Aquí abordamos un carro de los que viajan a San Pedro. No tuvimos ningún contratiempo en el camino.

Al llegar a dicha ciudad, nos bajamos en una calle cualquiera y continuamos a pie hasta la casa donde vivía Casco. Allí estaba él con su esposa, a la que yo no conocía. También se encontraba el suegro. Con éste sí éramos amigos desde los tiempos de la huelga del cincuenta y cuatro, cuando fue dirigente de los trabajadores en finca Las Flores. Asimismo, en la casa estaba Mariano, viejo conocido mío, pues con los padres de él estuve en el ramal de El Tigre por el año 47. Nos saludamos con afecto.

—¡Ajá! ¿Y qué ha pasado que se trajeron toda la guerrilla? —nos dijo Casco en cierto momento.

El enlace le entregó el informe. Después de leerlo, Casco expresó:

—Este compa no puede irse así como está. Hay que llevarlo a donde el doctor y ponerlo en tratamiento para que se cure, y después se vaya para el campamento, porque lo necesitamos.

Mientras tanto, yo me quedé conversando con los compañeros, ya que hacía mucho tiempo que no nos mirábamos. Al ver Casco la confianza con que hablábamos, me preguntó:

—¿Y ya se conocían ustedes?

—¡Desde hace mucho tiempo! —le respondí.

—Así es —ratificó Mariano—. Estaba yo cipote cuando lo conocí a él y a su esposa, Lolita. A propósito, ¿y todavía viven juntos? —me preguntó.

—No —le dije—, hace bastante tiempo que nos divorciamos.

—¿Y por qué se divorciaron?

—Errores que cometen las mujeres.

—Tan bonita que era su esposa y tan bien que vivían —volvió a decirme—. ¿Y dónde vive ella?

—En la aldea El Jute.

—Está cerca, pues.

—Ya lo ve; pero ella no lo sabe.

En ese momento fuimos interrumpidos por Marta, la esposa de Casco, quien nos pidió que pasáramos a la mesa a almorzar.

—Está prohibido para ustedes asomarse a la calle —nos dijo Casco—. Es orden del Jefe de los Comandos. Tienen que permanecer encerrados.

—Está bueno —le dijimos.

Díaz le informó a Casco, delante de los demás compañeros, el problema que tuvo Aquilino con Benavides. Esto produjo una fuerte discusión entre Casco, el suegro de él y Mariano.

—Nosotros no estamos de acuerdo con que ese hombre esté en la montaña —le dijo el suegro a Casco—, porque ha hecho muchas pillerías.

—Entonces —respondió Casco—, ¿y una carta que mandó Aquilino pidiendo su ingreso en la guerrilla, por qué la retuvieron ustedes?

—Cabalmente —dijo el suegro—, porque no queríamos que esa clase de individuos estuviera allá, y vos y Rosales le dieron de entrada.

—Si es que es bueno para la lucha —dijo Casco—, por eso se le dio ingreso en el Partido y se ascendió al grado de sargento.

—Ya ves lo que han hecho —le replicó el suegro—. Mientras tanto, otros compañeros más capaces que él están por debajo.

—¿Creés vos —le dijo Mariano— que fue poco lo que hizo ese individuo cuando se estaban capacitando? Así es que, si por él pasa algún desastre en el grupo, los responsables serán ustedes, porque le dieron la entrada, siendo capaz hasta de entregar el núcleo. ¿Por qué creés que no se quiere con Polo, con Benavides y con los demás? Porque él es el que se ha repasiao en todo.

Casco guardó silencio, porque, sobre ese tema, tanto su suegro como Mariano estaban contra él y contra Rosales. Yo también intervine, señalando que se estaba cometiendo un error al darle oportunidades a gente poco firme y desconocida, mientras muchos compañeros fieles a la lucha se mantenían estancados. Todos ratificaron mis palabras.

En la casa había una gran actividad. Los comandos entraban y salían con numerosos objetos para la guerrilla. Los paquetes eran hechos por Polo, Bladimiro y Rodrigo. Todo aquello era la carga que llevarían los compañeros a la montaña cuando regresaran.

Casco le ordenó a Polo que me condujera a donde el médico. A las dos de la tarde llegó a traerme. Tomamos un taxi y nos dirigimos hacia la clínica. Aún no había llegado el doctor; sólo estaba la enfermera. Polo habló en secreto con ella. A los pocos minutos llegó el médico. Saludó y entró hasta su consultorio. Después, sin llamar antes a nadie, me hizo una seña para que pasara.

Mientras me hacía el reconocimiento, me preguntó:

—¿Cómo están por allá?

—Pues, bien.

—¿Sufren bastante, verdad?

—Sí, sufrimos.

—Por ejemplo, ¿en qué sentido?

—Pues, de hambre, enfermedades, chubascos, plagas, víboras, fieras y, sobre todo, la amenaza del enemigo.

—Es verdad, se sufre —expresó el doctor—, pero, a pesar de eso, es necesario estar dispuestos a todo, hasta a dar la vida, por la superación de la patria y del pueblo.

—Así es —le dije, sin más comentario.

—¿Y son bastantes? —me preguntó.

—Algunos.

—¿Y están bien armados? —insistió.

—Sí; todos estamos bien armados.

—Pues yo le digo que estoy caliente[65] con estos liberales chingados —me dijo después—, por cobardes que son. Fíjese que tenía veinticinco fusiles y tres máquinas[66], y se las entregué a un jodido de Macuelizo, quien ahora me las da por perdidas, diciendo que le robaron esas armas, aunque yo sospecho que las vendió. Esto me tiene indignado conmigo mismo, pues en esta oportunidad se las hubiera dado a ustedes.

Todo esto lo iba diciendo mientras escribía la receta que deberíamos comprar para mi tratamiento. Nos despedimos con mucha cordialidad, indicándome que, cuando terminara la medicina, volviera.

Al llegar a la casa, me preguntó Casco:

—¿Cómo le fue?

—Pues bien.

—¿Lo examinó el doctor?

—Sí.

—Bueno, entonces tómese la medicina como él le indicó.

En un instante en que Marta quedó sola, Díaz le preguntó:

—¿Y usted cuándo se va para la montaña?

—A saber.

—Ya trepó la primera mujer; sólo falta usted.

—¿Quién?

—Licha.

—¡Bah!

Esta actitud de Marta se debía a que tanto ella como Casco no simpatizaban con Licha. También era una consecuencia de que Casco

---

[65] Indignado, caliente.
[66] Ametralladoras de cualquier tipo.

le venía planteando a su esposa, desde mucho tiempo atrás, que se fuera con él a la montaña, pero ella rechazaba esa idea. Yo pensaba que, si este proyecto se ponía en práctica, eso podría ser mejor para las actividades del mismo Casco.

CAPÍTULO IV: ¿VA PARA LA MONTAÑA?

Casco salió para la montaña. La noche anterior a su partida hablamos mucho. Entre otras cosas, nos referimos a que comenzaríamos a actuar, pues contábamos con el apoyo de un ala del Partido Liberal. El mismo Casco nos informó que el cura Orellana había comunicado estar dispuesto a irse con nosotros. Uno de los compañeros que escuchó esto le dijo:

—Pero ese cura ya está muy viejo.

—Sí —dijo Casco—, pero eso no importa, porque lo tendremos allá bien cuidado, sólo haciendo llamamientos al pueblo, pues a ese viejo lo sigue mucha gente.

—¿Y los liberales están decididos? —preguntó otro compañero.

—Sí —respondió Casco—, sólo esperan el resultado de la Convención de su partido, ya que depende de que la gane Óscar Flores para irse a los cerros.

Después de esta conversación, Casco se marchó. Tuve que ir a encaminarlo porque iba muy cargado. Antes de tomar el automóvil, les ordenó a los comandos que no se olvidaran de mí y de su señora. El presupuesto para nuestros gastos era de un lempira diario. Según lo establecido, Marta me daría la comida. Sin embargo, allí me di cuenta de que la pobre estaba igual que nosotros en la montaña: si nos daban, comíamos; si no nos daban, pues simplemente nos apretábamos el cinturón.

Los comandos, como gozaban del privilegio de tener casa, dormir bien, comer los tres tiempos y andar limpios, no se acordaron más del soldado del pueblo, que dormía en la pura tabla, sin sábana y todo mugriento, pues no tenía para mandar a lavar la ropa.

La ausencia de los comandos comenzó a crearnos dificultades con la comida. Llegó un momento en que la compañera Marta se sentó sólo a bostezar frente a la estufa, diciéndome:

—Fíjese que no tengo ni una ficha para encender el fuego; así es que hoy no comeremos.

—¿No ha venido nadie? —le pregunté.

—¡Qué! Si ésos así son: a Casco le dicen muchas cosas, pero ya ve, no se asoman.

—¿Y qué hacemos?

Se decidió escribirle a un compañero de la Dirección Nacional del Partido. La respuesta no se hizo esperar. A los comandos quizá les llamaron la atención, porque rápidamente aparecieron, dándole toda clase de excusas a la esposa de Casco.

A la casa donde me encontraba llegaban muchos compañeros. A unos los conocía; a otros, no. Cierta noche se presentó un hombre disfrazado, el que me sacó tamaño susto al verlo. Cuando se quitó los trapos que le servían para ocultar su identidad, lo reconocí: era Pacheco. Inmediatamente nos abrazamos y nos pusimos a conversar.

Le informé que me encontraba en tratamiento médico a causa de una caída. Por su parte, él me comunicó que de salud se encontraba bien y que de la vista ya había mejorado bastante. De todo esto hablábamos, cuando se me ocurrió preguntarle:

—¿Y es verdad que cuando venía de la montaña se le desclavaron los zapatos, teniendo que caminar chuña?

—¡Sí, hombre! Es cierto.

—¡Qué barbaridad! Esa es una grosería.

—¡Está bueno! —repuso, con resentimiento—. Yo no digo nada, porque, tratándose de la lucha, estoy dispuesto a todo, pues tengo más amor y conciencia que algunos dirigentes, por el simple hecho de que yo llegué al movimiento primero que ellos.

—Es verdad.

Entonces se sacó cincuenta centavos del bolsillo y, estirando la mano, me dijo:

—Tenga, compa.

—No —le manifesté—, ahí déjelos.

—No, compa —volvió a decirme—, si yo, aunque sean cuatro riales, los consigo trabajando; mientras que a usted, como no trabaja, le es más difícil.

Le tomé el dinero y, mostrándose satisfecho, me preguntó de nuevo:

—¿Estará la compañera?

—Sí está.

—Es que vengo a traer un catre de campaña que reclama un compañero —dijo Pacheco.

Al salir Marta, le habló del asunto; pero ésta no le entregó el catre, diciéndole que sin orden de Casco no podía darle nada a nadie. Pacheco aceptó las razones y se marchó, después de despedirse de mí.

Cuando terminé la medicina, fui de nuevo a donde el doctor. Este me recibió muy atento. Me examinó de nuevo y me dijo que estaba sano, pero que debía tomarme otro tanto de la misma medicina y que, hasta entonces, podía volver a la montaña.

Regresé, pues, a la casa. Los días se me hacían largos y tristes, pues, a pesar de encontrarme en la ciudad, no podía salir, y estando encerrado era como encontrarse en la cárcel. Pero lo más duro para mí era la zozobra, el temor de que, de un momento a otro, llegaran los chafarotes en busca de Casco o de cualquier compañero. Durante esos momentos era cuando me decía a mí mismo que resultaba mejor vivir en la montaña.

Una tarde, ya cerca del anochecer, me encontraba con Marta en las escaleras de la entrada principal de la casa. Las luces de la ciudad ya estaban encendidas. Se escuchaba el ir y venir de los automóviles hacia todos los rumbos. Algunas parejas de enamorados, llenos de vida y de ilusiones, pasaban cerca de nosotros.

Hablábamos de muchos temas y, como la casa se encontraba frente a una cantina donde había un tocadiscos, alguien puso la canción Corazón prisionero.

—Oiga —me dijo Marta—, ¿le gusta esa canción?

—No sólo me gusta, sino que me llega al fondo del alma —le contesté—. ¿Y a usted le llama la atención?

—Sí —me respondió—, porque me hace recordar cuando me enamoré de Casco y de los problemas que tuve con mi mamá.

—¿No lo quería su mamá?

—¡No lo podía ni ver!

—¿Y su papá?

—Mi papá sí, porque era de los mismos.

En esta conversación nos encontrábamos, cuando fuimos sorprendidos por un carro que, viniendo a bastante velocidad, dio un frenazo tremendo al pie de la escalera donde estábamos sentados. Yo me quedé frío, como un muerto, creyendo que era una patrulla. Sin embargo, pocos minutos después reconocí a los comandos, quienes rápidamente sacaron del automóvil unos bultos largos y los metieron debajo de la cama de la compañera, escapando después a toda velocidad.

Como a los tres minutos de haber partido, pasó una patrulla policial y, un poco más tarde, varias parejas de soldados.

Al pasarme el susto, entré en la casa para ver lo que habían traído los comandos. Eran como diez o doce fusiles Mauser; una máquina de pecho con tres cargadores y mucho parque, tanto de la ametralladora como de los fusiles, así como unas cajas con dinamita y detonantes.

Esa noche la pasé en vela por saber la clase de material que teníamos en la casa, pues, si por desgracia llegaban los chafas y encontraban dichas armas, nos harían polvo a todos. Pero, al escuchar la respiración tranquila de los compañeros que dormían cerca de mí, no dejaba de sentir cierto ánimo.

La ciudad estaba en calma. Era ya más de medianoche y yo continuaba sin pegar los ojos en aquellas tablas que me servían de cama. De pronto, escuché: ¡tan-tan-tan!, tres golpes seguidos en la puerta, los cuales estremecieron la casa entera. Me senté bruscamente y me quedé inmóvil, sin respirar, esperando la entrada en tropel de los chafas.

La señora de Mariano se levantó y cerró de un tirón la ventana que había dejado semiabierta por el calor. Entonces se dio cuenta de que un borracho, buscando la puerta de su casa, se había equivocado y tocó la nuestra. Nos acostamos más ligeros que una pluma. Entonces, sí me dormí.

Al otro día, Mariano llevó unas tablas y, desclavando tres del piso, formó una especie de cajón y allí metió aquellos pertrechos. Al observar yo los tres cargadores de la máquina y recordar que nosotros teníamos en la montaña una sin un solo cargador, les dije a los comandos que por qué no mandaban dos para allá, pues aquella máquina, así como estaba, no servía para nada.

—¡Ah, no! —dijeron los comandos—. Esta máquina la necesitamos aquí, bien equipada.

—¿Y nosotros con qué nos vamos a defender allá? —les argumenté.

—Sí —replicó uno de ellos—, pero no podemos darles esos cargadores.

—Aunque sea uno —volví a decir.

—Ni uno podemos —dijeron.

—Está bien, pues.

Una mañana, algo temprano, llegaron Díaz y Romero. Este último venía a curarse una llaga que se le formó en la pantorrilla a consecuencia de la picada de un insecto, muy abundante en la montaña. Después de saludarnos calurosamente, nos pusimos a conversar.

—Saludos le dejó Cárdenas —me dijeron.

—¿Y se fue, pues?

—Sí.

—¿Y qué le pasó?

—Pidió la baja.

—¿Y se la dieron?

—Sí.

—¿Y usted ya se mejoró? —me preguntó Díaz.

—Sí —le respondí—, ya estoy bueno.

—Pues a traerlo venimos —me dijo—, pues es uno de los que se va con Rosales.

—¿Para dónde?

—Para las montañas del Diecisiete.

—¿Se van, por fin?

—Sí, y ya quedaron alistándose; sólo esperan el regreso de nosotros.

—Pues me voy con ustedes.

Polo se presentó en ese instante. Díaz le entregó el informe. Después de leerlo, me ordenó que a las dos de la tarde llevara a Romero a donde el mismo doctor que me había curado.

A la una y media partimos hacia la clínica. El sol estaba fuerte.

Romero llevaba unos anteojos oscuros. Durante el trayecto se manifestó molesto porque, a cada paso, encontrábamos grupos de chafas. Por fin arribamos a donde el doctor. Este no se encontraba. La enfermera, a la cual le di una razón que le llevaba de los compañeros, nos pidió esperar en una salita.

Al solo sentarnos, nos saludó un muchacho de Progreso que estaba también allí, lo cual nos puso muy incómodos, porque era a la gente de Progreso a la que más le huíamos. Se trataba de Adrián Villalobos. Hablamos un poco y, cuando llegó el doctor, aprovechamos la oportunidad para escaparnos de él.

Al regresar a la casa, nos enteramos de que dos comandos habían salido para dejar a Carlos Aguilar en la montaña, pues ya no era posible ocultarlo en ninguna parte. Yo me alegré mucho con esta noticia, pues con Aguilar habíamos sido compañeros de lucha en el año cincuenta, en finca Muculá y Birichiche. Por eso, con él tenía más confianza que con Casco y Rosales.

Esa noche fuimos al cine con Díaz y Romero. Entramos en el teatro Clámer. No recuerdo el título de la película, pero se trataba de la Independencia de Estados Unidos. Muy bonita. Al terminarse, como a las once de la noche, regresamos a dormir.

El día siguiente estaba destinado para regresar a la montaña. Desde temprano comenzaron los preparativos, haciendo bultos y preparando cajas. Los fusiles fueron amarrados como si fueran un haz de leña y después envueltos en unos petates.

Como a las tres y media de la tarde llegó José, a quien se le conocía sólo por "Amargoso" y que también iba con nosotros, pues le era imposible continuar viviendo en la ciudad. Este Amargoso, a cada rato, decía:

—Hoy sí es cierto que va a encenderse la babosada[67].

Quien lo oyera y no lo conociera podía imaginarse que, efectivamente, los tiros iban a sonar, no ya en la montaña, sino allí mismo. Pero todo aquello era pura habladuría.

Nos sirvieron la cena. Yo estaba sin hambre. Romero, entonces, que siempre hacía bromas de cualquier cosa, dijo:

—Éste lo que tiene es pendejitis[68]), como dicen los cubanos.

Pero la verdad es que todos estábamos igual. La comida se nos hacía masa en la garganta. Tuvimos que dejarla.

A las cuatro y media de la tarde salimos. Me puse sobre la espalda una caja con dinamita, detonantes y varias cosas más. Otro camarada

---

[67] Despreciable.
[68] Atontado.

también tomó una caja. Díaz y Romero se encargaron de los fusiles. Dos nos fuimos por una avenida y los otros dos por otra, hacia la salida de La Lima.

Cuando llegamos al sitio acordado, arrojamos los bultos al suelo y nos apartamos. A los pocos minutos llegó un carro de los que viajan para los campos; subimos rápidamente la carga y nos montamos. Al arrancar el vehículo y tomar velocidad por la carretera hacia Lima, di un suspiro muy hondo de descanso.

Luego recordé que, cuando íbamos con los bultos sobre la espalda, encontramos a un teniente en un jeep sin capota. El militar se nos quedó mirando y yo, sin darle muestras de ningún temor, le dije adiós, saludo que contestó muy amable.

Llegamos a La Lima. Allí tuvimos otro susto. Resulta que el chofer dejó de cargar gasolina en San Pedro por hacerlo en un establecimiento próximo a la Comandancia de Armas. En eso estábamos cuando se arrimó al vehículo un soldado, amigo quizá del chofer, porque le preguntó:

—¿A dónde vas?

—Para los campos.

—¡Ah!, yo creía que ibas para Progreso.

—No.

Arrancamos una vez más. Pocos minutos después, llegamos al sitio donde deberíamos bajarnos. Descargamos rápidamente. Cuando el chofer vio los esfuerzos que hacíamos para bajar aquellos bultos, se puso malicioso. Se aproximó a uno de ellos y lo palpó, reconociendo de inmediato que eran fusiles. Movió la cabeza, dibujó una sonrisa y se alejó rápidamente.

Nos pusimos los bultos sobre las espaldas y marchamos por el monte lo más veloz que nos era posible. Desembocamos en el río Ulúa, cerca de una bomba. Cruzamos el río con el agua hasta el cuello. Este paso es largo porque va corriente arriba, sobre un banco de arena. Arribamos a la otra orilla casi oscureciendo. Allí descansamos un poco. Luego continuamos la marcha.

Cruzamos la carretera y la línea férrea de Progreso. En este punto fuimos sorprendidos por un automóvil que venía de La Lima. Nos agachamos, con la carga sobre los hombros, y el vehículo pasó adelante, sin que nos descubrieran los que lo ocupaban.

Como a las ocho de la noche llegamos a la Base No. 1. En ese lugar se encontraban ya los campesinos que iban a ayudarnos. Eran tres. Dividimos la carga entre todos para hacer más fácil su transporte. Además, armamos siete fusiles y los cargamos para ir listos.

Mientras realizábamos todas estas actividades, la compañera Irma, esposa de Perales, nos preparó la cena, pues entonces sí teníamos hambre. Cuando estuvimos listos para partir, Díaz nos organizó, previendo cualquier ataque.

Marchamos en fila india. Cruzamos la carretera de Progreso a Tela con mucho cuidado. Al llegar al pie de la montaña, le quitamos su carga a Amargoso porque ya iba muy cansado y la distribuimos entre nosotros.

Seguimos la marcha, ahora ascendiendo. Atravesamos en silencio los patios de varias casas y, haciendo estaciones de descanso en los lugares donde no había peligro, arribamos al campamento. Eran como las cuatro y media de la mañana.

Al aproximarnos, se dieron los silbidos de consigna. Contestó el posta e inmediatamente vinieron a encontrarnos. Todos nos abrazamos muy contentos. Los compañeros nos llevaron café, pues ya lo tenían listo para nosotros.

En la oscuridad vi a uno de los compañeros y, creyendo que era Aguilar, lo saludé muy entusiasmado. Pero era el Veinte. Entonces me preguntó Casco que si lo quería ver. Yo le dije que sí, manifestándome él que en ese momento estaba durmiendo y que era mejor no molestarlo.

Fue hasta la hora del desayuno que logré verlo, aunque sólo tuve tiempo de saludarlo, porque, cuando comenzábamos a conversar, llegó Casco y ordenó que todo el mundo se pusiera en movimiento para la marcha.

Los compañeros tenían listas sus mochilas y únicamente esperaban que los cocineros terminaran unas tortillas de harina para llevar. Rosales dispuso que yo me quedara esa vez porque estaba todavía muy cansado del viaje y de la carga que trajimos de San Pedro.

Los que partían para la nueva base eran los siguientes: el Uno (Rosales), el Cuatro (Rostrán), el Seis (R. Velásquez), el Ocho (Guevara), el Once (Aguilar), el Doce (Teje), el Trece (Benavides), el

Dieciséis y el Diecisiete (los hermanos Paz), el Dieciocho (Rivas), el Diecinueve (Claudio), el Veinte (Serrano), el Veintiuno (Aquilino), el Catorce (Hermelindo Villalobos) y el Veintidós (José).

Rosales dio la orden de formar y explicó el problema de los mandos:

Jefe: Rosales.

Segundo o Comisario Político: Aguilar.

Sargento: Aquilino.

Cabo: no lo recuerdo.

Guía: el Veinte.

Casco les dirigió unas palabras al grupo. Rosales indicó cuál sería el punto de referencia en caso de ataque. Después todos nosotros nos fuimos despidiendo de los compañeros, uno por uno.

Terminadas estas ceremonias, Rosales vio su reloj: marcaba las ocho de la mañana del día 24 de abril de 1964. Ordenó media vuelta y comenzó la marcha, en fila india y a tres metros de distancia cada guerrillero.

Quedamos en la Base No. 2 los siguientes hombres: el Dos (Casco), el Tres (Romero), el Cinco (Amargoso), el Siete (Zerón), el Nueve (H. Velásquez), el Diez (Díaz) y el Quince (Lorenzo Mejía).

Cuando nos encontrábamos desayunando, me dijo Casco:

—Arrecho[69] va Rosales con usted.

—¿Por qué?

—Porque le vinieron a dar una reprendida por culpa suya.

—¿Y yo qué le he hecho?

—Porque usted fue a decir a San Pedro que había venido la mujer de él aquí.

—¡Pero eso no es cierto! ¿Por qué es que todo lo que informan y chismean los demás, ustedes me lo cargan a mí?

—¿No fue usted, pues?

—No. ¿Y qué dicen que expresé?

—Que había venido la mujer de Rosales al campamento, y como eso está terminantemente prohibido, él se molestó al darse cuenta de que usted había hablado del asunto.

---

[69] Enojado.

—Voy a hablarle claro y pelado: el único que le dijo a Marta que Licha estuvo aquí fue Díaz. ¿Es cierto o no, compañero Díaz?

—Es cierto.

—¿Y qué le dijo a Mariano usted? —me preguntó Casco.

—Yo a Mariano no le he dicho nada. ¿Y qué es esa desconfianza conmigo?

Haciendo el plato de comida a un lado, me levanté y, colocándome la pistola por delante, me dirigí hacia el campamento.

—No se vaya, compa —me dijo Casco—, venga, termine de comer. No se enoje.

Ese día, después de la salida de los compañeros, nos sentimos muy solos. Resulta que ya nos habíamos habituado a convivir con el grupo grande y, al vernos ahora tan pocos, nos veíamos como indefensos.

A causa de que los cocineros se habían marchado con el grupo, dicho trabajo le tocó a Amargoso, teniéndome a mí como ayudante. Con este compañero la pasaba yo muy divertido, porque todas sus conversaciones eran sobre su mujer y sobre el comienzo inmediato del macaneo[70]. Algunas veces alardeaba de que iba a escribir unos poemas sobre la guerrilla y, para comenzar, expresaba: "Entre las duras grietas de las junglas..." Luego se paraba, hacía unos cuantos gestos y decía: "Por ahí va la cosa". De eso nunca pasaba.

Lo difícil con Amargoso era contradecirle algo respecto a su mujer. Por ejemplo, en una ocasión le pregunté:

—Usted quiere mucho a su mujer, ¿verdad?

—Sí. ¿Por qué?

—Porque sólo de ella platica y no se cansa de escribirle.

—¡No jodás! Vos podés comer mucha mierda —me dijo de inmediato.

Como yo estaba de buen humor y sólo trataba de picarlo[71], no hice caso de sus palabras y me dediqué a otra cosa.

---

[70] Pelea.
[71] Provocarlo.

Con Casco tenía muchas discusiones, sobre todo cuando hablaban del movimiento fraccionalista encabezado por Agurcia en 1960-1961[72].

—Mirá —le decía Amargoso—, cuando regresé de Costa Rica, hablé con Domínguez Agurcia. Después hablé con Pereira, y éste me dijo que había que meterse entre los fraccionalistas para combatirlos y quebrarlos. Pero vos y otros compañeros no tuvieron paciencia y son los culpables de que el Partido se encuentre hecho paste, pues células enteras fueron expulsadas.

—¿Y vamos a permitir esa fracción? —le respondía Casco.

Estas discusiones, muchas veces con términos agrios, se repetían a cada rato, no sólo con Amargoso, sino también con otros compañeros, pues, casi siempre, los que participaban en ellas comenzaban hablando tranquilamente de algún tema y, al sólo caer en cuestiones de discrepancias, armaban el jaleo.

Un día de ésos nos pusimos a limpiar las armas que nos habían quedado de la remesa llevada desde San Pedro. Como antes de viajar a la montaña le informé a Díaz que los comandos contaban con tres cargadores, aquél logró que se los entregaran para la metralleta que teníamos con nosotros.

Casco, entonces, le entregó su metralleta a Díaz y tomó la que estaba sin cargadores, pues ésta era mejor. A Romero le entregaron otra metralleta y a Amargoso un retaco Mauser. A Zerón le dieron la escopeta de Romero y a mí un Mauser viejo. Tomé aquella arma y la limpié muy bien, de modo que todos quedaron admirados.

Pasaron algunos días y no llegaron noticias del grupo que se había ido con Rosales. Todos comenzamos a sentirnos preocupados, pues, antes de partir, se quedó en que a los ocho días enviarían un enlace para informar todo lo concerniente al viaje. Transcurrieron esos ocho días; luego diez, doce, catorce, y ninguna noticia nos llegaba de los compañeros. La preocupación era muy grande en el campamento.

---

[72] Movimiento fraccional encabezado en el seno del Partido Comunista por Roberto Domínguez Agurcia, con el propósito de asaltar la dirección del mismo e imponer una línea de derecha. Después de ser expulsado en 1961, Domínguez Agurcia se convirtió en predicador protestante, con reales muestras de perturbación mental, por cuya razón, en los medios estudiantiles donde trabaja, se le conoce con el apodo de "Cristo Loco".

Pero a los quince días llegó Claudio, el enlace. Lo recibimos con gran entusiasmo, pues ya se conjeturaba lo peor.

Rosales comunicaba que habían llegado a los nueve días, ya que se extraviaron en la montaña de Nombre de Dios. Daba cuenta de que estuvieron tres días sin comer, sosteniéndose únicamente con palmiches y jutes[73] crudos y un mono que mataron e hicieron en sopa, al cual todos hallaron sabroso por el hambre que tenían.

Al salir de Nombre de Dios, llegaron a la casa de un amigo del Veinte, donde los atendieron muy bien. De esta casa partieron al sitio escogido para el nuevo campamento. El lugar era muy bueno, según nos contó el enlace, y la gente también, pues en su mayoría era simpatizante de la causa. Por eso rápidamente organizaron la Base No. 3 y la Base No. 4.

Supimos también que el único que se cansó en la marcha fue el Dieciocho, a pesar de ser uno de los más jóvenes y fuertes. Este compañero tiró hasta la mochila, por lo cual el viejo Aguilar y otros camaradas se vieron en la necesidad de ayudarle.

El enlace nos informó que el nuevo campamento estaba en un sitio donde abundaba toda clase de animales, incluso tigres, los que, por las noches, se aproximaban hasta ellos.

—Al sólo llegar —nos dijo—, matamos un danto que dio barbaridad de carne; pero también hay pavas, jagüillas[74] y otros animales más.

—Aguilar —informó el enlace— es un hombre que se preocupa por toda la gente. Siempre está preguntándole a uno cómo se encuentra, si se siente bien o si está enfermo. Cuando alguno se pone indispuesto, él le lleva la comida, el agua y lo que necesita. Por eso, a ese hombre todos lo quieren mucho.

Un día después partió el enlace para Progreso, a ver a su familia, ya que, aun siendo un guerrillero, se encontraba todavía en la legalidad. A este hombre se le había depositado mucha confianza, hasta el extremo de que era el encargado de llevar el dinero del grupo, así como la correspondencia.

---

[73] Molusco de forma cónica y color negro, muy abundante en quebradas y ríos. La sopa del mismo es muy apetecida por los campesinos.

[74] Variedad de puerco salvaje.

El viaje se programó para que regresara el mismo día, porque llevaba la misión de traer una gran cantidad de cosas, principalmente alimentos. Ya cuando el enlace estaba a punto de partir, llegó hasta él Amargoso y le dijo:

—¿Me le lleva esta carta a mi mujer, compañero?

Por la tarde del mismo día regresó. Iba hasta doblado por la carga que llevaba. Le entregó una chumpa vieja a Amargoso, así como otros objetos que había mandado a pedir. Durmió con nosotros y, por la madrugada, partió de nuevo para el campamento de Rosales.

Después de la división del grupo, el único que viajaba a San Pedro era Díaz, pues Casco quedaba al frente de nosotros y le era imposible alejarse. Además, de acuerdo con lo dispuesto, nuestro campamento quedó como punto de partida para enviar a entrenarse hasta la base de Rosales a todos los que fueran llegando, y eso le impedía a Casco salir del lugar.

Nuestro grupo continuó sus actividades como siempre, aunque sin acostumbrarnos del todo a la ausencia de los compañeros. Por eso nos alegramos bastante cuando, cierto día, fue llevado Ferrera para incorporarlo a nosotros. Lo recibimos con mucho entusiasmo. Se le dio el número Veintitrés. Posteriormente llegó Lezama, un hombre de confianza de Casco, a quien se le designó con el número Veinticuatro. Casi enseguida se presentó Rufino López, un muchacho sumamente perseguido, al que se le dio el número Veinticinco. De esa manera, nuestro grupo comenzó a crecer rápidamente.

Apareció de nuevo el enlace de Rosales. Según supimos, éste mandaba a decir que todos deberíamos concentrarnos en el nuevo campamento. Tal noticia fue recibida con desagrado por Casco, quien manifestó que a él le era difícil caminar, a consecuencia de un golpe que se había dado en una rodilla. Todo esto era cierto, pero nosotros pensamos que esa no era toda la causa, sino más bien su desacuerdo con algunos criterios de Rosales. El enlace regresó al día siguiente de su llegada.

Nuestro grupo continuó creciendo. Cierta mañana, el compañero Díaz se presentó con dos hombres más. Se trataba de los hermanos Carpio, quienes venían de Chumbagua. El mayor recibió el número Veintiséis y el menor, el Veintisiete. Asimismo, de Progreso llegó un sobrino de Hugo, a quien le pusimos el sobrenombre de El Niño porque era el más joven de todos. Este muchacho salió muy bueno para los distintos ajetreos y, además, con mucho valor personal. Se le dio el número Veintiocho.

Con toda esta gente, nuestro campamento volvió a cobrar mucha vida. Por las tardes, los compañeros hacían distintos ejercicios, tanto por divertirse como por mejorar desde el punto de vista físico. Se entrenaban en lucha cuerpo a cuerpo, salto, arrastre y tiradas a tierra.

Una tarde se encontraban en esos menesteres, cuando Amargoso —que nunca se quería quedar atrás— quiso hacer una demostración de agilidad en la siguiente forma: tirarse al suelo con apoyo de las manos, luego dar vuelta con los pies hacia arriba y caer de nuevo parado, tal como hacen los volatineros en los circos. Les pidió a todos que dejaran de hacer lo que estaban haciendo y que lo observaran. Los muchachos, naturalmente, obedecieron.

Amargoso, entonces, se lanzó; pero en vez de caer parado, cayó de espaldas. Dio un pujido y se quedó allí mismo, sin poder levantarse. Varios compañeros le ayudaron y, al ponerse en pie, se retorcía del dolor en el estómago. Algunos minutos después se hizo el fuerte y continuó observando el juego, aunque sin participar en él y con una sonrisa helada en los labios.

Por ese tiempo fue incorporado al grupo un señor de Morazán, departamento de Yoro, cuyo apellido era Velásquez. Este pertenecía a la facción liberal de Modesto Rodas Alvarado. Era propietario de una finca de café y de una hacienda, ambas muy grandes. Se manifestaba enemigo de los chafarotes porque lo metieron en la cárcel tres veces y, en una ocasión, lo tortolearon.

Decía que los militares y los punpuneros le estaban comiendo el ganado y que lo buscaban para matarlo, por lo cual se vio obligado a huir. Con nosotros siempre se manifestaba de acuerdo cuando criticábamos a los chafas, pero no le gustaba cuando hablábamos contra Rodas, y menos cuando hacíamos referencia al marxismo-leninismo y a la revolución.

Según este señor, lo que a él más le interesaba era que el grupo le quitara sus enemigos personales, a fin de quedar tranquilo. Se le designó con el número Veintinueve.

Durante el tiempo en que éramos pocos, y con el propósito de evitarnos el enmantelar y desmantelar todos los días, se dispuso que durmiéramos en la champa que habíamos construido sobre el refugio. Naturalmente, ese era nuestro polvorín. Allí teníamos dinamita, detonantes, granadas y municiones de toda clase. Por eso, cuando dormíamos en ese lugar, casi nadie estaba tranquilo.

Para el caso, cierta noche, muy temprano, encontrándonos ya acostados, comenzó a llover con muchas descargas eléctricas. Los rayos nos enceguecían y los truenos, fuertes como bombazos, nos hacían temblar de la cabeza a los pies. Tomando en cuenta esa situación, y ante el temor de que el polvorín tomara fuego, Casco ordenó que nos saliéramos de la choza.

Cubriéndonos cada quien con el nylon, abandonamos el lugar. Como a las dos terminó la tormenta y volvimos. Ya acostados de nuevo, sólo escuchábamos el estrépito de la creciente en la quebrada, así como el retumbo de los árboles que se despeñaban.

Por esa época, algunos de los nuevos compañeros comenzaron a dar problemas. Los hermanos Carpio, para el caso, protestaban a cada momento porque, según ellos, la seguridad de la guerrilla no era estar radicada en un solo puesto, sino moverse.

Una vez que fue a relevarme de la posta, el mayor de los Carpio me preguntó:

—Oiga, compa, ¿por dónde pasa ese camino secreto del que tanto recomiendan que se debe hablar suave cuando se utiliza porque las voces se escuchan en algunos lugares peligrosos?

Señalándole con el índice, le dije:

—De aquel corte de montaña, va por el filo; luego, por la orilla de la milpa, hasta pasar frente a la casa de don Quilo; después sube por aquel otro filo y se encuentra con el camino que viene de Chindongo; se aparta de él y continúa más arriba, hasta juntarse con el otro camino que viene de Camalote.

Movió la cabeza de un lado a otro y me dijo:

—No sirve este puesto donde estamos. Si nos hacen un cerco, ¿por dónde salimos? No sé qué le pasa a Casco.

Por lo que hicieron más adelante los hermanos Carpio, me di cuenta para qué me había pedido el mayor de ellos tantos detalles sobre el camino secreto que tan cuidadosamente utilizábamos.

Además, el Cinco, o sea Amargoso, comenzó a quejarse de una enfermedad en el estómago, producto de la brutal caída que se había dado tratando de hacer las mismas maromas que los muchachos. Se dispuso mandarlo a San Pedro para que lo viera el doctor, porque el hombre ya casi ni comía.

Como en ese tiempo el enlace no se encontraba con nosotros, ya que había salido en misión, me dijo Casco:

—¿Podría ir usted, compa, hasta el Uno a dejar a este hombre?

—Bueno —le dije, aunque no con mucha gana, porque sabía cómo era Amargoso de renegón.

—Usted llega nada más que a la Base No. 1 y, de allí, Perales debe encargarse de mandarlo hasta San Pedro con otro compañero. Se queda allí y espera a Díaz para que se vengan juntos.

A las cinco de la tarde salimos. Cruzamos las primeras casas ya cuando estaba algo oscuro. Hacíamos conversaciones sobre cosechas de maíz, arreglo de champas, venta de cerdos y sobre otras cosas, para disimular. Así llegamos al bajo. Atravesamos la carretera sin novedad; pero, al rodear las primeras casas —una de las cuales había sido del padre de Díaz—, topamos con una muy nueva, que no estaba cuando habíamos pasado la vez anterior. Entonces nos regresamos con mucho cuidado.

—Espéreme aquí —le dije a Amargoso.

Esto provocó el primer reniego del hombre. Se puso a hablar y a dar manotadas. Mientras tanto, yo traté de encontrar un camino para rodear las casas, pero Amargoso se me pegó atrás, siempre renegando, diciendo que protestaba por haber sido enviado conmigo y que mejor le hubieran dicho francamente que el propósito era entregarlo, cuestión que para él era la muerte segura, porque se trataba de un hombre muy conocido.

Al ver toda esta inconsecuencia, me enojé y, regresando al callejón de carretas, le dije con firmeza:

—¡Aquí se me queda, jodido! Si se mueve, ya verá lo que le va a pasar.

Fui a la casa nueva y toqué. Un hombre algo joven salió a abrirme. A éste solicité que me informara por dónde iba el camino que cruza la aldea Las Cuarenta y llega a El Chorizo.

—¿Hasta dónde va? —me preguntó.

—Hasta el campo Amapa —le respondí—. Es que vengo de donde un familiar que tengo en Guaymitas y, como debo trabajar mañana, deseo llegar hoy mismo a Amapa.

—¿Desde Guaymitas viene?

—Sí, desde allá.

—Bueno, pues el camino va por aquí —me dijo, dándome todos los detalles.

Fui a llamar a Amargoso y partimos de nuevo. No encontramos más dificultades y así alcanzamos la carretera. Seguimos por ésta en busca del desvío para El Chorizo. Cuando estábamos a punto de llegar, vimos una luz, y me dice Amargoso:

—¡Viene un carro!

Nos tiramos de barriga a una zanja y allí nos quedamos, en espera de que pasara el maldito automóvil. Como no pasaba, y ya no vimos la luz, continuamos. Poco después, vimos de nuevo la luz. Amargoso se tiró una vez más a tierra, pero como yo continué caminando, se levantó y me siguió.

A los pocos minutos pasamos por donde estaba un hombre sentado. Se trataba del guachimán, quien tenía una hoguera encendida para calentarse. Esa era la famosa luz. Diciéndole adiós, pasamos adelante.

Llegamos a la aldea El Chorizo. Aquí se me presentó otro problema: Amargoso se negó a pasar porque muchas personas estaban todavía levantadas en sus casas y podían sentirnos. Nos metimos en un monte a esperar que se acostaran. Cuando esto ocurrió y, encontrándose todo en calma, continuamos la marcha.

Más adelante nos topamos con unos terrenos quemados, listos para la siembra del maíz. Atravesando éstos nos encontrábamos cuando me grita Amargoso:

—¡Vienen dos focos!

—¿A dónde?

—¡Allá! ¿No los mira?

Como el terreno estaba completamente pelado, salió corriendo en busca de un monte próximo. Su carrera me contagió a mí también, aunque yo no había visto nada de focos. Nos quedamos agazapados tras unas matas, esperando el paso de las supuestas personas que venían. Pero nada. Entonces continuamos la marcha, siempre por el terreno quemado.

Al poco rato pasamos cerca de dos troncones todavía encendidos, los cuales, al recibir algunos golpes de brisa, intensificaban la llama.

—Mirá —le dije—, allí están tus focos. ¡Qué ganas de andar con vos!

Por fin llegamos al Ulúa. Le hablé a Perales. Este se encontraba bien dormido, pero se levantó. Al entrar, vi a un hombre acostado en una hamaca. Al notar Perales que me había fijado en él, me dijo:

—Ese es otro compañero de ustedes.

—¿Va para la montaña?

—Sí, para allá va.

—¡Ah, qué bueno!

Sobre unas pilas de maíz, recientemente tapiscado, nos acostamos. Al día siguiente, algo temprano, salió otro compañero con Amargoso para dejarlo en San Pedro. Por la tarde llegó Díaz. Se saludó atentamente con el camarada que estaba allí, pues se trataba de alguien conocido por él y que tenía buen entrenamiento guerrillero.

A las siete de la noche partimos de regreso a la montaña. Esta vez Díaz nos condujo por el camino secreto. El nuevo, a pesar de ser bastante gordo, era muy bueno para caminar. Rodeando la casa peligrosa, bajamos por un descombro muy empinado. Parecíamos olingos caminando por los árboles y ramas.

Continuamos choyado abajo hasta caer a la quebrada. Luego tomamos por una cuesta muy larga y llegamos al cafetal de Moreno. Aquí nos pasó un tremendo susto, al toparnos con dos hombres que dormían en el cafetal. Era el propio Moreno y un hermano del mismo. Al reconocerlos, les dijo Díaz:

—¡No jodan, nos han asustado!

—A nosotros también —dijeron ellos.

—¿Por qué están durmiendo aquí? —les preguntamos.

—Porque llegó un correo —dijo Moreno— e informó que al papá de Díaz lo habían ido a capturar a su propia casa.

—Nosotros no hemos sabido nada —dijo Díaz.

Continuamos la marcha. Con mucho cuidado entramos en la montaña. Arribamos al campamento viejo. De aquí el camino era una sola pendiente, por lo cual había que pararse bien, porque, si no, sólo con las nalgas se caminaba.

Cuando nos aproximábamos al punto donde debíamos dar la consigna, oímos unos silbidos, pero en otra parte, sin que pudiéramos precisar exactamente dónde. Díaz contestó y nos dijo:

—Son aquéllos que han cambiado de dormida.

Esta vez yo iba adelante, pues cuando veníamos para San Pedro me tocó la retaguardia. Por eso, cuando pasaba cerca de un palo caído, oigo que me dicen con fuerza:

—¡Identifíquese!

—¡Nueve! —contesté rápidamente.

—¡Diez! —dijo Díaz.

—¡Avancen! —nos ordenaron.

Era el Quince y el Veinticinco, a quienes les habían dado la tarea de esperarnos. Lo cierto es que nos pasamos del lugar donde se encontraban y, al darse cuenta, nos siguieron por nuestra conversación. Nos quitaron las maletas y nos llevaron a donde estaban durmiendo.

Se levantaron todos a recibirnos y a darnos la comida que tenían preparada, incluido café caliente. Casco recibió el informe. Por la mañana mandaron a los cocineros con dos postas. Pusieron también dos postas más en la entrada del campamento, mientras pasaba el peligro.

Al nuevo, de nombre Isidro, se le dio el número Treinta.

Por la tarde cayó una lluvia fuerte. Tuvimos que enmantelar temprano. Los que estábamos desvelados y cansados de la caminata nos acostamos apenas comenzó a oscurecer.

Nunca supe qué hora de la noche era cuando fuimos sorprendidos por la voz de alarma de los postas, quienes fueron a levantarnos a todos. Creyendo que era asunto serio, puse mi fusil bala-en-boca, en espera del macaneo.

Todos nos preguntábamos unos a otros:

—¿Qué pasará?

—¡Quién sabe! —era la única respuesta, pues ninguno sabía nada concreto.

El Veintinueve sólo era vueltecitas de un lado para otro. A cada momento pasaba cerca de donde yo estaba y me decía:

—¡Ay, hombre! Hoy sí vamos a pelear, y esta arma puta que no sirve.

Al Treinta, quien se había colocado cerca de mí, le atacaron los nervios. Como era la primera noche que pasaba en el campamento, no estaba acostumbrado al frío. Además, por el miedo le temblaba todo el cuerpo y le castañeteaban los dientes.

—Controle los nervios, compañero —le dije.

—Yo no me voy a despegar de usted, camarada —me respondió, hablando en una forma tal que casi no le entendía por el temblor de las quijadas.

—Sí, está bien —le contesté—, pero controle esos nervios.

Al poco rato llegaron, a donde estábamos nosotros, Casco, Hugo y dos campesinos más. Estos últimos habían venido a informar que el papá de Díaz estaba en libertad. La alarma se debió precisamente a la presencia de aquellos campesinos en el campamento.

Por ese tiempo se presentó, una vez más, el enlace de Rosales. Con él venía el Siete, al que castigaron por haber desarmado la chachaguata de Romero y no poder armarla después. Este Siete no era de la simpatía de Casco ni del propio Romero, por lo cual el asunto de la escopeta fue motivo suficiente para que lo despacharan. Le preguntaron que si tenía valor de irse por la vía legal y, al responder que sí, le prepararon el viaje de ahí a tres días.

Al haberse retirado Amargoso del campamento, dejó su fusil Mauser calibre corto. A mí me gustaba mucho, por liviano. Se lo pedí a Casco, quien me contestó que no podía dármelo porque ese fusil le había sido entregado a Amargoso desde San Pedro y que, a causa de ello, él no podía disponer sobre el asunto. Romero, en cambio, me dijo que lo tomara, y como yo estaba enamorado de aquella arma, no esperé otra orden.

En un viaje que hizo un compañero a Progreso, le pedí que me trajera una correa de suela. Con ella le confeccioné un carga-fusil, lo mejor que pude. Además, le hice otros arreglos. El pequeño retaco se miraba mucho más bonito que nunca, de modo que todos lo envidiaban.

—Para nada ha arreglado ese fusil —les dijo Casco a unos compañeros.

—¿Y se lo piensa quitar? —le preguntó Díaz.

—No; pero como es de Amargoso, cuando él venga sin duda lo reclamará.

—Bueno —les dije, ya enojado—, me parece que yo tengo derecho a portar ese fusil u otro mejor, porque soy uno de los fundadores del grupo. Hasta la fecha no he dicho nada cuando a los recién llegados les han puesto en sus manos mejores armas que las que me han dado a mí. Por eso me voy a poner en dos puntos: o me dan este fusil o ando desarmado, de modo que, si nos atacan, a los primeros tiros me voy a la chingada.

—Así se hace —dijeron algunos compañeros.

—Bueno, pues quédese con él —me dijo Casco—, porque es verdad que usted es uno de los fundadores del grupo.

Una noche de ésas se escucharon pasos por el lado de arriba del campamento. Varios corrimos a parapetarnos para hacer la contención del fuego. Otros se pusieron a desmantelar y enmochilar rápidamente. Esperamos largo rato, pero no pasó nada. Entonces, uno de los compañeros sugirió que, disparando en dirección del lugar donde se habían oído los pasos, era posible determinar de qué se trataba.

Se aprobó la idea, y uno de los hermanos Carpio fue a hacer varios disparos con su pistola. Después de las detonaciones nos quedamos en absoluto silencio, con el oído puesto en cualquier ruido que pudiera escucharse. Sin embargo, no pasó nada. Ante esa circunstancia, se ordenó una inspección por todos los alrededores, hasta llegar al camino real. Concluida ésta, no encontramos nada, por lo cual nos acostamos tranquilos.

Como a los tres días de este hecho tuvimos una nueva sorpresa. Resulta que, ya cerca del amanecer, uno de los compañeros que regresaba de su turno de posta notó que no se encontraban los hermanos Carpio en sus respectivos lugares. Sólo estaban los nylons, las hamacas, las mochilas, las armas con el parque, las cantimploras y algunos libros de marxismo.

Inmediatamente se dio la voz de alarma y comenzamos a seguirles el rastro. Trepamos filo arriba, por la milpa de don Quilo, hasta salir al camino real, sin encontrar nada. Dimos otras vueltas por los terrenos vecinos, pero todo fue inútil.

Cuando regresamos, un tanto cansados, uno de los compañeros notó que en la hamaca del mayor de los Carpio se encontraba una carta. Se la entregaron a Casco, ya que estaba dirigida a él. Este la leyó. En ella decían los desertores que estaban de acuerdo con todo el movimiento, menos con el hecho de no querer salir de allí, por lo cual habían tomado la decisión de marcharse.

Hasta ese momento caímos todos en la cuenta de que los pasos que se oyeron tres noches antes fueron de ellos mismos, pues habían tratado de irse y no pudieron. Esta acción de los Carpio fue comentada mucho tiempo en el núcleo.

Varios días después, ya de noche, encontrándonos casi todos en la cocina, llegó inesperadamente Rosales. Venía acompañado del Ocho y del Veintiuno. Los abrazamos con mucha alegría. Casco ordenó que se hiciera café para los visitantes.

Mientras se bebían el café, Rosales comenzó a contarnos todo lo relacionado con el otro frente. Nos informó que allá se encontraban muy bien y que ya tenían organizados a los campesinos. Dijo también que habían encontrado un camino más corto, a través del cual sólo se necesitaban cuarenta horas para llegar al campamento. Nos contó, asimismo, un episodio un tanto divertido.

Resulta que cuando venían, se extraviaron en el camino, por cuya razón tuvieron que llegar a una casa, haciéndose pasar por militares. El Veintiuno tocó la puerta varias veces, pero el dueño no quiso abrir. Entonces aquél le gritó que si no le abría a la "autoridad", le derribaría la puerta. Ante esa amenaza, el hombre les abrió, todo tembloroso, explicándoles que en días pasados unos ladrones se presentaron como militares en una aldea vecina y cometieron toda clase de fechorías. Rosales le explicó que ellos andaban en comisión y que sólo deseaban que les dijera por dónde pasaba el camino.

El Ocho, o sea Guevara, no se encontraba muy bien porque, según informó Rosales, cuando venían sufrió una caída tremenda. Resulta que cuando bajaban por un abismo, le dio por componerse la mochila y cambiarse el arma de hombro. Con estos movimientos hechos en forma imprudente, perdió el equilibrio y se precipitó hacia el fondo.

Por suerte, en la pared del precipicio se encontraba un árbol, donde el Ocho pegó y se detuvo; de no haber sido eso, hubiera ido a dar hasta el final y se hubiera hecho pedazos. Sin embargo, recibió un golpe muy fuerte en el pecho, según comunicó Rosales.

—Hay que tratar de hacer algo por ese camarada —dijo Casco.

Rosales dio a conocer que venía para llevarse a varios compañeros hacia el otro frente.

—Me llevaré al Nueve, que es de "patria o muerte" —dijo Rosales.

—¿Y qué vas a hacer con esos viejos? —le repuso Casco.

—Hay momentos en que esos viejos son los mejores —contestó Rosales.

Este debía esperarse por lo menos ocho días en nuestro campamento para preparar todas las cosas que necesitaba llevar a su frente. Además, tenía otro problema por discutir con Casco. Resulta que Aquilino, o sea el Veintiuno, había cometido no sé qué falta y Rosales se lo trajo en esta oportunidad para dejarlo con nosotros. Sin embargo, al plantearle el problema a Casco, éste lo rechazó con mucha fuerza.

—No acepto a ese hombre en mi campamento —dijo Casco—, porque no quiero más problemas con él.

Mientras hacíamos los preparativos del viaje y se discutían éstos y otros asuntos, cierta mañana llegó un compañero de la Base No. 1 con dos hombres para la guerrilla. Uno de ellos era de color; el otro era mestizo. El negrito había llegado de Belice, pues era uno de los expatriados a dicha colonia. Nos informó de los compañeros que, por entonces, se encontraban en aquel país, como Raúl, Geño, Valenzuela y varios más.

El segundo era un hombre gordo, de aspecto acomodado. Venía de La Ceiba, donde, según parece, trabajaba de ferrocarrilero. Desde que llegó al campamento comenzó a manifestar preocupación por su esposa, sus hijos y una casa, de la cual informó que aún debía dos mil lempiras. Este formaba parte del nuevo contingente que se iría con Rosales. Sin embargo, tomando en cuenta sus condiciones físicas, se resolvió regresarlo a San Pedro.

Al negrito, a pesar de encontrarse impedido del brazo derecho, a consecuencia de un accidente que tuvo en una finca de la Standard Fruit Company, se acordó dejarlo en nuestro campamento por alguna capacidad política que demostró. Sin embargo, al poco tiempo nos dimos cuenta de que este hombre era un redomado maoísta, pues había viajado a China y sólo del pensamiento de Mao hablaba. Por esa razón, comenzó a chocar con todos nosotros.

Una tarde, encontrándonos en la champa, comenzó a discutir con Casco y Rosales. El negrito les hacía preguntas a ellos y éstos se las contestaban; luego, Casco y Rosales le planteaban cuestiones y él también las respondía; pero aquéllos refutaban sus puntos de vista, diciéndole que estaba equivocado. Hablaron mucho del maoísmo y del marxismo-leninismo, así como de la Unión Soviética y de sus pasos en la construcción de la sociedad socialista. También se refirieron a la situación política de Honduras, diciendo que éste era el problema que más interesaba discutir.

Nosotros igualmente nos enfrascábamos en discusiones de carácter político. Cierta noche, por ejemplo, antes de que se diera la orden de silencio y mientras hablábamos de diversos asuntos, alguien se refirió a la disciplina en el Partido. Casco, entonces, que siempre me molestaba con burlas, dijo que a mí me habían castigado por borracho, agregando después:

—Pero fíjense que a este hombre, cuando le avisaron que había sido castigado, le cogió tal lloreta que fue difícil parársela después.

—¿Y qué demuestra eso? —le dije yo, siempre en tono de broma—. Que le tengo amor al Partido.

—Bueno —dijo Hugo—, ¿y cómo es que antes en el Partido había muchos compañeros borrachos?

—Lo que pasa —expresó Casco— es que en todo Partido Comunista, cuando comienza, entra mucha gente con defectos. Algunos militantes se reeducan en sus filas, pero otros se pierden. Por ejemplo, el compa —dijo señalándome a mí— hace tiempo milita y hasta estuvo en el Primer Congreso del Partido, pero le está costando superar el vicio.

—Es cierto que participó en el Primer Congreso —dijo Hugo—. Militaba con nosotros en la misma célula y allí lo elegimos para esa tarea. A propósito, Casco, ¿cómo fue que surgió el movimiento fraccional?

—Bueno, es que Domínguez Agurcia tenía contradicciones con Luis Manuel y, además, trataba de apoderarse de la Dirección del Partido. Como no pudo lograr este propósito a través de los canales correspondientes, se lanzó a la lucha fraccional para hacerle la guerra a Luis Manuel y a los demás miembros de la Dirección.

—Volviendo a lo de los bolos —señaló otro compañero—, también a Jiménez y a Zelaya les gustan las copas.

—Lencho Zelaya es un bárbaro —dijo Casco—. Por andar en eso ha cometido graves errores. El Partido ha estado a punto de expulsarlo, aunque lo ha perdonado porque ese hombre hizo un buen trabajo organizando a todos los campesinos del sector de Progreso. Actualmente está haciendo un curso político fuera del país. Por supuesto, si no se corrige, habrá necesidad de sacarlo del Partido.

—¿Y por qué no me mandaron a mí al extranjero? —le dije yo.

—Porque usted —me respondió Casco—, cuando supo lo del castigo, se retiró lleno de resentimiento.

—Puede ser —le repliqué—; pero eso sólo es un aspecto, porque yo siempre he estado en contacto con el movimiento y, además, siempre listo a dar la vida por la causa, como lo hago ahora.

—Es cierto —afirmó Casco—, por eso ahora usted ha reconquistado todo lo perdido, y, en premio a su actitud, se le ha reincorporado.

CAPÍTULO V: INDISCIPLINADO E IRRESPONSABLE

Estando próximo el regreso de Rosales, éste salió de nuestro campamento a una comisión, no sé a dónde ni de qué clase. El hecho es que se desapareció dos días. Al tercero volvió con dos guerrilleros más. Uno era Benito López y el otro Simeón, al que le pusimos Simeoncito, porque era un hombre muy pequeño, aunque el más serio y educado de todo el grupo.

Estos compañeros habían estado presos en la cárcel de Progreso desde el 3 de octubre de 1963, o sea el día del golpe. Recientemente habían sido puestos en libertad con la orden de presentarse diariamente a la Zona Militar. Como el Dieciocho y el Veintidós habían solicitado la baja por tiempo indefinido y Rosales se las concedió, López fue designado con el número Dieciocho y Simeón con el Veintidós.

López contaba, con lujo de detalles, las brutalidades que se cometían en la cárcel contra los compañeros e, incluso, contra los liberales. En sus pláticas era sumamente ameno.

—Pero el hombre que no se conmovía —nos dijo cierta vez— es Tormenta. Ese siempre estaba haciendo toda clase de chistes en la cárcel, aun en los momentos más duros. Por ejemplo, un día metieron a un liberal a la celda donde nos encontrábamos. Nunca supimos de dónde era ni de qué profesión: si abogado, doctor o ingeniero. El hecho es que llegó de traje completo. Cuando los chafas abrieron la bartolina, como el hombre vacilaba en entrar, le dieron un empujón tan fuerte que cayó de bruces en medio de nosotros. Entonces, Tormenta, echándole una mirada al recién llegado, gritó:

—¡No jodan, compañeros: está buena la marea!

—¿Por qué, hombre? —le preguntamos.

—¡Ah! ¿No ven que en todo este tiempo atrás sólo habían caído chombimbas[75], congos[76] y sardinas? ¡Pero miren ahora qué hermoso róbalo fue atrapado!

Así pasábamos el tiempo; unas veces riéndonos por los chistes y anécdotas que nosotros mismos contábamos, y otras, llenos de zozobra ante los peligros que nos acechaban.

Precisamente, cierto día de ésos nos sentimos muy alegres, porque, inesperadamente, llegó un enlace de la Uno con Pineda. Este compañero militaba en la célula de la Finca Paujil, el grupo que más colaboraba con nosotros, enviándonos comida, dinero y muchas cosas más. Esta gente le guardaba mucho aprecio a Rosales, por haber sido éste quien los organizó y preparó en círculos de estudio. Como una muestra de esta estimación, le enviaban un par de botas nuevas.

Yo me sentí también muy contento porque Pineda me trajo información de mi madre. Este permanecería en el campamento una semana, pues tenía vacaciones. Para que aprovechara el tiempo, se dispuso enseñarle el manejo de las armas, tarea que me fue asignada con otro compañero.

Pasó la referida semana y Pineda estaba ya listo para regresar. Como este era un hombre de confianza, yo pensé mandar con él una carta para mi madre. Pero, ¿qué pasó? Que al momento de irse, y cuando comenzaba a preparar dicha carta, nos convocaron a una reunión general para discutir un asunto "muy importante", según le fueron diciendo a cada uno de nosotros. Dejé todo y ni siquiera saludos le pude mandar a mi madre.

El asunto, planteado por Rosales, consistía en la fundación de una aldea clandestina de todos los guerrilleros en un punto intermedio del otro frente, donde los compañeros que no podían vivir en la legalidad se trasladarían con sus familias para cultivar la tierra y obtener así toda clase de productos. Rosales informó que esto había sido discutido y aprobado en el otro frente, y que también la Dirección Nacional del Partido tenía conocimiento del asunto, manifestándose

---

[75] Pececillo de vientre muy abultado que abunda en lagunas y riachuelos de Honduras.

[76] Pez muy espinoso y pequeño, de color gris, con rayas negras, que abunda en los ríos y quebradas de nuestro país.

no sólo de acuerdo, sino también dispuesta a dar todo lo necesario para el trabajo: herramientas, ropa y algunos materiales.

—A mí me parece —dijo Casco— que esta cuestión no es tan simple como suponen algunos compañeros. Hay un peligro que debe tomarse en cuenta, y es el de que, ya una vez instalados, con casa, terrenos y cultivos, nos guste más esa vida y nos olvidemos de la revolución.

—Este asunto —opinó Guevara— debe estudiarse y pensarse mejor. Fundar una aldea y mantenerla clandestina es un problema muy difícil. Si una simple casa, aunque se encuentre en lo más espeso de la selva, es descubierta por la policía, ¡contimás![77] toda una aldea.

—Además —dijo otro compañero—, ¿y para sacar los productos al mercado?

—Eso lo pueden hacer los que tengan vida legal —respondió Rosales.

—Yo estoy de acuerdo —manifestó Aquilino—, pero para instalarme yo solo, porque a mi familia no la traigo ni a güevos.

—Si la cosa se organiza bien —dijo Guevara—, yo puedo vender la casa y la platanera que tengo para venirme con la familia.

—Yo también me manifiesto de acuerdo —expresó López.

—Yo coincido con quienes miran buena la cosa —señaló ntonces Hugo—, aunque antes de dar una respuesta en firme tengo que hablar con mi mujer.

—Bueno —dijo Casco—, si la opinión general es favorable al proyecto, yo lo apruebo.

—Por lo que a mí se refiere —les dije al llegarme el turno—, estoy decidido a instalarme en esa aldea, pues, como no tengo familia, considero más cómodo vivir allí que andar huyendo.

Al final de la discusión, se escribieron las resoluciones para mandarlas a la Dirección Nacional del Partido, a fin de que fueran aprobadas.

Con motivo de este proyecto se hablaba mucho de una aldea llamada Tierra Santa, en cuya entrada alguien puso un rótulo que rezaba: "Entras, si quieres; pero sales, si puedes." Según decían los compañeros, ni los militares entraban en ese lugar porque les "salía el

---

[77] Cuanto más.

Cristo al revés". Las referencias a esa aldea terminaban en señalar la necesidad de visitarla con el propósito de sondear las posibilidades de hacer algún trabajo allí. Casco se mostró muchas veces interesado en efectuar un viaje a dicho lugar, pero sin llegar a concretarlo.

Llegó el enlace del otro frente. Trajo algunas informaciones sobre la situación de Aguilar, quien había quedado como responsable. Al siguiente día, por la mañana, partió para Progreso. Esa misma fecha también les dieron permiso a Hugo y a Aquilino para que fueran a visitar a sus familias. Acordaron que se fueran juntos, pero el Veintiuno protestó.

—Yo con ese Jugo no me voy —dijo.

Casco le había manifestado, refiriéndose a Hugo, pues Aquilino era medio atravesado para hablar.

Los preparativos de la marcha hacia el otro frente comenzaron a intensificarse. En eso estábamos cuando notamos que hacía falta azúcar. Casco y Rosales comenzaron a pensar a quién pedirle que fuera hasta Progreso a comprar cierta cantidad. El Niño escuchó esta conversación y les dijo:

—Si quieren, voy yo.

—¿Vas vos? —le preguntó Rosales.

—Sí voy —contestó aquél.

—¿Y calculás volver aún de día? —le preguntó Casco—, pues ya son las dos de la tarde.

—Pues voy a probar -contestó El Niño.

—Bueno, pues andá; aquí está el pisto —le dijo Rosales.

El muchacho salió prácticamente en carrera. Nosotros nos quedamos haciendo comentarios sobre lo difícil que era hacer ese viaje en tan corto tiempo. Sin embargo, cuál no sería nuestra sorpresa que, como a las cuatro y media, estaba el cipote de regreso.

—¡Qué guerrillero más...! —dijo Rosales, sin terminar la frase y dejándonos en espera del gran elogio que iba a hacerle al muchacho.

Durante todo ese día estuvimos arreglando las cosas para el viaje. Los que tenían las mochilas inservibles las hicieron nuevas; quienes portaban nylons agujereados los remendaron con tape; otros se dedicaron a limpiar las armas, asolear parque, pólvora y detonantes. Los cocineros estuvieron también atareados, haciendo el bastimento para quienes partiríamos. Esa noche se dieron órdenes estrictas a los postas para vigilar la llegada del Veintiuno, pero no llegó, a pesar de que estaba destinado a irse con nosotros.

Como a las dos de la mañana fuimos sorprendidos por los silbatos de consigna. Se le comunicó al posta y éste envió a dos hombres para ver quién era. Se trataba del enlace, Díaz, que llegaba con Amargoso y Juárez, quien, como dije antes, salió con permiso indefinido. Amargoso informó que estuvo bastante mal del golpe que se dio haciendo maromas. Dijo que, según el médico, se había "desconcertado el esófago", lo cual le causaba el dolor y la incapacidad de alimentarse.

—Si es que vos ya estás viejo —le dijo Casco—, y pensás que podés hacer las mismas piruetas que los muchachos.

Por la mañana, Rosales y Casco le dieron una tremenda represión a Juárez por indisciplinado e irresponsable. Se armó un alegato del diablo, pues Juárez trató de justificar su conducta. Al pasar la tormenta, Juárez mostraba en su rostro una gran inconformidad.

Llegó la hora de la partida. Encontrándonos todos listos, Rosales calculó el peso de cada mochila para, de conformidad con la capacidad de su dueño, asignarle la carga. Luego nos ordenó formar, distribuyendo a la gente en la vanguardia, grueso y retaguardia. Señaló a los encargados de la contención de fuego, en caso de sufrir algún ataque del enemigo, e indicó como punto de referencia el campamento de donde partíamos. Estando todos de frente, llegó Casco y nos dirigió unas cuantas palabras. Después fue Amargoso, quien, como se la pica de orador, nos recetó un sonoro discurso.

—No se imaginan ustedes —dijo en cierta parte— cómo me siento henchido de entusiasmo al ver este grupo de hombres en armas, pues representan a los verdaderos soldados del pueblo. Ha llegado, compañeros, el momento decisivo de comenzar el combate por la revolución. Confiamos en ustedes, porque ustedes instaurarán el poder del pueblo.

Cuando terminó, todos le aplaudimos, dejándolo más hueco que un tarro.

El grupo que partía era el siguiente: el Uno (Rosales), el Nueve (H. Velásquez), el Dieciocho (López), el Veintidós (Simeoncito), el Veintitrés (Ferrera), el Veinticuatro (Alvarado), el Veinticinco (Hugo), el Veintiséis (El Negrito) y el Veintiocho (El Niño). Aquilino, o sea el

Veintiuno, se quedó por no haber llegado a tiempo. Permanecían en el campamento: el Dos (Casco), el Tres (Romero), el Cinco (Juárez), el Ocho (Guevara), el Veintinueve (R. Velásquez), el Treinta (Isidro) y Amargoso.

Era el mes de junio de 1964. No recuerdo el día ni la fecha. Ascendimos por la primera cuesta y llegamos al filo de la loma. Aquí nos detuvimos, cumpliendo la regla de diez minutos de descanso a cada hora de marcha. Continuamos, no sin antes decirle adiós al campamento, porque este era el último punto de donde podía verse. Cruzamos el camino real. Descansamos un rato para tomar agua y llenar las cantimploras. Poco después seguimos, ahora cuesta arriba.

Comenzando el ascenso íbamos, cuando Rosales, que no se fijó, le puso el pie a un enorme timbo[78] que estaba enrollado en el camino. Fue una suerte que no lo mordiera aquel animal, cuya ponzoña es altamente mortífera.

Llegamos al filo de la loma y continuamos por el mismo a una gran altura. Luego lo dejamos y comenzamos a descender hasta llegar a otra quebrada, afluente del Guaymitas. Aquí almorzamos. El agua era fresca y el paisaje muy agradable. En la selva se escuchaban los trinos y los cantos de los jilgueros, así como el bullicio que armaban unas pavas, bastante lejos de donde estábamos. Eran las voces de la montaña, con sus mil tonos y matices.

Arrancamos de nuevo, caminando en orden. Cada quien sabía qué compañero iba adelante de él y cuál atrás. Nadie cambiaba de sitio en la fila. Se inició, poco después, el ascenso de una cuesta muy empinada, como barranco. Para no desprendernos era necesario usar el fusil como bordón y agarrarse de los arbustos que encontrábamos. Esta era la última cuesta del día, pero era muy larga y difícil.

Benito López se nos cansó, sentándose a media cuesta, pues, como lo habían tenido preso tanto tiempo, no estaba acostumbrado a estos ajetreos. Tuvimos que detenernos. Frente a nosotros quedaba el filo que acabábamos de dejar y allí se veían unos escombros y quemados, donde trabajaban varios campesinos, cuyas voces alcanzábamos a oír.

---

[78] Víbora muy venenosa, conocida también por el nombre de terciopelo.

Después de que Benito descansó un rato prudencial, continuamos la marcha, caminando despacio para no sacrificarlo. A cierta distancia del final de la cuesta se nos volvió a sentar. Estaba empapado de sudor. Ayudándole un poco, logramos escalar aquella montaña. Seguimos por una travesía hasta llegar a un cafetal, donde Rosales ordenó detenernos. Era temprano todavía. Pasado un rato, iniciamos de nuevo la marcha por el cafetal mismo.

Más adelante, al comenzar a descender una pequeña cuesta, Rosales ordenó pasar la voz de que no se hiciera ruido con los pasos, pues nos encontrábamos en las orillas de la aldea El Conguito. Avanzando sutilmente, llegamos al camino real de la aldea. Allí tuvimos que movernos agachados y hasta de barriga, porque varios cipotes se encontraban ordeñando en el patio de una casa. Eran los hijos del comanche[79] de la aldea.

Avanzamos un buen trecho en estas condiciones y llegamos al alambrado de un potrero. Seguimos por la orilla de éste y, cuando apenas habíamos caminado un pequeño tramo, nos dimos cuenta de que los cipotes nos habían visto, pues el terreno era muy limpio. Corriendo, se aproximaron a nosotros y nos gritaron:

—¡Adiós!

—¡Adiós, papitos! —les contestamos todos.

—¿Para dónde van? —nos preguntó uno de ellos.

—Para el pueblo —les respondió Rosales.

—Bueno, que les vaya bien —nos gritaron de nuevo.

Rodeando la aldea de esta manera, llegamos hasta una casa abandonada. Pasamos por un lado de ella y, al poco rato, nos encontramos con nuevas alambradas. Atravesamos éstas y dimos con un camino, el que seguimos por unos minutos; luego lo abandonamos hasta encontrar otro camino real. Desde allí se divisaba una casa. Rosales nos informó que en ella vivía el amigo del Veinte y que allí se quedaron la vez anterior para cocinar una pava que habían matado. También nos dijo que a dormir a los trabajaderos[80] de ese hombre íbamos ahora.

---

[79] Comandante.

[80] Zona donde se encuentran los sembrados de los campesinos.

Al avanzar por el nuevo camino, Rosales ordenó que nos separáramos cinco metros cada uno. Como el terreno era algo inclinado, Benito iba muy bien. Casi legua y media marchamos por dicho sendero, pues no había otra forma de atravesar aquellos lugares. Durante ese trayecto encontramos a varios campesinos, con los que Rosales cambiaba algunas palabras, pero a los que nosotros solamente les decíamos adiós.

Descansamos un rato, no sin antes colocar dos centinelas, por cualquier cosa. Como se hacía un poco tarde, decidimos continuar la marcha. Llegamos al punto donde deberíamos apartarnos del camino, y así se hizo, penetrando por unos terrenos ya bastante seguros. Encontramos un pequeño sendero y seguimos éste por una cuesta sumamente empinada. Aquí ordenó Rosales descansar otro rato. A los pocos minutos de reiniciar la marcha, encontramos al amigo del Veinte en la misma cuesta. Se saludó muy alegre con Rosales y éste le informó cómo habíamos atravesado la aldea.

—¿Qué se dice por ahí? —le preguntó Rosales.

—Pues no se dice nada —contestó el campesino—. Aquí el único jodido es el comandante, pues afirma que los grupos que cruzan estos lugares están compuestos por ladrones.

—Pues ya ve —le dijo Rosales—, toda esa gente que viene ahora es completamente nueva; no son los mismos que pasamos aquella vez.

—¿Y sólo por montañas caminan?

—Sí, sólo por montañas.

—Les está costando, ¿verdad?

—Sí, bastante.

El campesino se despidió de nosotros muy emocionado, ya que era un liberal muy activo. A éste lo acompañaba un niño como de diez años, el que nos observaba con mucha curiosidad.

Continuando el descenso, caímos a un riachuelo. Nos detuvimos apenas para tomar agua. La marcha fue luego por una cuesta sumamente empinada, aunque corta. Patinábamos tratando de avanzar. Antes de escalarla por completo, ordenó Rosales un corto descanso. Salimos después a un plan donde había un descombro para milpa, en el que ya se había sembrado el grano y éste comenzaba a nacer.

—Aquí vamos a dormir —dijo Rosales.

Cada quien buscó el puesto donde colgar la hamaca. Asimismo, algunos camaradas fueron en busca de leña para hacer café y calentar la comida. Otros marcharon a traer agua para todo lo que había que hacer. Entre charlas y chistes, cenamos. Después se organizaron los turnos de vigilancia y, ya seguros y bien comidos, nos acostamos a dormir.

La noche estaba fresca y calma. Sólo de vez en cuando se veían unos relámpagos y se escuchaban, muy lejos, algunos truenos. En el lugar donde estábamos se percibía el vuelo de las aves nocturnas, sus silbidos estridentes y otros ruidos de los animales que deambulaban a esas horas en busca de sus alimentos. En fin, bajo todos aquellos ruidos y susurros, cada uno de nosotros se ponía a recordar a sus seres queridos o a tejer mil proyectos mentales.

Al siguiente día, la mañana se presentó fría, pero clara y tranquila. Después del desayuno, cada quien arregló su mochila y nos dispusimos a partir. Rehicimos la formación que traíamos, ocupando los mismos puestos en la fila. Partimos dejando como punto de referencia la pequeña milpa. Así entramos en la montaña. Después de una hora de jornada, descansamos. Al reanudar la marcha, nos ordenó Rosales caminar con mucho cuidado, pues bordearíamos una casa y era necesario que no nos sintieran los perros. Siguiendo un pequeño camino, cruzamos otro, mejor trazado, y allí marcamos un árbol como señal.

Continuamos por una pendiente bastante larga. Después de un buen rato de ir por ese lugar, se detuvo Rosales y ordenó que descansáramos mientras buscaba unas ramas dobladas que había dejado como señal. Se buscaron las tales ramas durante bastante tiempo, sin encontrarlas. En eso perdimos casi toda la mañana. Nos vimos entonces en la necesidad de regresar cuesta arriba, hasta llegar de nuevo al cruce de caminos que dejamos atrás. Logrado este propósito, buscamos de nuevo las señales y las encontramos.

Seguimos cuesta abajo, caminando por unas hojazones[81] húmedas y por unos lancetillales[82] que nos obligaban a tener mucho cuidado al

---

[81] Acumulación de hojas secas.
[82] Monte formado por lancetillas, arbusto espinoso muy abundante en la Costa Norte de Honduras.

agarrarnos de algo, pues podíamos hacerlo de espinas. Llegamos al borde de un abismo muy profundo y de paredes empinadas. Allí descansamos por orden de Rosales. Conversando con nosotros, nos dijo:

—Hay que tener cuidado en esta bajada, porque si alguien se cae, no lo detiene nadie hasta llegar al fondo. En este punto fue donde se desbarrancó Benavides.

Al poco rato emprendimos de nuevo la marcha. Agarrándonos de palos y piedras, comenzamos a bajar. Si uno de los de arriba llegaba, por desgracia, a desprenderse, con eso era suficiente para arrastrar a toda la columna. Por fin, después de grandes esfuerzos, alcanzamos el fondo, donde había una quebrada conocida con el nombre de Chirriquire.

—Bueno, pues —dijo Rosales—, aquí vamos a hacer el almuerzo.

Se buscó leña y tratamos de hacer fuego, pero éste no encendió porque el lugar era muy húmedo. Estuvimos luchando un buen rato. Entonces tomé yo quebrada arriba y encontré un sitio a donde penetraba un poco el sol. De unos árboles que se habían desbarrancado, corté las ramas secas e hice un buen haz con ellas.

—¡Carajo! —dijo Hugo al verme llegar—, con este Nueve hay que joderse, pues ya estábamos agotados de soplar ese fuego cabrón.

Al momento teníamos una gran fogata. El almuerzo consistió en arroz con leche. Apenas terminamos de comer, se reinició la marcha para ganar algo del tiempo perdido. Comenzamos a subir la cuesta. A los pocos minutos, el cielo se fue poniendo negro y, al poco rato, se vino una lluvia torrencial. Nos detuvimos hasta que pasara el chaparrón. Al reanudar de nuevo el ascenso, tropezamos con un grave problema: el terreno se puso tan liso que era muy difícil avanzar. Benito volvió a cansarse, de modo que tuvimos que ir despacio para esperarlo. En un punto, giramos hacia la izquierda, porque esa era la ruta. Allí Rosales dio un mal paso y se fue directamente al suelo. Esto le pasaba muy frecuentemente porque era dislocado de una rodilla.

Continuamos hasta llegar a una pendiente aún más empinada. Era como una pared. Agarrándonos de palos y de cuanto era posible, logramos escalarla, saliendo a un camino real, donde descansamos, pero con las necesarias precauciones. Seguimos el camino hacia abajo, para llegar a un sitio en donde debíamos torcer nuevamente a la izquierda, siempre descendiendo la cuesta, a fin de caer en el río Guaymas. A media cuesta se volvió a cansar López, por lo cual ordenó Rosales un nuevo descanso. Desde ese punto se veía, frente a nosotros, otra cordillera más alta y, casi al pie de la misma, se divisaban algunas casas y descombros de milpas.

—¿Ven esas casas allá abajo? —nos preguntó Rosales.

—Sí —le dijimos.

—Pues allí viven los familiares del Veinte, que es a donde iremos a dormir.

—¿Y llegaremos? —le preguntó un compañero.

—Creo que sí —respondió.

A todo esto, faltaba mucho por llegar al río y, de ahí, había que subir otra cuesta. De nuevo nos pusimos en marcha. Cuando íbamos pasando por una parte ocotalosa[83], Benito ya no pudo caminar. Entonces le quité la mochila y les dije a los compañeros que me la pusieran sobre la mía para llevarla. Todos se quedaron admirados ante aquella demostración de resistencia, a pesar de ser yo el más viejo, pues en cada mochila iban de sesenta a ochenta libras. Pero, aun sin carga Benito, fue necesario todavía caminar despacio para esperarlo, por lo cual llegamos al río ya tiñendo la noche. A causa de ello, dispuso Rosales que en ese lugar hiciéramos dormida.

Se encendió fuego. Los encargados de la cocina prepararon la cena. Cuando ésta estuvo lista, nos llamaron a comer. Benito casi no podía moverse. Fue indispensable ayudarlo para que tomara algunos bocados. Yo también me sentía molido, pues ponerse más de ciento veinticinco libras en la vida durante una caminata como la que estábamos haciendo no era muy sabroso. Se hizo la lista de turnos, tocándome a mí y a López durante las primeras horas de la noche por el estado en que nos encontrábamos.

A las cinco de la mañana del día siguiente nos despertaron para continuar la marcha. Todos doloridos y friolentos, desmantelamos y, colocando las cosas en las mochilas, cogimos de nuevo el camino. Después de cruzar el río, comenzamos a subir la cuesta para llegar a El Aguacatal, donde vivían los familiares del Veinte y donde habíamos resuelto desayunar. Al poco rato, y cuando apenas habíamos

---

[83] Zona cubierta de muchos pinos.

caminado un trecho de la cuesta, se vuelve a desmayar Benito. A pesar de ser temprano y de encontrarse fresco el tiempo, iba bañado en sudor. Una vez más tuve que quitarle la mochila para que pudiera desplazarse con mayor facilidad.

Llegamos a El Aguacatal y, dejándonos Rosales en un filo próximo a las casas, se fue con el Veintitrés a establecer contacto con los amigos. Después de un rato bastante prolongado, regresó con dos campesinos que llevaban una jarra de café caliente para que tomáramos, mientras nos hacían el desayuno.

Los campesinos se pusieron a conversar con nosotros, diciéndonos que se encontraban enojados con los chafarotes porque habían venido por allí y les habían llevado hasta una chimba[84] que tenían.

—¿Así es que treparon hasta aquí? —les preguntó un compañero.

—Sí —respondió uno de ellos—, y nos han dejado arruinados esos hijos de puta.

Luego se refirieron a otras cosas, a los problemas que tenían en el lugar y a sus trabajos.

—Fíjense —contó uno de ellos— que hace poco el tigre nos cazó una chancha, pero se la quitamos al jodido y lo matamos.

—¿Y cómo lo mataron? —le preguntó Rosales.

—Pues a puro machete —respondió otro.

—Lo hicimos paste[85] —agregó su compañero.

Los campesinos se fueron a ver si ya estaba la comida. Al poco rato regresaron trayendo tortillas, frijoles fritos, arroz y huevos. Cuando terminamos el desayuno y nos disponíamos a reanudar la marcha, acordaron ir a dejarnos hasta la cima de la montaña. Cargaron con las mochilas de Rosales y otros camaradas hasta un lugar donde llegarían varias bestias. Al arribar éstas, las cargaron con casi todas las mochilas, menos la mía y la de otros compañeros, resolviéndose que cuando los descargados descansaran, nos ayudarían.

---

[84] Escopeta rudimentaria, fabricada por los campesinos con piezas desechadas de otras armas. Se carga con perdigones y se dispara por medio de fulminantes.

[85] "Hacer paste": frase de uso muy común en la Costa Norte de Honduras para indicar destrucción. El paste es una planta cucurbitácea que da un fruto fibroso, empleado como esponja de baño.

Pero las mulas eran bárbaras para trepar la cuesta. Al momento nos dejaron bien atrás, con el Veinticuatro, que llevaba su mochila, el Veintiséis y Benito, que iban sin carga. Rosales y los otros, como no llevaban más que sus armas, también se adelantaron.

La cuesta era enorme y muy empinada. Cerca del mediodía el sol estaba muy ardiente. A consecuencia de esto y del cansancio anterior, Benito no pudo más y se sentó. Este retraso permitió que nos alcanzaran unos cipotes que iban por la misma dirección y que, según los campesinos, no deberían vernos. Los muchachos nos saludaron y continuaron adelante.

—Si alguien me llevara la mochila, yo me pongo en el lomo a Benito —les dije a los compañeros.

—Yo se la llevo —me dijo el Veintiséis.

Así fue; le di mi mochila al Veintiséis y cargué a Benito. Este prácticamente me aplastaba, pues tenía un cuerpo de ciento cincuenta libras. Le daba unos tirones de hasta cincuenta metros y luego lo ponía en tierra para descansar. Cuando le había dado como cinco empujones de ésos y estando próximo a salir al plan, venía Rosales con otros compañeros a ver qué pasaba. Entre dos se llevaron a Benito. Mientras tanto, yo me sentía como cuando se sopla una fragua de herrería: me estaba quemando por el esfuerzo y por el calor del sol.

Llegué a una casa que estaba próxima. Allí se encontraban los demás compañeros y los campesinos esperándonos con las bestias. Todavía faltaba más de la mitad de la cuesta, por lo cual dispusimos descansar un rato. Rosales le compró unos huevos al dueño de la casa y se los dio crudos a Benito para que se recuperara. Se descargó una de las bestias y se le montó en ella. Continuamos bajo aquel sol implacable, que hacía reverberar la tierra, pues toda la zona era de terreno pelado.

Al poco rato entramos en la montaña. Benito iba alegre sobre la mula, dándoles unas grandes charlas a los campesinos.

—¡Ve, qué jodido! —expresó un compañero—. Después de que blanqueaba los ojos, ahora va discurseándoles a los campesinos. Pero ya vamos a verlo más adelante, cuando quede a pata, como nosotros.

Por todo lo ocurrido, a esta cuesta se le denominó, entre nosotros, la Cuesta de Benito. Caminando despacio, y mientras cortábamos y comíamos coquillos, llegamos hasta la cima de la montaña, por donde pasa otro camino real que viene de Morazán y va a La Florida. De este punto se regresaron los campesinos. Acordamos almorzar en ese sitio. Mientras comíamos, algunos le hicieron bromas a López en el sentido de que tenía su machito y que, montándolo, se llenaba él de fuerzas hasta para dar charlas. Ese machito, naturalmente, era yo, pues me lo había clavado en la espalda durante un buen trecho.

Continuamos la marcha por la cima de la montaña. Después de una jornada bastante larga, nos detuvimos para descansar. Allí nos dijo Rosales:

—Bueno, ahora sí: despídanse del valle, que aún puede divisarse desde aquí, porque éste es el último lugar de donde eso es posible.

En efecto, desde aquel sitio se divisaba todo el Valle de Sula; las siembras y labranzas del sector de Guaymas; las fincas de banano; la cordillera, desde La Cumbre hasta Potrerillos; así como las montañas de Progreso y las Guanchías. Por el Norte, después de una gran bajada y subida, en forma de montura, comienza la cordillera de Nombre de Dios y sigue por el Oriente, sobre La Ceiba y Yoro. En medio de todas estas cumbres se divisaba el Valle de Leán y, cruzándolo por el centro, el río del mismo nombre. ¡Era un espectáculo maravilloso todo aquello y valía la pena darle una última mirada!

Comenzamos el descenso de la gran altura donde estábamos. Después de un buen rato de marcha, llegamos a un camino, situado a mano izquierda de nosotros. Rosales lo señaló con el dedo y expresó:

—Dicen que ese camino conduce a Las Delicias, hasta salir a la carretera que va de Progreso a Tela.

Descansamos en ese lugar. Como era costumbre en esos casos, hablábamos de muchas cosas. Rosales se puso a contarnos las peripecias de la primera vez que vinieron a esos lugares y de la hambreada que pasaron al extraviarse. Señalando un filo que estaba frente a nosotros, bastante lejos, dijo:

—Por allá pasamos. Ese pico se llama Nombre de Dios. Tiene historia ese jodido.

Continuamos hablando de otros temas, mientras algunos compañeros iban a traer agua en las cantimploras. Después, Rosales comenzó a referirse a la forma de reanudar el viaje.

—No sé qué hacer —dijo—: si continuamos la marcha durante la noche o nos quedamos para mañana, pues todos están cansados, principalmente este Benito. Pero si nos esperamos hasta mañana, el problema es que debemos pasar todo el día escondidos para no dejarnos ver de la gente y eso es bastante difícil aquí.

—Pero hoy en la tarde avanzamos mucho —le indicó Hugo.

—¡Qué va! —expresó Rosales—. Todavía nos falta un buen jalón y lo peor es que debemos detenernos a esperar que oscurezca porque al solo terminar esta bajada se encuentra una casa peligrosa, por la que debemos pasar, ya que no hay medio de rodearla.

—¿Siempre por este camino? —le preguntó otro de los compañeros.

—Sí —dijo Rosales—. Todavía continuaremos por este camino durante bastante tiempo.

—¿Y hay cuestas? —preguntó uno más del grupo, con cierta ansiedad.

—No —contestó Rosales—, pero debemos cruzar como diez pasos del río. Si marchamos hoy en la noche, por la madrugada estaremos llegando a la casa del paisano del Nueve.

—¡Ah! ¿Donde Rivera? —le dije yo.

—Sí, donde él —afirmó Rosales—. Pero eso significaría una jornada de veinticuatro horas, lo cual es descompasado para algunos compañeros.

—No importa; debemos seguir —dijeron todos.

—Bueno, si están de acuerdo, nos vamos —volvió a decir Rosales— y les manifiesto que eso es lo mejor porque Aguilar ya está sabido de que vamos para allá y, mañana, después de mediodía, viene Sebastián a encontrarnos para servirnos de guía en la marcha por la noche. Si hacemos esto, pasado mañana estamos en el campamento. Si no lo hacemos, la cosa se nos complica porque ya casi se nos ha terminado la comida.

—Pues si usted lo hace, nosotros también —le dijimos todos, de nuevo.

Resuelto el problema, tornamos al camino, siempre cuesta abajo. Al llegar cerca de la casa mencionada por Rosales, nos apartamos y, rompiendo breña por un guamil, salimos a una quebrada. Allí acordamos cenar. Encendimos fuego e hicimos el acostumbrado arroz con leche. Después de comer y, cuando ya comenzaba a caer la noche, Rosales nos habló a todos, principalmente a los más cansados.

—Bueno, compañeros —dijo—. Es necesario decidir de una sola vez si continuamos hoy mismo o si esperamos hasta mañana. Esta es una cuestión voluntaria, porque no deseo obligar a nadie a hacer marchas forzadas; pero si lo decidimos, debe tomarse en cuenta que ya no podremos detenernos hasta llegar al punto de destino y eso debe ser antes de que amanezca, porque, en caso contrario, podemos ser vistos por la gente de La Florida y eso es muy peligroso.

—Nos vamos, compañero —le expresamos una vez más.

—Entonces ¡al camino! —ordenó Rosales.

Cuando estábamos alistando las mochilas y fue necesario buscar los focos para alumbrarnos, Hugo se dio cuenta de que no tenía el de él, recordando que lo había dejado en la dormida del río Guaymas. Como no todos llevábamos foco, Rosales nos organizó en grupos de hasta tres compañeros por cada uno de los que sí tenían. Esto era un problema muy serio porque la marcha se retrasaba más de lo necesario.

Partimos. Rosales, como conocedor del terreno, iba adelante. Llegamos cerca de otra casa y allí nos extraviamos. Hicimos alto, y Rosales fue a preguntarle a la gente de la casa por dónde iba el camino para La Florida. Le dieron una serie de indicaciones y continuamos. Para que no vieran los fusiles, nos colocamos éstos a lo largo del cuerpo.

Después de un buen rato de jornada, comenzó la cruzada del río. En algunos pasos, el agua nos daba hasta la cintura. Como era necesario ganar tiempo, no nos descalzábamos para pasar de un a otro lado, por lo que se nos metía arena en los zapatos y eso nos produjo a todos una pelazón de pies durante lo más peligroso de la marcha. Tomando en cuenta todos estos problemas, así como el cansancio que ya tenían muchos compañeros, Rosales continuó aplicando la medida de reposar diez minutos a cada hora de caminata.

Haciendo uno de esos descansos, mientras hablábamos en voz muy baja al pie de unos árboles, fuimos sorprendidos por dos hombres que venían a lo largo del camino. Nos dimos cuenta de su presencia cuando ya casi los teníamos encima, pues nadie pensó que a esa hora de la noche pudiera andar alguien por allí. Tomando cada quien su mochila, nos metimos a rastras en un matorral, no sin antes poner los fusiles bala en boca. Al pasar al lado de nosotros, dijo uno de ellos:

—Oí un tropel por aquí —al propio tiempo que tiró la luz de su foco sobre nosotros.

—Venados —dijo el otro.

—¡Jum... huevos, venados! —dijo el primero—. ¡Vámonos a la mierda de aquí porque nos joden!

Eso lo dijo porque, al alumbrarnos, vio que les estábamos apuntando con los fusiles. En un par de segundos se hicieron humo.

Nos levantamos del suelo y seguimos. Bastante lejos de allí, atravesamos los patios de varias casas. Era como la una de la mañana. Algunos compañeros comenzaron a sentir cansancio y dolor en los pies, a consecuencia de las peladuras, ya que no hay cosa peor para caminar que hacerlo con los zapatos mojados y, de añadidura, con arena dentro de ellos. Los más débiles eran Benito y Alvarado, aunque los demás también íbamos sintiendo, poco a poco, el agotamiento. Por esa razón, el avance era lento y penoso.

Al llegar a cierto punto algo cubierto, dispuso Rosales un descanso más prolongado. La mayoría se tiró al suelo y se durmió con la mochila de almohada, menos yo y el compañero Hugo. Al pasar el tiempo establecido, le hablamos a Rosales y seguimos. Después de un buen rato de camino, Alvarado me pidió que le ayudara con la mochila, pues ya no podía más.

—Hermano —le contesté—, hacé la fuerza, porque yo también voy que reviento a causa del esfuerzo que hice anteriormente.

Ya para amanecer, llegamos al final de esa jornada. Cuando cruzábamos unas casas bastante juntas, donde había una escuela, me dijo Rosales:

—Ahí vive tu paisano.

Sólo tuve tiempo de echar una mirada a donde me señaló, porque los perros del lugar se nos tiraban encima y era necesario espantarlos con los fusiles. Pasamos las casas y nos metimos en un monte. Allí, al pie de una gran tarrera, pasaríamos el día para continuar por la noche.

Antes de que amaneciera me dijo Rosales:

—Que te dé la metralleta el Veintiséis y vamos a la casa de tu paisano.

—Vamos, pues.

Al llegar a una puerta de aguja, como les decimos en el Sur, Rosales le habló tres veces al hombre; pero quien contestó primero fue la mujer:

—¿Qué quieren? —dijo.

—¿Está Rivera? —le preguntó Rosales.

—No, no está —respondió la voz de un hombre.

—¿Por dónde anda? —le volvió a preguntar Rosales.

—Por Tela —dijeron de adentro.

—¿Vendrá ahora? —insistió Rosales.

—Sí —le respondieron—, ahora viene, porque se fue desde ayer.

—Pues entonces —dijo otra vez aquél—, le dicen cuando venga que vino a buscarlo Rosales; él ya sabe de quién se trata.

—Está bueno.

Amaneció. Los que no tenían ninguna tarea se acostaron a dormir. Los demás se pusieron a preparar todas las cosas para hacer la comida. No sabíamos dónde encontrar agua. Tomé un cacharro y anduve buscando por los alrededores. Al fin, de tanto dar vueltas de un lado para otro, di con una pequeña quebrada. El agua era muy buena. Hicimos, una vez más, arroz con leche. Luego nos acostamos a dormir todos, excepto el turno de posta. Hacía un calor intenso y había mucho jején. Por eso era difícil dormir.

Más tarde llegó Rivera, el paisano. Este, al verme, se puso muy contento. Me dio un abrazo y me dijo:

—¿Aquí andás vos también, hombre?

—Así es —le dije.

—Pues cuánto me contento de verte.

—Yo lo mismo, paisano.

Habló privadamente con Rosales y se marchó. Mucho más tarde volvió con Sebastián, el hombre que iba a guiarnos en la caminata nocturna. Al verme éste, también me dio un abrazo con mucha alegría, pues, desde que éramos cipotes, no nos habíamos visto. Los compañeros se sorprendieron al descubrir que en todas partes salían conocidos míos. Esta vez Rivera nos trajo tortillas. Habló nuevamente con Rosales y, poco después, regresó a su casa, siempre acompañado de Sebastián.

Ya tarde regresaron de nuevo a donde nos encontrábamos. Sebastián se quedó con nosotros, esperando la noche para partir.

Hablando con éste, nos dijo que llegaríamos temprano al campamento porque había explorado un camino más corto: saliendo de su casa a las seis de la mañana, había llegado a donde estábamos más o menos a las once. Con base en todos estos cálculos, nos indicó que, aun caminando despacio, estaríamos en el campamento entre doce de la noche y una de la mañana.

—No te creás —le dijo Rosales—, toda esta gente va cansada.

—¿Y qué tan cobardes serán para caminar?

Esto lo decía porque él era terrible para tales jornadas, de modo que si el Veinte era audaz con las patas, Sebastián le decía quitá.

Llegó la noche. Rivera se despidió de nosotros y, una vez más, partimos. Íbamos prácticamente a oscuras, pues eran escasos los compañeros que tenían focos. Para evitar problemas, los que iban adelante les avisaban a los de atrás, por cordillera, la presencia de cualquier obstáculo: un hoyo, un palo, una piedra, una mata con espinas o cualquier otra cosa. Así íbamos por la montaña o los patios de las casas, las cuales era necesario pasar en completo silencio. El camino era bastante complicado, por cuya razón el guía nos paraba frecuentemente para orientarse.

Subiendo una cuesta montañosa, se desató sobre nosotros una tormenta eléctrica, con mucho viento. Hubo necesidad de detenernos y enmantelar, mientras mejoraba la situación. Además, en esas circunstancias era preciso tener mucho cuidado con las ramas que se desprendían de los árboles, algunas de las cuales eran suficientemente gruesas y pesadas como para matar a uno o varios de nosotros. Al acampar, continuamos. Pocos minutos después, llegamos a un río que pasaba por grandes despeñaderos. Con la lluvia había crecido mucho y eran chiflonadas las que corrían, bufando hacia abajo. Un palo, no muy grueso, servía de puente.

—A ver si tienen güevos de pasar por aquí —dijo Sebastián, al propio tiempo que cruzaba muy tranquilo, como si fuera por el puente de Omonita.

Les pasó la carga a todos los que mostraban temor de desbarrancarse. Algunos tuvimos miedo de pasar caminando y lo hicimos montados. Sebastián le sacó buena punta de chistes a todo esto.

Más adelante cruzamos el río Tusigua y, después, el río Sucio. A esta altura Sebastián llevaba una renegadera imparable porque íbamos muy despacio. Culpaba a Rosales, porque, sabiendo la clase de jornada que haríamos, no se preparó dándole un foco a cada hombre. Entre bajadas y subidas, cruzamos un nuevo río. Un poco más adelante, se sentaron todos los compañeros, sin esperar la orden de descanso. Sebastián se puso hecho una furia.

—Pero tomá en cuenta —le dijo Rosales—, que vos estás descansado, mientras nosotros ya tenemos cinco días de caminar, sin despegarle todo el día y toda la noche de ayer.

Rosales tenía bastante capacidad para manejar gente. Cuando oía renegar o decir cosas fuera de tono, buscaba siempre razonar con los compañeros, en vez de ponerse él también a decir groserías.

—¿Y aquí no habrá un lugar en donde podamos escondernos para pasar el día? —le preguntó a Sebastián.

—No —le dijo el guía—, y yo lo que quiero es que pasemos todavía de noche por Matarrás, a fin de llegar oscuro a donde don Polo para beber café y leche, pues este hombre es liberal y le está ayudando al grupo. Ahora bien, si tú querés que nos vea la gente de Matarrás, eso es cosa tuya; pero debés saber que al sólo llegar al campamento, me voy a la chingada, porque no pasan tres días sin que se presenten los chafas a suspenderme.

Tomando un poco de ánimo, decidimos continuar adelante. Rodeamos la aldea de Matarrás ya de madrugada. Caminando a puro tino, cruzamos unas tarreras y varios trabajaderos[86] de los campesinos de la zona. Cuando llegó el día, nos encontramos todos perdidos en un sitio al que llegamos sin saber cómo, tratando de alejarnos lo más posible del pueblo. Después de algunas observaciones, el guía se orientó y continuamos.

A cierta distancia de allí, se detuvo Sebastián y, señalando hacia el oriente, donde se veía una gran montaña, muy alejada de donde nos encontrábamos, le dijo a Rosales:

—Mirá: de aquel cerro que se mira allá, cogiendo para abajo, queda el campamento.

—Es cierto —le dijo Rosales.

---

[86] Terreno donde se encuentran las labranzas.

—Pues hay que caminar lo más rápido posible —nos apuró el guía—, antes de que vengan los campesinos a sus trabajaderos.

Seguimos en línea recta. Rompiendo breñas y cruzando milpas rodilleras[87], las cuales estaban siendo limpiadas por sus dueños, salimos a una chatera[88], donde encontramos unas matas de banano recién cortadas, las que todavía botaban leche. Medio muertos, llegamos al pie de la montaña, donde se dispuso dar un buen descanso, porque en ese lugar ya nos sentíamos con menos peligros.

Después del descanso, comenzamos a subir la montaña. Escalando y descendiendo filos, fuimos a dar hasta una gran bajada, en forma de barranco. Agarrándonos unos a otros y prendiéndonos de los bejucos como monos, nos lanzamos por aquella pendiente inmensa. Yo, queriendo darles una demostración de agilidad a los compañeros, me colgué de varios árboles, igual que Tarzán, y, unas veces caminando y otras dando saltos de hasta diez pies, llegué al fondo primero que todos.

—¡Carajo! —dijo Hugo—, este Nueve parece olingo para bajar barrancos.

Cerca estaba el río Matarrás. Allí ordenó Rosales detenernos para hacer algo de comida. Se sacudieron los costales en busca de lo poco que aún quedaba de provisión. Con unos granos de arroz y las últimas panas[89] de leche, hicimos el desayuno. El agua del río era bien helada porque viene de lo profundo de las montañas. Se batalló bastante para hacer fuego. Los encargados de la cocina estaban con los ojos llorosos por el humo. Al fin, lograron encenderlo y preparar el arroz con leche. Esa era nuestra última comida hasta llegar al campamento, donde se nos esperaba con todo listo.

Cuando dimos cuenta de nuestras escasas raciones, volvimos al camino. Rosales me ordenó marchar adelante, con Sebastián. Escalamos otra cuesta y, siguiendo por el filo de la montaña a lo largo de unos tripiquiles[90] de piedras, llegamos a un plan donde había unas pavas. Rosales trató de cazarlas, pero le fue imposible porque dichos

---

[87] Milpas cuyas plantas han alcanzado medio metro de altura.
[88] Finca de chatos, variedad de banano que se conoce también por los nombres de moroca, majoncho y butuco.
[89] Latas
[90] Montones.

animales son muy ariscos. En ese filo encontramos grandes cantidades de lancetilla, cortada por los campesinos de Matarrás para techar sus viviendas.

Así llegamos a la cumbre de la montaña que divide la cuenca del río Matarrás y la del río Mangungo, a la orilla del cual se encontraba el campamento, y que desemboca en el río Mezapa, afluente del Leán. Como yo iba adelante con Sebastián, nos detuvimos para esperar a los compañeros. Al llegar todos, se dispuso hacer un buen descanso.

Repuestas las fuerzas, seguimos adelante. Llegamos a una zona de obraje[91], la que debimos cruzar muchas veces de barriga para no dejarnos ver. En ese punto nos sorprendió una gran tormenta, con muchos rayos y truenos. Rosales dio orden de sacar los nylons para cubrirnos de la lluvia, pero sin detener la marcha, a fin de llegar con la luz del día al campamento. El filo por donde íbamos terminaba en cierto punto, y de allí era necesario descender.

Bajando la cuesta íbamos, cuando yo, al tratar de arreglarme la mochila para impedir que se mojara, escapé de caerme y pegué el hombro y el brazo derechos en un arbusto de lancetilla. Inmediatamente se me enterraron decenas de espinas, grandes y dolorosas. Hugo me extrajo una por una, haciendo uso de una gran paciencia.

Cambiando el rumbo que traíamos, tomamos por la derecha, siempre hacia abajo. Como estaba mojado y liso el terreno, lo más con las nalgas caminábamos. Por fin llegamos al fondo y, allí, perfectamente disimulado, estaba el campamento. Los compañeros nos recibieron con entusiasmo, principalmente Aguilar. Nos tenían lista la cena.

—Nosotros pensábamos que se habían perdido —dijo Aguilar.

—¿Y no mirás que todos éstos se pelaron las patas y apenas podían caminar? —le contestó Rosales.

Mientras comíamos, Rostrán y otros compañeros se pusieron a prepararnos los nylons y las hamacas para dormir. En el campamento había una gran choza, utilizada precisamente como dormitorio común. Otra choza más pequeña, construida a la orilla de la quebrada y no muy lejos de la primera, servía de cocina. Todo se encontraba

---

[91] Lugar donde laboran los campesinos.

muy bien organizado y previsto en el campamento. A Sebastián le arreglaron también dónde dormir, porque se quedó con nosotros esa noche para regresar, al otro día muy temprano, a su casa.

El día posterior a nuestra llegada nos levantamos temprano. La mañana amaneció algo fría, con la niebla bastante baja. Mientras se preparaba el desayuno, cada quien se puso a limpiar su arma. Después, cuando ya habíamos comido, se nos ordenó a los recién llegados lavar nuestras ropas y las mochilas. Mientras tanto, Rosales y Aguilar partieron para una entrevista con los campesinos. Esas fueron nuestras primeras actividades en el nuevo campamento guerrillero.

Casi de inmediato fue organizado el programa de trabajo. Una de las labores más pesadas era la de la cocina, pues se molía casi medio dron[92] de maíz diariamente para alimentar a todos los compañeros. A fin de aliviar un poco esta carga, se nombraba un ayudante de cocina en forma rotativa, de modo que todos los compañeros de la guerrilla pasaran por ese trabajo. El horario de actividades era más o menos semejante al de la otra base: desmantelamiento a las cinco de la mañana; trago a las cinco y media; limpieza de las armas a las seis; formación y ejercicios a las seis y media; trabajos a las siete. Tres días de la semana estaban destinados para lavar y bañarse en el río.

Desde el primer momento observé que Aguilar siempre estaba al cuidado de todo, principalmente de la cocina. Con este objeto no dejaba de preguntarle al cocinero sobre la situación de las provisiones, pues temía que, por descuido, quedara desabastecida. Los encargados de traer la provisión eran los campesinos, unas veces de Tela o del Diecisiete; también de las aldeas inmediatas, Mezapa y Mezapita. La leche nos la mandaba un hacendado liberal que vivía por aquella zona.

Un día después de nuestro arribo, llegó Aquilino, o sea el Veintiuno. Por supuesto, primero se presentó en el Dos, pero como nosotros ya habíamos salido, Casco lo mandó por la vía legal. Lo encontramos muy inconforme porque le quitaron el grado de sargento y se lo dieron a Benavides. Aunque eran de la misma aldea, la Cuatro de Marzo, no se llevaban muy de acuerdo. Había otros compañeros

---

[92] Dron.

de ese mismo lugar, entre ellos Rostrán y R. Velásquez, quienes le conocían al Veintiuno todas sus trastadas.

Un día de ésos nos reunieron a todos los comunistas del campamento para organizar el Partido. Se creó un Comité Regional y varias células. En el Regional quedaron: Rosales, Aguilar, el Veintiséis y Benito, siendo estos últimos los instructores políticos. Esta designación produjo algunos problemas porque el Veintiséis, como dijimos en otra parte, tenía la cabeza llena de maoísmo y a cada rato se planteaban discusiones con él sobre asuntos de carácter ideológico.

En la célula donde me pusieron a mí se encontraban: R. Velásquez, Alvarado y Benito, quien era el responsable. En las otras dos células organizadas militaban: Hugo, Benavides, Simeoncito, Rostrán, Aquilino y Zerón. Había también dos o tres círculos de estudio formados con simpatizantes del Partido.

A una de nuestras reuniones de célula se presentó Aguilar. En esa oportunidad discutiríamos el proyecto planteado en la Base No. 2 de organizar una aldea clandestina con todos los guerrilleros dispuestos a ello. En las demás células también se estaba discutiendo este asunto. Aguilar opinó sobre el mismo:

—Yo no estoy de acuerdo con esa idea porque la aplicación práctica de la misma acarreará numerosos problemas, tanto al Partido como a nosotros.

—Pero ese proyecto ya se discutió y aprobó en el Dos —le dijo un compañero.

—Además —expresó otro—, en la reunión donde se analizó este asunto se informó que aquí habían ustedes discutido el problema y que se manifestaron de acuerdo, por lo cual se nos pedía nuestro parecer.

—Mentira —dijo Aguilar—. Aquí no se ha tratado nada de eso. Los interesados en el asunto les hablaron así únicamente para obtener el apoyo de ustedes. Lo que yo propongo es una cosa más sencilla y práctica: comprar un terrenito que nos ofrecen y sembrar en él todo lo necesario para el sostenimiento de la guerrilla. Si tenemos oportunidad, podríamos también mandar a hacer una postrera en el bajo; así dispondremos de suficiente maíz para nuestras necesidades.

Todos estuvimos de acuerdo con esta idea. Por eso, al poco tiempo se compró el terreno y comenzamos a realizar los proyectos para cultivarlo, cuestión que nunca se llevó a cabo por los acontecimientos posteriores.

Un día que llegó Sebastián al campamento, me dijo:

—Saludos te manda tu cuñado, Eliseo.

—¿De veras?

—Martín y Jorge, también.

—¡Vaya, están recibidas!

—Dicen que cuándo vas a llegar por allá, a visitarlos.

—Un día, cuando me den permiso, lo haré.

Poco después, Rosales y Aguilar tuvieron una reunión con los campesinos, oportunidad que aprovecharon algunos viejos amigos para solicitar mi presencia. El cuñado, Eliseo, rápidamente hizo una carta y me la mandó con Rosales. En ella me expresaba su satisfacción, así como la de otros amigos, al saber que yo me encontraba en ese núcleo armado. Asimismo, me manifestaba el acuerdo de los campesinos con los objetivos de nuestra lucha y la disposición de todos de ayudarnos en lo que pudieran.

A la siguiente semana, encontrándonos varios lavando en el río, llegó un compañero y me dijo:

—Nueve, te llaman del campamento; ¡es rápido!

Me vestí a toda velocidad, no sin antes preguntarme cuál sería la causa de llamarme en esa forma. Cuando llegué, me dice Rosales:

—Alístate, Nueve, porque iremos a cumplir una misión. Llevate tu arma.

Le entregó su metralleta a no recuerdo qué compañero y tomó un M-1, diciéndome al mismo tiempo:

—Es que te quieren ver los campesinos.

Cuando estuvimos en el punto de reunión, al primero que encontré fue al cuñado, quien, aunque ya estaba separado de mi hermana, siempre me guardaba el mismo aprecio de antes. Me abrazó fuertemente, lo mismo que sus hermanos y los demás campesinos que estaban con ellos. En el lugar había una regular cantidad de provisión, traída por el mismo grupo para el campamento. Después del saludo, me dijo Eliseo:

—Esta semana estuve donde su mamá.

—¿Y cómo está?

—Pues bien.

—Cuánto me alegro.

Las armas que habíamos llevado eran para darles unas lecciones rápidas, por cuanto habían manifestado interés en aprender algo para incorporarse a nosotros en cualquier momento, según las circunstancias. Rosales tomó un grupo y yo otro. La enseñanza era muy simple: cargar y descargar; poner bala en boca; extraer el cartucho; y desarme de campaña. Los campesinos se mostraron encantados con aquel aprendizaje. Cuando terminamos, nos rindieron las gracias y se marcharon muy satisfechos.

Así transcurría la vida en el Tres, trabajando, bien dentro de nuestras instalaciones o con los campesinos de la región. Por ejemplo, en otra oportunidad Rosales llegó hasta donde se encontraba un grupo de nosotros y dijo:

—A ver, el Nueve, el Doce, el Catorce, el Veintisiete y el Veintiocho, se alistan para hoy por la tarde, pues se irán con el enlace a ayudarle a Chente a tapiscar una milpa. Trabajarán allí cuatro días. Va como responsable del grupo el Nueve. Mientras permanezcan en ese trabajo no deben mencionar nada de la lucha revolucionaria. ¿Entendido?

—Entendido.

El señor a donde nos mandaban era también un liberal de la zona. Durante la primera marcha, el Veinte llevó al grupo hasta su casa y el hombre los había atendido bien. Desde entonces se mantuvo en permanente colaboración con nosotros. Por eso, tratando de recompensar en algo sus servicios, nos enviaban a levantarle la cosecha de maíz. La casa estaba a la orilla del río Leán y tuvimos que caminar mucho para llegar hasta ella. Al cumplir la tarea, nos alistamos para regresar, aunque sólo cuatro de los que habíamos ido, porque al Veintisiete tuve que mandarlo antes por indisciplinado. Esperamos que llegaran a traernos, según lo habíamos acordado.

Por la tarde de ese mismo día, llegó a la casa de Chente el primer Veintidós, quien ya se había retirado del grupo, pero siempre prestaba colaboración. Poco después se presentó el enlace con dos muchachos y una señora de bastante edad. Todos eran liberales. A uno de ellos, llamado Luis, lo conocí en Finca Loro y Paujil desde cipote y después lo había visto en la Guardia Civil de Tela. Al vernos, me reconoció enseguida y me saludó con alguna amabilidad. El otro también había estado en la Guardia Civil, pero en Tegucigalpa. Ambos contaban que habían peleado en Casamata contra los chafarotes el día del golpe, o sea el 3 de octubre de 1963.

La señora era de Puerto Cortés, madre de un mentado Panchón que, según decían, estaba por aquel lado con otro grupo. Ejercía el oficio de curandera, y también se la picaba de consultar los espíritus. A consecuencia de estas prácticas, todo el mundo la designaba con el nombre de La Bruja. A estas personas las había mandado Casco desde el frente número Dos con bastantes cosas para nosotros. El enlace le pidió a Chente comida para todos, quien ordenó de inmediato que se nos preparara. Al entrar la noche, partimos para el campamento, pues llegaron por nosotros.

El enlace salió con otro compañero a traer no sé qué cosa. Mientras tanto, nosotros nos quedamos distribuyendo la carga entre todos. En eso estábamos, cuando oímos pasar un chapulín[93] por el terraplén que va para Matarrás. Al regresar el enlace, nos dijo que debíamos caminar con mucho cuidado porque acababa de pasar un grupo de militares para la aldea, los cuales probablemente no tardarían en regresar.

Partimos. Cuando llegamos al terraplén, nos paramos para atravesarlo uno por uno, en carrera. Continuamos por unos alambrados, guatales[94] y milpas, donde el camino se nos perdía a cada momento. La señora, a pesar de su edad, era espesa para caminar: en ningún momento se quedó atrás ni dio otros problemas. Durante la marcha, los dos muchachos recién incorporados sólo hablaban de ataques, de "asaltar Kilómetro 15 y otros lugares, donde los punpuneros tenían plata y se les podía joder".

—Pues nosotros —les dijo el compañero que había llegado a traernos— estamos bien, porque al solo darnos la orden de pelear, ahí tenemos al Veinte, un hombre al que siguen montones y ha peleado.

---

[93] Tractor de ruedas de goma.
[94] Monte donde abunda el guate, una gramínea que suelta cierta pelucilla muy molesta para la piel.

¡Ya van a ver esos chafarotes hijos de puta cómo es que se mata a los desarmados!

Al llegar al pie de la montaña, decidimos irnos por otro camino para no cruzar el río en los tres o cuatro pasos que nos esperaban. Ya tarde de la noche llegamos a la casa de Sebastián; éste no se encontraba, pero se levantó la señora y nos hizo café a todos. Aquí acordamos dejar a la mujer que venía con nosotros. Al principio se mostró renuente a quedarse, pero después estuvo de acuerdo, al comprometernos con ella a volver al siguiente día a traerla. Hechos estos arreglos, partimos para el campamento, a donde llegamos como a las dos de la madrugada.

Cuando amaneció, fue Aguilar con otro compañero a traer a la señora, ya que habían aprobado darle la entrada en el campamento. Un día después les fue leído el Código Guerrillero a los recién llegados: la disciplina, los deberes, los objetivos de la lucha, los castigos y lo demás. Todos aceptaron los requisitos, por lo cual fueron bautizados con los números correspondientes. A uno de los muchachos se le dio el Veintinueve; a Luis, el Treinta y Uno; y a la señora, el Treinta y Dos. A cada quien se le entregó su arma y su equipo. La señora cargaba un buen radio, y eso nos fue de una gran utilidad porque, a través de él, nos manteníamos al día con las noticias.

Pasado algún tiempo de todo esto, dispuso Rosales mandar a un grupo en misión de cacería, pues desde muchas semanas atrás no probábamos la carne. Fueron designados: el Veinticinco (Hugo); el Cien (Sebastián), quien se había dado él solo ese número por las funciones de enlace que desempeñaba, denominando con el número Cincuenta a un hijo suyo que nos traía la leche de donde don Polo; y el Nueve, o sea yo. Como responsable de la misión fue nombrado Hugo y como guía quedó Sebastián.

Se nos arregló bastimento para dos días y cada uno de nosotros puso en su mochila un saquito de sal. Sebastián se llevó su Mauser; Hugo no quiso llevar su M-1, por lo cual Aguilar le prestó su carabina. Yo cargué con mi Mauser corto, del cual todos decían que era un arma de coronel, por bonito y liviano. Se nos dio una provisión de cigarrillos a todos, menos a Sebastián, a quien le proporcionaron un puño de tabaco porque el vicio de éste era mascar.

—Si encuentran un danto[95], mátenlo —nos dijo Aguilar—, porque a todos nos gusta la carne de ese animal y, además, da para muchos días.

Sebastián llevaba todos sus perros. Iba también Tigre, un perro que se había aquerenciado en el campamento y que ya lo considerábamos nuestro. Subimos la primera falda y, al poco caminar, encontramos un tepezcuintle, pero se encuevó en un lugar tan difícil que preferimos dejarlo. Subiendo y bajando por varios filos, dejamos atrás la cuenca del río Mangungo. Luego llegamos a una quebrada, donde había un salto enorme y hermoso, frente al cual yo expresé palabras de admiración.

—Eso no es nada —dijo Sebastián—; si ustedes vieran los chorros que hay en el río Mezapa, se quedarían con la boca abierta. Tal vez vemos alguno de ellos porque vamos a pasar por el sitio donde se encuentran.

Allí decidimos almorzar. Mientras comíamos, comenzó Sebastián a contarnos varias aventuras de cacerías.

—Cierta vez —dijo—, me interné bastante en la montaña, pero no por donde hemos venido, sino por el filo real, hasta adelante de un lugar que le dicen Colchoneras. En ese lugar me llevé un susto que todavía recuerdo. Habiendo matado una jagüilla en el otro lado de la falda, sobre la aldea de Matarrás, me la puse en la espalda y decidí regresar. De repente, escuché, bastante lejos, unos gritos como de persona, pero no en un solo puesto, sino unos en un lugar y otros en otro. Al poco rato, los gritos se oían más cerca. Entonces se me pusieron los pelos de punta, sobre todo cuando vi un ser como hombre que venía apartando las parras de lancetilla con las manos, como si no tuvieran ninguna espina. En ese momento ya no resistí más: tiré la jagüilla a la chingada y rompí de huida, hasta llegar a la casa.

—¿Y qué sería esa clase de ser? —le preguntó Hugo.

—A mí me dijeron que ése es el Itacayo[96], pero lo curioso es que no sólo era uno, sino varios.

---

[95] Especie de tapir.

[96] Personaje de la mitología hondureña. Según la descripción de los campesinos, se trata de una especie de hombre de muy baja estatura, que tiene los pies invertidos y que se les aparece a los cazadores sin hacerles daño. Probablemente la leyenda ha surgido como producto de la

Después de este relato, continuamos la búsqueda de animales. A media falda de la montaña, más adelante de donde se juntan dos quebradas, encontramos las huellas de un danto. Sebastián siguió un poco el rastro, después llamó a los perros y nos dijo:

—Espérenme aquí.

Los perros se quedaron tranquilos, sin interés alguno por rastrear el animal. Sebastián penetró en el monte, siguiendo la huella, pero al poco rato regresó diciendo:

—Este animal pasó ayer; por eso no lo rastrean estos caratosos[97]. El danto es ruin para los perros. Si estuviera por aquí cerca, lo más probable es que se hubiera ido a refugiar al río y allí lo mataríamos.

Penetramos todavía más a fondo en la selva y no encontramos nada. Esto nos extrañó mucho, ya que en aquellos lugares la caza era abundante.

—Los animales se han ausentado —dijo Sebastián— porque ya pasó la cosecha de zapotes y urracos[98]. Las jagüillas, sin duda alguna, se han tirado para los bajos.

Al poco rato encontramos unas pavas. Estas se encontraban en unos árboles muy altos. Hugo les hizo algunos disparos, pero sin lograr pegarle a ninguna. Las pavas son muy ariscas con la gente, por lo cual cuesta mucho acercárseles para agarrarlas a tiro.

Continuando la búsqueda, llegamos a un filo grande, sobre el río Mezapa. De este lugar se escuchaba el bufido de uno de los chorros a que hizo referencia Sebastián. Por un claro de los árboles se podía contemplar la inmensidad de aquella selva y, a la distancia, se veía el filo real de la montaña, donde se extendía una inmensa concavidad: era la fuente del río Mezapa.

—¿Miran allá, aquella parte de la montaña que parece como humosa? —nos preguntó Sebastián.

—Sí.

---

descripción distorsionada de algún animal, entre ellos el perezoso, que, según parece, en la época de celo, tiende a erguirse en las extremidades posteriores y juntarse en grupos.

[97] Perro flaco y enfermo de carate: especie de sarna.

[98] Fruto parecido al zapote o mamey, pero muy fibroso y de semilla grande.

—Pues allí queda el chorro de que les he hablado, dos veces más alto que el que vimos. Escuchen el bufido. Lo humoso es el torbellino que se levanta a la caída del agua.

—Yo quisiera conocer ese chorro —le dije—, porque a mí no me gusta que me hagan cuentos.

—Si quieren, vamos —volvió a decir Sebastián.

—Pues vamos —dijimos todos.

Satisfacer esta curiosidad significó para nosotros un gran esfuerzo y hasta cierto sacrificio, por lo difícil y peligroso del terreno, además de la considerable distancia que debíamos recorrer. Tomamos por una pendiente muy inclinada y, al terminar de bajarla, nos encontramos con un farallón cortado a pico. Siempre impulsados por nuestra curiosidad, comenzamos a escalarlo. Agarrándonos unos a otros y aprovechando cualquier apoyo que encontrábamos en aquel paredón, logramos salir adelante, con alegría por haberlo vencido. Pero nuestro desaliento volvió cuando, un poco más adelante, nos encontramos con otro. También lo superamos haciendo grandes esfuerzos.

Sin embargo, surgió ante nosotros uno más, y peor que los anteriores. Aquí sí nos afligimos, pues no hallábamos por dónde escalar. Al fin, encontramos una inmensa roca que tenía ciertos huecos. Por allí, haciendo toda clase de equilibrios, logramos avanzar.

Al llegar arriba, dimos un suspiro de alivio, bajo la idea de que habíamos superado lo más difícil del camino, pero no fue así, porque faltaba el paredón del otro lado. Cuando estuvimos en el pie del mismo, creímos que allí fracasaría nuestro intento de ver la catarata. Sin embargo, Sebastián, dando muestras de una gran audacia, subió hasta cierta parte y amarró un bejuco de un árbol. Desde ese punto hasta el borde, la cosa fue triste: agarrándonos hasta con los dientes de todo cuanto podíamos, fuimos avanzando.

Al principio nos engañamos, porque en la pared había algunas plantas, incluso árboles, de los que pensábamos poder asegurarnos. Esto fue una ilusión, porque los tales árboles, apenas los tocaba uno con un poquito de fuerza para no rodar hacia el fondo, se arrancaban. Eso me ocurrió a mí en un determinado momento: viendo un arbolito de cierto grosor, pensé que resistiría, pero me quedé con él en una mano. Entonces grité: ¡Se fue mi vida! Sin embargo, no sé cómo, apoyé las rodillas y metí las uñas en el suelo, de modo que mantuve el equilibrio. Temblando y con el arbolito aún sobre la espalda, logré salir al filo de la montaña.

De aquí continuamos hacia abajo. Comenzábamos el descenso cuando Hugo se dio cuenta de que había dejado la cantimplora. Mientras nosotros seguimos la marcha, él se regresó a buscarla. Llegamos con Sebastián al borde del cañón abierto por el río, el que era necesario bajar para aproximarse al chorro. Dejamos las mochilas para facilitar la maniobra y, sólo con los fusiles, comenzamos a descender. Agarrándonos siempre de raíces y de cualquier saliente, logramos llegar al fondo. Ya allí, marchamos para arriba por el curso del río, hasta llegar al pie de la catarata.

¡Qué maravilla! Levanté la vista hacia el cielo y contemplé cómo, a no menos de ciento veinticinco metros de altura, se precipitaba verticalmente el río desde aquel inmenso paredón, levantado como especialmente a plomo.

Al pie del chorro gigantesco había una poza muy profunda, de color azul, en la que se miraba reventar el borbollón de la catarata. El río continúa hacia abajo por unas inmensas piedras, algunas de las cuales son huecas por debajo y ocultan el paso del agua. El rocío de la caída empapa todo el ambiente, por cuya razón las piedras se encuentran cubiertas en su totalidad por un musgo verde muy desarrollado. Contemplando todo eso, me sentí conmovido y anhelé ser escritor o poeta para escribir algo sobre aquel portento.

Llevando en los oídos el estrépito ensordecedor de la catarata, regresamos con Sebastián. Hugo se encontraba en el lugar donde habíamos dejado las mochilas.

—¿Encontró la cantimplora? —le pregunté.

—Sí; estaba allá arriba, al borde del abismo; por un pelito no se fue al fondo. ¿Llegaron hasta el chorro?

—Llegamos, y es una maravilla; únicamente viéndolo se puede valorar.

—¡Qué lástima! Sólo yo no pude ir a verlo, por esta cantimplora jodida.

Satisfecha nuestra curiosidad, tornamos a la cacería. Dimos varias vueltas por la zona, sin encontrar nada. Sintiéndonos algo cansados, acordamos detenernos un rato en un pequeño plan, arriba de la montaña. Allí nos encontrábamos cuando apareció una manada de monos, bastante grandes y sumamente bravos. Desde los árboles nos arrojaban pedazos de madera y, algunas veces, llegaban hasta dos metros de nosotros en forma amenazadora. Yo les apuntaba con el fusil y le decía a Hugo:

—¿Le jalo?

—No, hombre; no vale la pena —me decía aquél.

Continuamos hasta llegar al filo que habíamos dejado. Ya era bastante tarde. Descendiendo este filo, nos agarró la noche. Por ir rápido al lugar donde habíamos dispuesto dormir, tropecé en una raíz y me caí, con tan mala suerte que puse las manos en una parra de lancetillas y bayal, metiéndoseme una gran cantidad de espinas. Hugo, quien ya tenía experiencia conmigo en esta clase de accidentes, me las sacó todas. Por fin, llegamos al sitio y nos preparamos para calentar la comida. Hicimos una fogata. Después de cenar, cada quien colgó su hamaca y nos acostamos a dormir. Los perros nos sirvieron de centinelas, sin darles turnos, pues ellos sabían cómo hacerlo; nosotros allí éramos los jefes.

Al día siguiente continuamos la búsqueda. En una de nuestras vueltas, nos encontramos otra vez con el río, bastante abajo de la catarata. Allí había un palo atravesado: era el puente. Cuando quisimos cruzarlo, nos dimos cuenta de que estaba lleno de musgo por la humedad, lo cual lo hacía sumamente liso. Sebastián, siempre con sus audacias, se puso en cuclillas y, con el machete, fue ochavando la superficie del palo hasta quitarle aquella capa verde. Así llegó al otro lado aquel bárbaro, llamándonos para que pasáramos nosotros, pero vimos aquello tan peligroso que nos entró un gran temblor en las piernas. Preferimos pasar montados. En aquel lugar nos bañamos, porque el agua era muy clara y fresca.

Seguimos caminando por la falda, al otro lado del río, en busca de los bañaderos de las jagüillas. Al llegar a dichos sitios no encontramos nada. Decidimos, por consejo de Sebastián, ir a dos bañaderos más; después de lo cual, si no encontrábamos nada, nos regresaríamos porque ya se miraba inútil continuar la búsqueda. Así fue: ni huellas había en aquellos puntos. Enfilamos entonces la marcha hacia la casa de Sebastián. Ascendiendo y descendiendo filos, caímos en un pequeño plan y, de allí, a un cafetal de un paisano mío. Avanzando por un caminito, siempre dentro de esta propiedad, dice Sebastián:

—Miren, por aquí andan esas putas.

Y era cierto: las jagüillas habían estado allí probablemente por la mañana. De ese lugar quedaba algo cerca su casa. Llegamos como a la una de la tarde. Almorzamos y, posteriormente, nos fuimos para el campamento, con pena de haber salido de cacería y volver sin nada. Dimos el reporte y fue recibido con resignación. Sin embargo, tratando Rosales de probar suerte, salió esa misma tarde con otro compañero a un punto más o menos cercano de la montaña y, sin tardarse mucho, volvió con dos pavas.

Por ese tiempo se retiró el Veintisiete y comenzaron en serio los entrenamientos. Primero se practicaba el tiro teórico y, después, el tiro práctico. Este lo hacíamos a larga distancia del campamento, a orillas del río, para que no se escucharan las detonaciones de los fusiles. En una planada cercana al lugar donde nos encontrábamos, se había hecho una pista de entrenamiento donde se realizaban toda clase de ejercicios. Benavides y Luis, el recién llegado, eran los instructores.

Además, constantemente hacíamos otros ajetreos: marchas, planes de ataque, defensa de la marcha, emboscadas, rompimiento del contacto, rompimiento del cerco, defensa contra ataques de la aviación, ingeniería de combate, preparación de bombas caseras, limpieza de campos minados, liquidación de centinelas y otras cuestiones más de la lucha guerrillera. Para todas estas prácticas se nombraba un responsable por turnos, a fin de que toda la guerrilla tuviera experiencias de mando. Al final de cada una de ellas se hacía una evaluación para analizar los errores cometidos.

Alrededor de la champa se construyó un muro para hacer una mejor defensa en caso de ataque. Asimismo, se hizo una zanja de salida para poder escapar si era necesario.

A esta altura de encontrarme en el nuevo campamento, ocurrió un hecho grave: el complot de un grupo de compañeros. Ocurrió de la siguiente manera. Un día, después del desayuno, dijo Aguilar:

—El Siete, el Catorce, el Dieciséis, el Diecisiete, el Veintiuno, el Veintiocho y el Treinta y Uno, desocupen las mochilas y se van a traer una provisión que tienen lista los campesinos.

—El Nueve, el Dieciocho, el Veinticuatro, el Veintitrés y el Veintinueve —dijo Rosales— se preparan porque vamos a trabajar. Los demás se quedan aquí con sus turnos.

Salió el grupo encargado de traer los víveres. Por el camino, el Catorce y el Veintiocho se retrasaron y, al llegar a donde estaban los artículos, encontraron a los hermanos Paz, a Zerón, a Aquilino y a Luis en un conciliábulo. Al Veintiocho, o sea El Niño, como no le tenían confianza por ser sobrino de Hugo, no le participaron nada. Éste, al solo llegar, tomó su carga y rápidamente volvió al campamento. Entonces, dijo José Paz:

—Ve, hombre, aquí está el Catorce, que también puede ir con nosotros. ¿Verdad, Melindo?

—¿Y de qué se trata? —preguntó éste.

—Pues, es que estamos arreglando un plan —dijo Aquilino—: llevarnos las mejores armas, como decir: la máquina de Rosales; las dos carabinas, la de Aguilar y la de Benavides; y los dos M-1. Con esas armas nosotros hacemos cagadales, micos y pericos. De todos modos estos hijos de puta no quieren pelear. Nosotros les vamos a probar para qué se quieren las armas.

—Estos lo que están haciendo —dijo uno de los Paz— es engañando tontos para que los mantengan sin hacer nada. Además, todos son unos comunistas.

—Pues mirá —volvió a decir Aquilino—, no seás tonto. Con esas armas vamos a cierta parte a joder un cachureco que tiene mil lempiras; después pasamos a otro lugar donde hay otros hijos de puta. Uno de ellos tiene tres mil lempiras y el otro como mil quinientos. Todo ese dinero lo repartimos y vos, ya con unos mil quinientos lempiras o más, si no querés seguir con nosotros, te vas para tu pueblo, o para donde te parezca, pero llevás un principio para trabajar.

—Pues, hombre, ni cosa mejor —les dijo el Catorce.

—¿Verdá que te dije? ¡No me equivoqué cuando supuse que éste iba a estar con nosotros!

—Pues de aquí en adelante yo voy a ser el jefe de ustedes —dijo José Paz—, y cuando vayamos a una acción, yo me quedaré parapetado con la máquina y ustedes rompen y entran.

—No jodás —le manifestó Aquilino—, el jefe que ande conmigo tiene que ir adelante y, si no, yo lo hago que ajunte güevos.

—Pues está bueno —expresó José Paz—, si yo también soy muy vergón. ¿Y qué creen ustedes?

—Pues entonces así quedamos —volvió a decirle Aquilino al Catorce—. Pero esto no hay que decírselo a nadie. Hoy, a las doce de la noche, me toca el turno a mí. Muy quedo, cuando ellos estén dormidos, agarramos las armas y nos vamos a la chingada.

—Bueno, pues, así quedamos.

El Catorce, al cargar su mochila, tomó el camino adelante, mientras los demás se quedaron todavía arreglando los planes. Al llegar al campamento, le informó a Aguilar todo lo que le habían dicho los complotistas. Aguilar le comunicó el asunto a Rosales y, entre ambos, planearon cómo hacerle frente a la situación.

Por la tarde salieron ambos, y uno de los compañeros, cumpliendo instrucciones, manifestó lo siguiente ante todos los demás, incluyendo, naturalmente, a los complicados en la conjura:

—Ve, allá van aquéllos a minar todas las entradas y salidas del campamento porque como que han recibido informes de que vienen los chafas.

—Pero eso está malo —expresó José Paz—, porque si hacen tal cosa deberían avisarnos a todos, porque si no, podemos fracasar los mismos.

—Ah, y el que salga sin permiso, ¡ay de él! —volvió a decir el compañero que inició la plática.

Poco después llegó Aguilar y, para entretenernos a todos, hizo el mapa de un cuartel y nos dijo:

—Quiero que me digan cómo harían para atacar este cuartel. Estudien el asunto y, cuando regrese dentro de un rato, me dan el resultado.

Se fue a donde se encontraba Rosales, quien le dijo:

—No hallo cómo desarmar a estos jodidos.

—Ah —le manifestó Aguilar—, ¡eso déjámelo a mí! No te preocupés.

En el grupo donde se analizaba el problema del cuartel, comenzó a desarrollarse una gran discusión. Unos opinaban de un modo y otros de otro, en lo que se refiere a la mejor forma de atacar y tomarse el cuartel. En eso estaban cuando se levantó José Paz y dijo:

—¡Son papadas esos mapas y esas tácticas! Contra los militares lo que se quiere es arriarles verga.

—¡Güevos, Tula! —le dijo Benavides—, andá con esas babosadas y te la van a arriar ellos a vos.

Todos se rieron de la salida del compañero. Entonces José Paz se retiró unos pasos del grupo y, terciándose el M-1, dijo, ya en plan de provocación:

—Bueno, díganme la verdad: ¿ustedes son liberales o cachurecos[99], hijos de puta? Desde hoy en adelante no me voy a dejar zoquetear de ningún pisado de ustedes.

Rosales y Aguilar estaban en la cocina. Quedándose el primero allí, el segundo se encaminó apresuradamente hacia donde estábamos nosotros, diciendo:

—¿Qué pasa, compañeros?

—Nada —dijo Paz—, que estos chingados creen que yo soy juguete de ellos.

—Dejen eso, compañeros —volvió a decir Aguilar, al propio tiempo que ordenaba, con alguna amabilidad, pero con firmeza—: ¡Dejen sus armas allí y van a formar!

A mí me extrañó aquello, lo mismo que a los demás, pues no nos dábamos cuenta de nada. Todos pusimos las armas en el lugar donde había indicado Aguilar, menos José Paz, quien expresó:

—Yo no pongo mi arma.

—Póngala —le repitió Aguilar—, es una orden superior.

—Bueno —dijo Paz de nuevo—, quiero que me sean francos: díganme si es que me quieren hacer algo o no; si es lo segundo, no hay problema; pero si se trata de lo primero, entonces mejor me hago morir.

En el semblante se le miraba la intención de bajarse el arma y montarla. Pero en ese momento llegó Rosales, con la máquina ya lista, sólo de jalarle. Esto hizo detenerse a Paz en sus propósitos. Mientras tanto, Aguilar le decía:

---

[99] Cachureco: nombre despectivo con que se designa a los afiliados al Partido Nacional o conservador de Honduras. Se supone que la palabra tuvo su origen en la lucha de los terratenientes feudales contra la revolución democrático-burguesa de Francisco Morazán (1829–1842). Los contrarrevolucionarios eran encabezados por Rafael Carrera, quien empleaba un cuerno (cacho en Honduras) para llamar a sus mesnadas. De ahí el apodo de los seguidores actuales del conservatismo.

—No pasa nada, compañero; no pasa nada. Aquí no se le hace nada a nadie.

—Poné el arma donde te dicen, hombre; no seás tonto —le dijo el otro hermano a José.

Éste dio la vuelta y fue a colocar su fusil en su propia hamaca, donde tenía cuatrocientos tiros. Hecho esto, regresó a la formación, todo pálido. Habíamos formado en dos filas. Aguilar, entonces, parado ante nosotros, ordenó con voz fuerte, de mando:

—¡Vayan el Dieciocho y el Veinticinco a descargar esas armas! ¡El Nueve y el Veintiocho, registren a toda esa gente, una fila cada uno!

Nosotros cumplimos inmediatamente la orden. Lo mismo el Dieciocho y el Veinticinco. Estos ya sabían de lo que se trataba. Por eso, al llegar a donde estaban todas las armas, cada uno de ellos agarró la suya. Después se fueron a la hamaca de José Paz y trajeron su fusil a donde estaban todos los demás.

Posteriormente, Aguilar, con lágrimas en los ojos, se dirigió a la guerrilla de la siguiente manera:

—Yo no sé qué pasa con algunos compañeros que obran mal contra el movimiento y contra ellos mismos. Yo quisiera que alguien diga aquí si nosotros, los jefes, hemos sido malos con todos o con uno solo de ustedes. ¿Qué es lo que les hemos hecho a ustedes para que conspiren contra nosotros? Debo informarles a los compañeros que todavía no lo saben y que se han de sentir extrañados por lo que ha ocurrido hace unos momentos, que un grupo muy reducido tenía preparado un complot para esta noche, encaminado a robarse las mejores armas del núcleo guerrillero para ir a cometer fechorías a otras partes. ¿Qué castigo creen ustedes que se merecen quienes han actuado de esa manera?

—Ya nos van a fusilar estos jodidos —le expresó Aquilino al Treinta y Uno.

—¡Los que están en el complot, un paso al frente! —ordenó Rosales, con una voz de trueno.

Salieron: el Siete, el Dieciséis, el Diecisiete, el Veintiuno, el Veintinueve, el Treinta y Uno y el Catorce; este último, por disimular.

—¡Tienen la palabra para justificar su conducta! —volvió a decir Rosales.

Habló José Paz. Dijo que ellos no eran contrarios al movimiento ni a nadie. Que, si bien habían pensado robarse las armas, era sólo para llevar a cabo una misión y que luego las devolverían. Después habló Aquilino. Señaló que por amor a la causa había perdido todo lo que tenía, incluso un hijo. En seguida, no sabiendo qué otras cosas decir, manifestó que por bruto estaba metido entre nosotros, ya que él tenía buenas palancas en el Partido Nacional y en el Ejército.

El Siete señaló que él no tenía queja de nadie. Únicamente con Casco se sentía un poco molesto porque no le dijo que venía castigado para este frente. Expresó, además, que él no era enemigo de la causa y que más bien estaba dispuesto a dar la vida en la lucha, por lo cual pedía que, si llegaba el momento de chocar con el enemigo, le dieran aunque fuera un leño para combatir al lado de todos. Los demás también se justificaron en igual o parecida forma.

Se resolvió expulsar inmediatamente del núcleo guerrillero a todos los conspiradores. Aguilar le entregó a cada uno la cantidad de cinco lempiras para que se condujeran al sitio de su preferencia. A los hermanos Paz se les devolvieron sus fusiles 22, ya que dichos compañeros eran adelitados y continuarían huyendo por las montañas. José Paz se puso a llorar cuando le tocó despedirse de nosotros. Por la noche partieron, quedándose a dormir en la casa de Sebastián.

Al pasar al día siguiente por las bases campesinas, se dedicaron a desprestigiar a la guerrilla, diciendo que éramos unos bandidos, cuyo único interés era explotar a los campesinos. A los liberales les pidieron que no nos prestaran su colaboración porque nosotros no éramos de su partido, sino comunistas. Esto se lo manifestaron principalmente a don Polo, quien nos mandaba diariamente la leche.

La mayoría de la gente no entendió aquel problema. Fue necesario dar prolongadas explicaciones sobre el asunto para desvanecer algunas de las dudas generadas por la propaganda de los complotados. Pero, si esto fue duro, lo más serio vino después del día de su partida, ya que nos vimos obligados a redoblar la vigilancia en el campamento, ante la posibilidad de una delación. A los enlaces, a los campesinos y a todo el mundo se le pidió comunicar inmediatamente cualquier información sobre los movimientos de los cuerpos de ejército situados en las poblaciones más cercanas, así como todo lo que supieran acerca de los expulsados.

Varias semanas después llegó hasta donde nosotros un grupo de campesinos a darnos una información de interés. Resulta que habían ido al presidio de Tela a visitar a un pariente detenido allí por ciertos delitos de menor importancia. Durante esa visita vieron a los hermanos Paz hechos unos Cristos por las torturas que les habían aplicado. De una manera disimulada, preguntaron la causa de su detención y les informaron que habían cometido un asalto en un lugar próximo, habiendo sido capturados en casa de otro hermano.

Esto indicaba una cosa bien sencilla: los hermanos Paz llevaron a la práctica el proyecto urdido con otros compañeros en el campamento. Por eso redoblamos todavía más la vigilancia en toda la zona.

Poco tiempo después se recibieron datos sobre movimientos del ejército en varias poblaciones, principalmente en San Pedro Sula y Tela. Después nos dimos cuenta de la salida de un contingente bastante numeroso desde Tela hacia las montañas. Esto nos alarmó mucho, por lo cual tomamos algunas medidas de urgencia. Recogimos las provisiones excedentes y las trasladamos a un sitio de difícil acceso. Además, revisamos todas las armas y las municiones de que disponíamos.

No pasó mucho tiempo cuando se nos informó que el ejército estaba en Kilómetro 17. Luego que había llegado a Mezapa y Mezapita. El día que nos informaron esto, encontrándome yo de posta, pasó por el campamento el cipote de Sebastián y me dijo:

—Póngase águila porque ahí vienen.

—¿De veras?

—Sí; ya le digo.

Un poco más tarde escuché un rafagazo de ametralladora muy lejos del campamento. A las ocho de la mañana me tocaba entregar la guardia. Llegó Hugo a relevarme y le informé sobre lo que había oído. Este me comunicó que en el campamento se estaba preparando todo el mundo para alejarse del puesto, lo cual pude comprobar cuando llegué.

No se hizo desayuno. Cuando estuvimos ya listos, alguien fue a llamar a Hugo y partimos, saliendo por la pista de entrenamiento. Primero subimos por una falda bastante empinada, hasta llegar al filo real de la montaña. Allí, en un puesto bastante protegido, desde el cual se dominaba todo, nos atrincheramos, colocando dos postas hacia el lado de arriba y dos hacia el lado de abajo, como a cincuenta metros de donde nos encontrábamos.

Aproximadamente a las diez de la mañana, se nos acercó Rosales y dijo:

—Nueve y Veintitrés, vayan a traer la valija de medicinas y le dan un vistazo al campamento para ver si hay algo.

Partimos. Cuando llegamos a la pista de entrenamiento, decidimos avanzar de arrastras, hasta llegar lo más cerca posible del campamento. Observamos bien y no vimos nada anormal.

A mediodía se vino una lluvia torrencial. Tendimos un solo nylon y, bajo de él, colocamos todas las mochilas para que no se nos mojaran. Ya bastante tarde, como a las cuatro, dice Aguilar:

—Nueve y Veinticinco, vayan con el Cien a la casa de él para ver qué informes se obtienen. Tomen algunas precauciones al llegar a la casa.

Salimos. Cuando habíamos caminado unos cincuenta metros de donde estaban las postas, encontramos las huellas de la tropa que había subido por el filo donde nos encontrábamos atrincherados. De allí continuaron hacia abajo, hasta llegar al sitio donde se colocaba el centinela del campamento. Eso demostraba que con el ejército venía alguien que conocía perfectamente la disposición de nuestras defensas.

Al encontrar esto, nos regresamos para darles cuenta del asunto a nuestros jefes. Estos volvieron con nosotros para examinar por sí mismos aquellos rastros. Se comprobó lo afirmado por nosotros, así como el posible regreso del ejército. Volvimos a donde estaban los compañeros y decidimos alejarnos todavía más, filo arriba. Emprendimos la marcha aceleradamente. Con nosotros iba la Treinta y Dos, a la cual le dimos por arma una escopeta. Iba también un campesino recién incorporado, de nombre Chabelo, pero a quien llamábamos Goascorán, por ser de ese lugar. Caminamos hasta entrar la noche.

Nos apartamos del filo y acordamos enmantelar allí para dormir. Preparándonos estábamos cuando se vino una gran tormenta. Pasada ésta, y con grandes dificultades, el Seis preparó un poco de comida, que fue desayuno, almuerzo y cena para todos. Mientras comíamos, escuchamos varios disparos de fusil a lo lejos. Supimos después que eran señales de soldados que se habían perdido en la oscuridad.

Al siguiente día, muy de mañana, emprendimos la marcha. Abandonamos el filo y, faldeando varias montañas, llegamos hasta el río Mangungo, bastante arriba, el cual cruzamos. Continuando un poco más adelante, encontramos un lugar adecuado para campamento. Allí nos detuvimos. Se preparó la cocina, se vieron las defensas y se analizaron las escapadas. Algunos compañeros fueron designados para ir a traer provisiones al depósito de excedentes. Por supuesto, este campamento era provisional, ya que lo importante era encontrar un sitio mejor para continuar los entrenamientos lo más rápido posible, pues las cosas se estaban poniendo apretadas.

Temprano del otro día llegaron hasta donde estábamos los primeros Dieciocho y Veintidós, es decir, los que se habían ido del núcleo, aunque siempre colaboraban. Estos informaron que habían subido unos doscientos chafas a la montaña, aunque sin molestar a nadie, llevándose sólo a un campesino. Dijeron, asimismo, que traían a los hermanos Paz bien amarrados para utilizarlos como guías. Entonces comprobamos por qué los movimientos del ejército fueron tan precisos y exactos al aproximarse al campamento.

También recibimos noticias de que la esposa de Rosales venía con el Veintiocho, a quien se le había mandado a una comisión al frente dirigido por Casco. Rosales y otros camaradas salieron para ver si la encontraban. Mientras tanto, el Veintitrés, el Veinticinco, yo y el Cien fuimos despachados a la casa de este último para ver cómo estaba su familia y, de regreso, traernos todo lo que había quedado en el campamento.

Marchamos a la casa del Cien. Este, con el Veintitrés, se aproximaron a ella y entraron, quedándome escondido con el Veinticinco. Al poco rato nos trajeron unas tortillas y guineos maduros, retornando ellos a la casa. A comernos aquello íbamos cuando escuchamos una platiquita por el camino real. Me arrastré para ver de qué se trataba y vi a la compañera Licha con El Niño. Les silbé para no dejarlos pasar más adelante.

—¡Hola, compa! —me dijo Licha, muy alegre, y corrió a abrazarme.

Al poco rato llegó Rosales y ambos se abrazaron con gran alegría. Partimos todos hacia el lugar donde nos encontrábamos. Al pasar por el campamento, recogimos algunas cosas de utilidad y comenzamos a escalar la montaña. Al hacer algunos descansos, Licha y El Niño nos informaron lo que les pasó dos días antes, por la noche, cuando venían para reunirse con nosotros. Resulta que, allá en el bajo, los sintieron pasar los soldados y comenzaron a seguirlos con grandes focos. Ellos aceleraron el paso para no dejarse alcanzar, pero esto se volvió casi imposible, por cuya razón, cuando ya los llevaban cerca, se apartaron del camino para esconderse en un monte.

Al no encontrarlos, el grupo de chafas regresó. Entonces continuaron ellos la marcha, pero se perdieron, por cuya razón les fue necesario dormir en el monte. Al amanecer encontraron el camino de nuevo, cerciorándose de que ya habían pasado los militares, a muy tempranas horas de la mañana. Cerca de la casa de Sebastián, se dieron cuenta de que ya venían de regreso, por lo cual se agazaparon en una burra[100] de monte, hasta que pasaran todos.

Continuamos el camino en busca de los compañeros. Como no servían los focos, nos vimos obligados a marchar a oscuras, por lo que nos extraviamos, tomando otro filo de montaña. De esto nos dimos cuenta al encontrar un paredón inmenso, el que nos costó mucho subir. Al llegar a la cima, uno de los compañeros dio un grito para ver si nos escuchaban del nuevo campamento. La respuesta fue casi inmediata, pero mucho más abajo de donde estábamos. Retrocedimos, aunque al poco rato llegó Aguilar con otro compañero a encontrarnos.

Al amanecer se presentaron dos campesinos: un hermano de Sebastián y un sobrino mío. Estos dijeron que los chafas iban locos, dándole gracias a Dios por no haberse encontrado con nosotros, pues decían que éramos más de doscientos y que teníamos hasta pista de aterrizaje. Por la tarde regresaron a sus casas con un grupo designado para ir a traer más provisiones de nuestro depósito. Al día siguiente volvieron a llegar, trayéndome el sobrino unos cigarros y un lempira. Con ellos salió, asimismo, otro grupo para traer el último excedente que había quedado.

---

[100] Porción de monte, rodeada de partes limpias.

Desde ese momento nos dedicamos a buscar un sitio con mejores condiciones para establecernos. Unas veces salía Sebastián con varios compañeros; otras lo hacía yo; pero no encontrábamos nada que nos pareciera del todo conveniente. En esto estábamos cuando un día comprobamos que se había secado el agua de aquel lugar. Ante esta eventualidad, ya no esperamos más tiempo: arreglamos todo y partimos en busca de un sitio adecuado. Caminamos casi todo el día. Bastante lejos, encontramos una pequeña planada en medio de la montaña, que reunía algunas ventajas, pero que no estaba buena del todo para nuestro propósito. Allí nos quedamos como tres días, mientras llevábamos el excedente dejado en el sitio anterior.

Al mismo tiempo, Aguilar y Sebastián exploraron los terrenos próximos, hasta encontrar un lugar propicio para todo, el cual quedaba unos treinta kilómetros en línea recta del primer campamento, o sea el descubierto por el ejército. Allí nos trasladamos.

Lo primero que hicimos en el nuevo sitio fue reiniciar el entrenamiento, hasta concluir, más o menos, el programa previsto. Aquí fue necesario racionar la comida, pues carecíamos de dinero y nos encontrábamos incomunicados con San Pedro y con el Dos, de cuya suerte tampoco sabíamos nada. El enlace ya no podía viajar como antes porque había sido fichado por los orejas del camino, además de encontrarse enfermo, con una llaga en un pie. Este mal lo padecían varios compañeros y era consecuencia de la picada de un insecto. Uno de los que peor se encontraba era Hugo, pues tenía la llaga en la cabeza, a un lado de la oreja, lo que le producía mucho dolor.

Buscando a quién mandar a San Pedro, dimos con Martín, un hermano de mi cuñado. Se le planteó el asunto y estuvo de acuerdo. Dándole los contactos y las direcciones, partió. A los tres días estaba de vuelta, sin problemas. Nos llevó dinero y una respuesta al informe enviado por Rosales. La Dirección Nacional del Partido nos felicitaba por haber burlado al ejército. Debo decir que, mientras no contábamos con ese dinero, la Treinta y Dos nos prestaba de lo que tenía.

Como no nos era posible comprar carne en esos días y nuestras provisiones eran escasas, Aguilar y Sebastián dispusieron cierta vez salir de cacería. Yo también iba a formar parte del grupo, pero en esa misma oportunidad teníamos la reunión de la célula del Partido y me fue imposible ir. Se fueron muy temprano de la mañana y regresaron ya entrada la tarde, bajo una lluvia torrencial. Lo que traían era un mono del tamaño de un niño de tres o cuatro años. De inmediato se hizo un fogón para sollamarlo[101] y quitarle el pelo, como se hace con los cerdos. Todo este trabajo lo hizo Sebastián, pues él era el experto en el destazo de toda clase de animales.

Cuando ya no tenía ni un solo pelo y le cortaron la cola, me dio a mí una impresión desagradable, pues no tenía mucha diferencia con un niño. Volví la cara para el monte, no haciendo ascos, sino con el corazón comprimido. Los demás compañeros, en cambio, estaban muy tranquilos. Licha, para el caso, apenas vio que comenzaron a rasparle el pelo al animal, corrió a hervir el agua y a sacarle filo a los cuchillos en una piedra. Pero lo más duro para mí fue cuando comenzaron a descuartizarlo y ver cómo cortaban aquellos brazos y aquellas piernas tan parecidas a las de un niño. Haciéndome el disimulado, me aparté un poco del lugar en espera de que terminaran la faena.

Ya bastante tarde, gritó Licha:

—¡Platos! ¡Platos!

—¿Y usted no va a comer? —me dijo cuando me vio que sólo era vueltecitas.

—No —le contesté.

—¡Ah, pues no podés ser guerrillero vos! —me dijo Aguilar, quien había oído mi respuesta.

—Si es que este compa —dijo otro— parece que está acostumbrado sólo a las chuletas de cerdo.

—Cuando ustedes regresen a sus casas —les dije yo— van a peligrar sus hijos por lo que están haciendo ahora.

Todos se echaron a reír. Pero luego, mientras se despachaban el mono, comenzamos a ponerle atención al relato que nos hacían Aguilar y Sebastián. Resulta que éstos habían llegado temblando de la cacería porque se encontraron con un barbamarilla[102] tan grande como nunca en su vida habían visto. Aguilar le hizo un tiro a cierta

---

[101] Quemar superficialmente la piel de los animales para pelarlos.
[102] Víbora muy venenosa, parecida al cascabel. Abunda mucho en la Costa Norte de Honduras. Se caracteriza por su agresividad.

distancia con la carabina, pero la serpiente, al sentirse tocada, dio un salto tremendo y se prendió del fusil de Sebastián. Este se lo soltó y corrió lejos, quedando aquella fiera dándole mordidas al rifle en el suelo. Aguilar, entonces, le hizo otros disparos y la acabó de matar. Después de ese accidente fue que mataron el mono. Al caer el animal, toda la bandada los estuvo siguiendo, pero ellos los alejaban con gritos y palos.

Otro día, muy temprano de la mañana, llegaron unas pavas al campamento. Rosales y Benavides, disparándoles con las carabinas, mataron tres. Otra se fue herida, pero Tigre la persiguió y, poco después, la traía en el hocico. Esa carne sí me gustaba mucho.

Cuando nos reuníamos en la célula, el encargado de darnos el informe sobre las cosas de mayor importancia era el Dieciocho, pues él formaba parte del Comité Regional. Cierta vez nos comunicó que a la compañera Treinta y Dos se le estaba buscando la forma de sacarla de la guerrilla, porque, aunque ella era buena, un hijo suyo, conocido como Panchón, entregó al grupo guerrillero donde se encontraba, recibiendo por esa infamia cierta cantidad de lempiras. Según nos informó el Dieciocho, ella no sabía de este asunto, por lo cual era necesario mantener discreción.

Cierta mañana, bastante temprano, escuchamos el escándalo que hacían unas pavas, algo distante del campamento.

—Algo han visto esas pavas —dijo un compañero—, por eso están haciendo mucha bulla.

Al poco rato se oyeron unos silbidos.

—Ese que silba se parece a mi hermano Modesto —dijo Sebastián.

Salió con otro compañero a ver quién era y, efectivamente, se trataba de Modesto, quien, desde un día antes, andaba buscándonos para incorporarse a la guerrilla. Lo saludaron todos y, al verme, corrió a darme un fuerte abrazo, ya que desde hacía varios años no nos veíamos. Este nos informó que, al poco tiempo del primer ascenso, los chafarotes volvieron e incendiaron la casa de Sebastián, prohibiendo terminantemente la entrada de los campesinos en aquella zona.

Un día de ésos me puse a cambiar impresiones con Aguilar sobre diversos asuntos relacionados con el movimiento revolucionario.

Pasando de un tema a otro, llegamos a referirnos a la situación del pueblo hondureño. Entonces Aguilar me manifestó que, cuando estuvo en México, el licenciado Palencia le expresó que, a su juicio, en Honduras no existían condiciones suficientemente maduras para el triunfo de la revolución.

—¡Ah, sí! —le dije.

—Sí, hombre —volvió a decirme.

—Pues ese es un problema serio.

—Sí lo es. Por eso yo, si no resulta nada de todo esto, para allá pienso irme, porque, como tú sabes, en Honduras no puedo quedarme.

—A propósito —le manifesté—, Aguirre me dijo, durante una plática que tuve con él en Tela, lo difícil que es desarrollar el movimiento armado.

—¿De veras?

—Sí.

—Eso es cierto. En cuanto a Aguirre, debo manifestarte que pronto lo vas a ver.

Esto me lo decía porque ya se estaban haciendo los preparativos para una conferencia en el otro frente, con un miembro de la Dirección Nacional del Partido, el que, según resultó después, era el propio Aguirre.

Una medida que se tomó, después de lo informado por Modesto, fue llevar a la esposa de Sebastián y a sus hijos a un lugar seguro, por cuenta del movimiento. También se mandó con ella al cipote que nos traía la leche. Este no se quería ir porque ya estaba familiarizado con nosotros. Aguilar dio recomendaciones especiales en cuanto a la atención de dicha familia, sobre todo la señora, que estaba próxima a dar a luz.

Las cosas continuaron poniéndose difíciles en el campamento, principalmente con la provisión. Cierto día salió Aguilar con cinco más a comprar víveres a donde el campesino que siempre nos vendía. Cuando le hicieron los pedidos correspondientes, éste se negó a venderlos porque lo tenían vigilado y ya lo acusaban de ser el abastecedor de la guerrilla. Con muchos ruegos, lograron sacarle unas pocas cosas.

Al día siguiente fue Rosales con otros compañeros a tratar de comprar más provisiones, ya que se había decidido marchar hacia el otro frente y, para eso, se necesitaban muchas provisiones. Al salir Rosales a cumplir esta actividad, nos quedamos conversando con Aguilar, quien me dijo:

—¿Te has fijado en Rosales, que desde la llegada de su mujer se desatiende de sus responsabilidades?

—Sí me he fijado, pero yo prefiero guardar silencio ante esos hechos.

—Tenés razón, aunque eso no mejora las cosas. Fijate que ahora quería que yo fuera otra vez a buscar víveres. A mí me calentó esa actitud y le dije: "No jodás, ahora te toca a vos". Por eso es que fue, aunque un poco a la fuerza, porque él sabe bien que es perro venir cargado desde allá, por la distancia y lo difícil del terreno.

El caso de la Treinta y Dos no mejoraba. Resulta que esta señora no contribuía en el trabajo diario del grupo: ni en la cocina ni en lavar un trapo, aunque sí andaba con remilgos en el campamento. Naturalmente, todos le teníamos respeto y nadie le hizo caso. Primero no se despegaba de los jefes, tratando con mucha confianza a Rosales, a quien ya no lo llamaba por su nombre completo, sino que le decía Rosi; después, como a éste le llegó la mujer, el pegamiento fue con Aguilar; y, como también aquí fracasó en su propósito, pasó a arrimársele a Hugo. Así se pasaba el tiempo y lo único que le gustaba hacer era inyectar.

El Diecinueve se puso muy mal de la llaga que tenía en el pie. Este era el enlace y, por encontrarse enfermo, teníamos dificultades de comunicación. Considerando la proximidad de la marcha hacia el Dos, en una jornada realmente difícil y puesto que dicho compañero no podía caminar, se resolvió sacarlo hacia San Pedro por la vía legal, tanto para que se curara, como para no tenerlo nosotros como una impedimenta. Se le ayudó a salir hasta La Ceiba y de allí se fue en avión.

Con el Diecinueve, se mandó a la Treinta y Dos hasta cierta parte, de donde la recogería otro compañero para llevarla hasta su lugar. Ella no quería irse, pero se le mandó porque era imposible que resistiera la marcha que nos esperaba. Como muestra de amor al movimiento, regaló su radio, un aparato muy bueno, de varias bandas.

Uno de los que más se destacó en el entrenamiento fue el Veintitrés. Por eso, de cabo fue ascendido a sargento. Nosotros lo felicitamos con mucho entusiasmo, pero a él se le subió el humo a la cabeza. Ya se creía un general y, por ello, comenzó a ser muy duro con todos, principalmente con Hugo, El Niño y yo, a quienes siempre buscaba motivos para ponernos algún castigo. Nosotros, naturalmente, no dábamos lugar a eso porque éramos disciplinados.

Pero una mañana, en la hora del desayuno, habiendo yo terminado de comer primero que los demás, me fui a desarmar y limpiar mi fusil para tenerlo listo antes de la inspección de armas. En eso estaba cuando el Veintitrés dio la orden de formar, aun cuando no se había terminado el desayuno, de tal manera que, masticando, llegó la mayoría de los compañeros a la fila. Entonces yo me vi obligado a correr con el pedazal de hierro en las manos. Todos se me quedaron mirando y estaban a punto de estallar en carcajadas, pero no lo hicieron porque estaba prohibido hablar o reír en formación.

El Veintitrés nos puso firmes y nos entregó a Rosales, quien comenzó a revisar las armas. Al llegar a donde mí, dijo:

—¡Vaya, éste sí que salió mejor: sólo tucos[103] de fusil tiene!

Yo me resentí mucho porque consideré que ésta era una mala acción del sargento. Rosales, sin embargo, no le dio importancia al episodio y más bien me dijo que había dado muestras de disciplina al presentarme a la fila con los pedazos de fusil. "La falta hubiera sido si, por estar tratando de armarlo, no te hubieras presentado a la formación", dijo Rosales ante las excusas que le presenté.

Los preparativos para el viaje continuaron. Las provisiones que no íbamos a utilizar las llevamos a un refugio perfectamente disimulado en plena montaña. Se trataba del hueco de un inmenso árbol. Allí metimos todo el excedente. También se prepararon las mochilas, los nylons, algunas medicinas y muchas cosas más. La cocinera se puso a elaborar el bastimento, con la colaboración de dos ayudantes. Mientras tanto, Tigre, nuestro perro, andaba de un lado para otro exigiendo comida. A nosotros nos extrañaba que siempre estaba insatisfecho, pues se le daba de todo, tanto en la cocina como cuando comíamos. Pero, en un determinado momento, descubrimos

---

[103] Término muy empleado por los campesinos hondureños para indicar pedazo, fragmento, porción.

169

que la mayor parte de lo que se le daba lo iba a enterrar a un sitio próximo al campamento.

—Tigre también tiene su refugio —decían los compañeros.

Este perro se lo habíamos dado a un campesino, después de la carrera del primer campamento, para que se lo llevara. Sin embargo, más o menos a los tres días y como a las doce de la noche, llegó al último lugar en donde nos encontrábamos. Iba aullando por todo el camino y, cuando nos encontró, se lanzó a las hamacas de todos nosotros para restregar su cuerpo con el nuestro. A todos nos conmovió este gesto heroico de Tigre.

Durante ese día y la noche se trabajó en la cocina, moliendo maíz para hacer tamales de viaje o ticucos[104], como les dicen algunos. Contando chistes y cuentos de camino real, se pasó el tiempo. La mañana amaneció bastante fría y con una niebla muy baja. Después del desayuno, aunque desvelados, nos pusimos todos a arreglar las mochilas para meter en ellas lo que nos correspondía. Además, fue necesario eliminar los vestigios de nuestra permanencia allí. Rosales calculó el peso de las mochilas y nos ordenó:

—¡A formar!

Ya en fila, organizó la marcha del grupo: responsable de la vanguardia, Aguilar; punto de referencia, el sitio de donde partíamos. Aguilar nos dirigió unas palabras alentadoras, después de las cuales se nos ordenó cargar las mochilas; recibimos luego la voz de firmes; posteriormente la de media vuelta a la derecha; y, por último, ¡mar! Eran las nueve de la mañana del 27 de julio de 1964.

Salíamos del campamento: el Uno (Rosales), el Seis (R. Velásquez), el Nueve (H. Velásquez), el Once (Aguilar), el Trece (Benavides), el Catorce (Hermelindo Villalobos), el Dieciséis (Chabelo), el Diecisiete (Modesto), el Dieciocho (Benito), el Veintidós (Simeón), el Veintitrés (Ferrera), el Veinticuatro (Alvarado), el Veinticinco (Hugo), el Veintiséis (El Negrito), el Veintiocho (El Niño) y la Treinta y Tres (Licha).

---

[104] Tamales hechos con masa de maíz y frijoles rojos. Se cocinan envueltos en hoja de banano y sirven como bastimento en viajes largos.

CAPÍTULO VI: A BALA VIVA CON EL ENEMIGO

Subimos por una falda no muy empinada, pero bastante larga, y llegamos a un plan muy bonito. Allí hicimos un corto descanso porque traíamos mucha carga encima. Continuamos cruzando por trayectos angostos, con abismos hacia un lado y otro; fuimos recorriendo aquella selva inmensa, en la que desaparecíamos por completo. En un punto ya muy lejano del lugar de partida, decidimos almorzar. Después continuamos adelante, subiendo, bajando o por partes planas. Así llegamos a otro lugar muy adecuado para el descanso, donde encontramos un pizote, al que unos compañeros mataron con la carabina. Por esa razón se dispuso dormir en dicho sitio para guisar el animal y comerlo. A este puesto le llamamos el plan de El Pizote.

Amaneció con la niebla muy baja, pero ésta, a medida que calentaban los rayos del sol, fue desapareciendo, como la espuma cuando la golpean las olas del mar. Después del desayuno, continuamos la marcha, siempre con rumbo Oeste. Al poco rato cruzamos el lugar llamado Colchoneras, nombre que le han dado los cazadores porque hay un trayecto bastante largo donde son tantas las raíces que se cruzan y entrecruzan que forman una inmensa red; ésta se encuentra cubierta de una capa muy gruesa de hojas, por cuya razón, cuando uno camina por encima de aquello, parece que lo hace sobre un colchón. El problema es que se debe tener mucho cuidado al pararse porque algunas partes están en el aire, sobre el abismo, de modo que si uno se va por un hueco, no hay nada que pueda salvarlo.

Caminamos todo el día, hasta llegar a una parte de la selva donde no había otra forma de avanzar que abriendo camino con los machetes. Superado este punto, salimos a una larga pendiente y después a una cuesta bastante difícil, la que, con mucho esfuerzo, logramos escalar. En la cresta decidimos hacer comida, porque, según la opinión de Sebastián, era el único lugar donde podíamos encontrar agua bastante cerca, aunque era todavía algo temprano. Aprovechamos ese tiempo para cocinar frijoles y arroz en cantidades suficientes para un día más.

Mientras estaba la cena, Rosales salió a dar una vuelta para conocer el terreno y ver si encontraba algún animal. Dio, en efecto, con una pava, pero, desgraciadamente, al matarla, cayó en un abismo y no se pudo sacar. Por esa razón, a la segunda dormida se le dio el nombre de La Pava.

Por toda esta sierra es prácticamente imposible divisar el paisaje, porque siempre hay una niebla muy baja que lo impide. Es cierto que durante las horas más cálidas del día esa niebla desaparece, pero sólo en las partes bajas, pues en las altas se mantiene con más persistencia.

Al día siguiente, y después del desayuno, continuamos adelante. Al poco rato comenzamos a subir una enorme cuesta, al pie de la cual encontramos las huellas recientes de un tigre. En ese lugar había grandes cantidades de coquillos, los que cortábamos a nuestro paso para comerlos y distraernos. Llegamos así a lo más alto de la cumbre, donde había una planada muy bonita y, en ella, una vertiente de agua cristalina. Ordenaron descanso para beber y llenar las cantimploras. Examinando aquel sitio, dijo Aguilar:

—Mirá, Rosales, aquí está propio para aquello que dijimos: la pista de aterrizaje.

—Sí, hombre —expresó Rosales.

Continuamos caminando por aquel plan tan maravilloso, donde, para todos lados que uno tirara la vista, sólo miraba coloradear, como en sus maceteros, las orquídeas ya florecidas sobre los troncos de los árboles. Luego nos encontramos con otra maravilla: una bandada de quetzales que, con sus ruidos y su bello plumaje, revoloteaban de un árbol a otro, mostrando su gran cola en forma de arco. Además, por todas partes se escuchaban las notas armoniosas de los jilgueros y de muchos pájaros más, en su mayoría desconocidos por nosotros. Todo esto era extraordinario, como en los cuentos de Las mil y una noches. Por eso algunas veces yo no deseaba salir de la selva, pues nos encontrábamos en un mundo tan encantador que hasta se me olvidaba la persecución a muerte de que éramos objeto por parte de los chafarotes.

Siguiendo una cuesta muy suave, llegamos hasta el filo real de la sierra, de donde se desprenden dos ramificaciones: la que va hacia Yoro y la que sigue rumbo Oeste. Allí almorzamos, haciendo comentarios entusiastas sobre todo lo que hasta ese momento habíamos visto. Ya casi al finalizar el almuerzo, Sebastián se alejó de nosotros, sin llevar su arma y sin que nadie se diera cuenta. Al poco rato escuchamos unos gritos, dados por él desde un pequeño plan que se encontraba un poco más abajo del punto donde estábamos.

—¡Rosales, Aguilar, traigan la escopeta! ¡Vengan, hombre!

De inmediato supusimos que se había encontrado con una víbora. Rosales tomó la carabina de Aguilar y se fue corriendo. Atrás salió también el Dieciocho. Al momento escuchamos un disparo y luego otro. Después de un rato, asoman ambos por el borde de la cuesta con un tremendo venado. Inmediatamente se peló y descuartizó para llevarlo entre todos hasta el lugar donde haríamos la cena. Continuamos la marcha por un nuevo plan, bastante grande, el que inspeccionaron Rosales y Aguilar, siempre con la idea del campo de aterrizaje.

Más adelante nos agarró una tormenta. Nos detuvimos para escampar, pero no fue por mucho tiempo. Al continuar la marcha, nos dedicamos a buscar agua para llevarla hasta el sitio donde podríamos cocinar el venado y dormir. En ese lugar tuve una bronca con el sargento (el Veintitrés) por tonterías. Entonces, para no discutir más, tomé un cacharro y me fui en busca de agua. Bajé un filo bastante largo y llegué hasta un cañón, pero la quebrada estaba seca; regresé y tomé otro filo que penetraba en una parte bastante espesa de la selva.

Por precaución, puse mi fusil bala-en-boca y, creyendo que al final de este filo encontraría agua, avancé profundamente hacia abajo, hasta encontrar un pequeño salto, con la desgracia de que no pude llegar hasta el fondo. Me regresé y, al caer de nuevo al plan, encontré a Hugo y a Alvarado, quienes andaban buscándome con mucha preocupación. Yo supuse que me había estado poco tiempo, pero, en realidad, pasaron varias horas.

—¡No jodás, ya nos tenías asustados! —me dijo Hugo.

—¿Por qué?

—Creíamos que algo le había pasado.

—¿Y los demás?

—¡Ah!, si aquéllos hace rato que se fueron para el puesto donde vamos a dormir. A nosotros nos dejaron para buscarlo.

—Vámonos, pues —les dije.

Cuando íbamos en busca de los otros, Hugo y Alvarado iban haciendo comentarios sobre mi extravío. Dijeron que primero me habían seguido el rastro por el otro filo, hasta llegar a la quebrada seca y, luego, por donde me encontraron. Además, me informaron que, ante mi tardanza, en el grupo se conjeturaba que había desertado; que me había comido un tigre; que, por el enojo con el Veintitrés, me había ido o que, a lo mejor, me había perdido. Cuando llegamos a donde estaban los compañeros, éstos ya estaban guisando el venado.

Yo sólo fui a traer un viaje de agua y enmantelé mi nylon para acostarme, pues me sentía enfermo del estómago. Por esa razón no probé el tal venado. Aguilar me dio una pastilla con un poco de café, y eso me ayudó algo.

Temprano de la noche, como a las siete, un compañero preguntó la hora. Rosales se la dio. Entonces, el mismo compañero dijo:

—¿Qué será que son las siete y todavía está claro?

—Bueno —dijo Aguilar—, quiero que alguien explique el porqué de este fenómeno.

—¡Ah, es fácil! —dijo uno—. Es porque ya cambió el tiempo.

—No —expresó Aguilar.

—Porque ahora no hay muchas nubes —señaló otro.

—Tampoco —volvió a decir Aguilar.

—Porque en lo alto el día es más largo —apuntó un compañero.

—Andás caliente, pero no es por eso —repitió Aguilar.

—Es porque los rayos del sol —dijo Hugo— siguen cayendo sobre los puntos más altos de la tierra, mientras que en los valles ya no alumbran, lo que hace que allí oscurezca más temprano.

—¡Eso, Hugo! —exclamó Aguilar—. Me gusta que ocupés la cabeza no sólo para el sombrero.

Ya un poco tarde, se acostaron todos a dormir. Al día siguiente, después del desayuno, ordenaron formación general. Allí me dio Rosales una reprendida de padre y señor mío por haberme apartado durante tanto tiempo en la tarde anterior. Yo le prometí no volver a hacerlo y pedí las excusas del caso por las molestias que les causé.

Como todavía me sentía mal del estómago, esa mañana no quise comer nada. La compañera Licha me dijo, entonces:

—Llévese este revanche[105] para cuando le dé hambre en el camino.

Al lugar donde hicimos la tercera dormida le llamamos Los Pocitos, porque la vertiente de donde tomamos el agua para beber y para los menesteres de la cocina era en forma de pequeños pozos, abiertos al pie de una gran roca.

Continuamos la ruta, siempre por terreno plano. Después de pasar por la orilla de una laguna, ascendimos hasta la cumbre de un pequeño cerro, donde nos detuvimos porque no hallábamos por dónde seguir. Rosales, Aguilar y Sebastián inspeccionaron el terreno. Al poco rato regresaron indicando que habían encontrado un camino. Avanzamos por un filo hacia arriba, hasta llegar a una parte muy angosta de la sierra. En ese momento se había disipado la niebla y se contemplaba todo el valle de El Negrito y Morazán. Cerca de donde nos encontrábamos se veían también unos aserraderos.

Seguimos ascendiendo. Después de un largo rato de marcha, arribamos a una parte donde la vegetación cambió por completo: en vez de árboles grandes y desarrollados, había arbustos y yerbas. Todas estas plantas estaban cubiertas de una especie de musgo muy verde, producido por la gran humedad del ambiente. Este es el sitio más alto y frío donde estuvimos en toda la sierra. Dicho punto se conoce con el nombre de Montemar, porque, visto a distancia, semeja un océano. Allí vimos los restos de un camino muy antiguo, el que algunos compañeros consideraron de origen precolombino.

Tomamos por la cuesta de una loma hacia la derecha, hasta llegar a una parte donde encontramos huellas de gente. Al examinar bien aquellos rastros, sacamos la conclusión de que habían sido dejados por un grupo numeroso. Algunos supusieron que fue una patrulla del ejército; otros, que tal vez había sido un grupo de ladrones, los que frecuentemente merodeaban por allí al pasarse de un departamento a otro. De todas maneras, aquellos rastros nos obligaron a tomar algunas medidas de precaución en la marcha.

El filo por donde íbamos seguía rumbo Norte, pero nuestra ruta era hacia Occidente. Por eso abandonamos aquel camino y,

---

[105] Pequeña porción de comida que se lleva en un viaje con el objeto de sostenerse hasta la hora en que se puede comer en forma adecuada.

guiándonos por la brújula, cambiamos el rumbo. Avanzamos por una pendiente hacia abajo, en la cual volvimos a encontrar las huellas observadas arriba. Desembocamos en un pequeño plan, donde nos detuvimos porque ya era bastante tarde y venía una tormenta. Esta no nos dio tiempo de extender los nylons y, en pocos minutos, nos dejó hechos una sopa, a consecuencia de lo cual comenzamos a sentir un frío insoportable.

Pasada la tormenta, se encendió el fuego para cocinar los frijoles del siguiente día, así como la cena. Cuando llegó la hora de dormir, cada uno buscó un sitio donde colgar la hamaca. Hugo y El Niño, como siempre dormían juntos, se fueron a un lugar algo apartado de los demás y allí encendieron fuego para calentarse durante la noche. Pusieron los zapatos cerca del fogón, con el objeto de secarlos, así como su ropa. A medianoche nos despertamos todos por los reniegos de Hugo, pues uno de sus zapatos había caído en el fuego y se le quemó por completo.

Al día siguiente amaneció sólo con el derecho, pero con la suerte de que alguien de los compañeros llevaba un par adicional, de color amarillo, y le dio el que le faltaba. Lo divertido era ver a Hugo caminar con zapatos de dos colores. Por todo esto, el sitio de la cuarta dormida recibió el nombre de Zapato Quemado.

Al amanecer, continuamos la marcha. Guiándonos por la brújula, seguimos con rumbo occidental. Atravesando quebradas y filos, entre coquillales, palmichales, pacayales[106] y lancetillales, llegamos a una parte propia para campamento. Aquí sacamos palmiche para comer con arroz y frijoles, porque ya se iba terminando el bastimento. En ese punto hicimos almuerzo. Terminado éste, continuamos adelante, siempre guiándonos por el rumbo de la brújula.

Algunos compañeros se subían a las copas de los árboles para tratar de ver algo a la distancia. Eso hacía principalmente la compañera Licha, quien resultó audaz para tal actividad, así como para las caminatas. De esa manera llegamos a una parte adecuada para dormir. Se preparó la cena. Cuando comenzábamos a comer, se le dio vuelta el plato de arroz a Sebastián, por lo que cada uno de nosotros

---

[106] Planta cuya flor tierna, encerrada dentro de una vaina cilíndrica, es comestible.

le dio un poco del suyo, a fin de ajustarle la ración. A esta quinta dormida le llamamos La Vuelta del Plato.

Partimos de nuevo al día siguiente. Después de casi toda la mañana de marcha, arribamos a una quebrada donde había un salto. Allí descansamos, dándome a mí deseos de bañarme. Al principio los compañeros me decían que no lo hiciera, pero después me autorizaron. A consecuencia de eso me resfrié, lo que me causó muchas incomodidades en gran parte de la marcha.

Continuamos adelante, pasando por unas vertientes que, sin duda alguna, arrastraban soluciones minerales por el sabor y color del agua. Al entrar la tarde, salimos a un sitio donde había varios pinos, lugar adecuado para acampar. Cuando nos preparábamos para extender los nylons, se vino una tormenta muy fuerte, con mucha descarga eléctrica, de modo que, una vez más, nos empapamos. Recogimos el agua que chorreaba de los nylons y con ella preparamos la cena. A la sexta dormida se le dio el nombre de Los Pinos.

Seguimos la ruta hacia abajo. Encontramos un camino; lo dejamos y seguimos siempre hacia abajo, hasta llegar a la cuenca de un río. Este se encontraba en el fondo de un cañón, por cuyas paredes era muy difícil descender. Caminamos bastante río arriba y, por fin, encontramos un punto adecuado para bajar hasta la orilla. Una vez en ésta, pasamos la corriente por sobre las piedras o metiéndonos en el agua.

Allí había una poza muy apropiada para bañarse. Rosales y Aguilar se desnudaron y se metieron en ella. Después comenzó lo mejor: el ascenso por aquellos acantilados. Agarrándonos unos a otros, en cadena, logramos hacerlo, pero a costa de nuestro agotamiento casi total.

Continuamos cuesta arriba hasta llegar a un filo, de donde se veía Montemar encima de nosotros. En este punto almorzamos. Seguimos después por una loma muy angosta. Luego comenzamos a subir una cuesta bastante empinada, donde, por el cansancio y el esfuerzo de tantos días, se desmayó Aguilar. En ese momento escuchamos los ladridos de un perro montero, bastante lejos de donde estábamos, lo que nos obligó a tomar algunas medidas de seguridad.

Por fin llegamos a una planada muy hermosa, donde decidimos hacer comida y dormir. Como había palmiches, se cortaron varios a fin de cocinarlos con el arroz y los frijoles. En ese lugar, la señora de Rosales enfermó de diarrea, por lo cual se le dieron algunas medicinas. Al oscurecer, y después de las acostumbradas pláticas, nos acostamos a dormir. Era la séptima noche que pasábamos. A dicha planada se le designó con el nombre de El Palmichal, por la abundancia que había de las plantas que lo proporcionan.

Llegada la mañana, continuamos. La marcha ahora no era tan pesada, porque esta parte de la sierra es bastante plana. Avanzamos mucho hasta las horas del mediodía. En una de las tantas planadas que había allí, decidimos almorzar. Cuando inspeccionamos el sitio, encontramos huellas de ganado vacuno, descubriendo incluso el lugar donde estuvieron amarrados los animales. Supusimos que habían sido ladrones de ganado, los que acostumbran trasladarse de una zona a otra para deshacerse de sus atracos.

Al reanudar la marcha, salimos a un ocotal. Como amenazaba lluvia, comenzamos a prepararnos para pasar el agua. Cuando me quité la mochila, lo hice en forma descuidada y casi golpeé a la compañera Licha. Aguilar, entonces, me llamó la atención, única vez que este compañero me habló algo fuerte a lo largo de toda nuestra actividad guerrillera. Buscamos el puesto para dormir, lo que resultó bastante difícil porque toda aquella zona era pelada; sólo había árboles de ocote y algunos nances. Por fin hallamos un sitio más o menos adecuado. Trajimos agua y se comenzó a hacer la comida, con tan mala suerte que el caldero donde pusimos a hervir el arroz se dio vuelta, perdiéndose una buena cantidad. Fue necesario sacar más. A varios compañeros les tocó dormir en el suelo por no haber dónde colgar las hamacas. A esa dormida, la octava de la jornada, se le llamó El Ocotal.

Continuamos por este camino pinaloso, hasta dar con una gran pendiente. Al pasar ésta, encontramos un grupo de casas. Como no estábamos seguros de la ruta, Rosales mandó una comisión, compuesta por Sebastián y el Veintitrés, a preguntar si había otro camino para La Florida. La casa era del auxiliar[107] de la aldea, quien les informó a los compañeros que el único camino era el que traíamos, el cual llegaba al río y seguía por el curso de éste hasta encontrarse

---

[107] Autoridad local, inferior al alcalde.

con el camino real que va de Morazán a La Florida. Esta era una aldea de indios xicaques; por eso casi no hablaban español y andaban semidesnudos.

El auxiliar quedó observando a los compañeros de la comisión. Después, cuando vio el resto de la tropa, salió huyendo por un monte. Al pasar cerca de una de las casas, vimos a un indio semidesnudo que se encontraba calentando sol a un lado de la puerta. Aguilar le dijo algo, pero el hombre no hablaba español. Entonces aquél, sacándose un lempira de la bolsa, se lo ofreció al indio, quien se negaba a recibirlo, aunque sin dejar de ver el billete con el rabo del ojo. Por fin lo tomó e hizo varias señales de agradecimiento.

Más adelante pasamos cerca de otra casa. Aquí salieron a vernos los dueños: una mujer y un hombre, ya de bastante edad, y un muchacho. Estos eran civilizados. Tenían en el patio una gran cantidad de gallinas y pavos. Les rogamos que nos vendieran dos de estos animales, pero se negaron rotundamente. Después, Rosales y Aguilar les pidieron que nos prestaran el muchacho para guiarnos hasta el camino. También se negaron; pero, como el indito se manifestó de acuerdo cuando le dijimos que íbamos a pagarle, por fin accedieron. Esta aldea es conocida con el nombre de La Joya.

Cuando reanudamos la marcha, Rosales y Aguilar le pusieron plática al indio, quien se mostró muy conversador. Este informó que en su casa eran liberales, diciéndonos al mismo tiempo quiénes eran los punpuneros peligrosos de aquel caserío. Tomó tanta confianza con nosotros que, en un determinado momento, se puso la mochila de Rosales sobre la espalda para ayudarle. Continuamos descendiendo en busca del río. Pasamos por varias fincas de café y, al poco rato, encontramos el cauce y el camino real.

—Bueno —dijo el indio—, de aquí para allá no se pierden. Más adelante pueden encontrar cigarros y comida.

Aguilar, entonces, se sacó un billete de a cinco lempiras y se lo dio. El indito lo tomó con mucha alegría y, despidiéndose de nosotros, volvió a su casa.

Seguimos corriente abajo, cruzándola varias veces. Este río es muy feo porque corre por unos despeñaderos bárbaros. Cuando está crecido debe ser una cosa horrible y peligrosa, por lo cual no nos imaginábamos cómo hacía esta gente en los meses de lluvia. Bastante adelante, almorzamos, poniendo un centinela río arriba y otro río abajo.

Después continuamos siempre río abajo, cruzándolo a cada rato. Esto ya nos tenía hartos, pues habiendo comenzado a caminar desde las nueve de la mañana por las márgenes de dicho río, no lo vinimos a dejar sino hasta las once de la noche. Por otra parte, mientras caminábamos por sus riberas, siempre encontramos gente, ya fueran mujeres que lavaban ropa en sus orillas u hombres que iban con bestias cargadas de artículos para vender en las aldeas.

Ya bastante adelante, volvimos a encontrar varias casas juntas. Sebastián y el Veintitrés fueron a una de ellas para ver si les vendían algo. Al poco rato regresaron con dos gallinas, un poco de tortillas y chatos. La compra la habían hecho, sin pensarlo, en la casa del comanche de la aldea, quien no se encontraba en ese momento.

—¿Y ustedes quiénes son? —contaron los compañeros que les había preguntado la mujer del comanche.

—Somos un grupo del ejército que anda en expedición, tras unos ladrones de ganado —le respondió el Veintitrés.

—¡Ah, bueno! —dijo la mujer; pero sin despegarles los ojos a los compañeros.

Esta era una mentira difícil de que se la tragara la gente. En primer lugar, porque todos andábamos bien sucios, peludos y barbados; y, en segundo lugar, porque nos mirábamos completamente pálidos y cadavéricos. Sin embargo, ¿qué otra cosa podíamos decirles a los aldeanos cuando nos hacían preguntas como aquéllas y nos miraban con todo un equipo de guerra encima? Cuando atravesábamos aquellas casas, tanto mujeres como hombres y niños salían a vernos y a decirnos adiós.

Pasamos por una milpa, y un hombre de sombrero blanco que la estaba limpiando detuvo su trabajo para vernos desfilar. Después tropezamos con otro, el que llevaba un lazo enrollado en el hombro. Este nos dijo que andaba sabaneando una vaca que se le había perdido.

—La jodida es que aquí han estado robándose el ganado y eso me preocupa —le dijo a Rosales.

—Pues nosotros andamos detrás de esos ladrones —le expresó entonces Rosales—; si los agarramos y a usted le han robado su vaca, aunque sea el cuero le vamos a devolver.

En una vuelta que da el río, encontramos una burra[108] de monte. Allí se dispuso parar la marcha para guisar las gallinas y esperar la noche, a fin de atravesar durante ésta los lugares más peligrosos. Se puso un centinela para vigilar el camino, mientras los demás nos dedicábamos a los menesteres de la cocina. Al poco rato pasó un hombre cerca de donde estábamos y, no habiendo hecho mayor ruido al caminar, sorprendió al centinela en su puesto. Este no tuvo más remedio que encañonarlo y conducirlo hasta donde estaba el grupo. Era un hombre joven y, al ver todo aquello, se puso a temblar, pues suponía que íbamos a hacerle daño.

Rosales y Aguilar le hablaron con amabilidad y, entonces, el hombre comenzó a tranquilizarse. Pero el susto le pasó por completo cuando vio a Simeoncito, pues se conocían de épocas anteriores. Era de Quebrada Seca y pertenecía a la organización campesina de aquel lugar; además, era simpatizante del movimiento revolucionario. Comerciaba con blanquillos[109] y achiote[110], por lo cual se cruzaba por todas aquellas aldeas y cerros comprándoles dichos productos a los campesinos.

Se le planteó la necesidad de que nos sirviera de chane esa noche, lo cual aceptó con mucho gusto, pues conocía el camino hasta la aldea El Aguacatal, así como a los primos del Veinte, lugar a donde teníamos planeado ir a dormir. Por lo demás, él también llevaba esa ruta.

Después de cenar todos y, al entrar la noche, arreglamos la salida. Cada uno sacó su foco, quienes lo tenían; los que no, pues a buscar la luz de los demás. Aquella era la novena noche de la caminata y ahora ya no dormiríamos, sino que más bien continuaríamos adelante. Eso era duro para nosotros por el cansancio y, además, por encontrarnos hartos de tanto atravesar aquel río maldito.

---

[108] Porción de monte situada en una zona ya limpia.
[109] Huevos.
[110] Colorante que se obtiene de las semillas de un arbusto silvestre.

Partimos. Con mucha cautela llegamos hasta un lugar donde fue necesario detenernos porque, más adelante, pasaríamos unas casas peligrosas, entre ellas la del comanche, y era todavía temprano.

Después de un largo rato, ordenaron continuar. Por las casas pasamos completamente a oscuras porque encender tanto foco hubiera llamado la atención. En este lugar se extravió Benavides. Resulta que, por amarrarse un zapato, se quedó atrás y, después, ya no encontró el camino y tomó por unas veredas que conducían directamente a la casa del comanche. Notando él mismo este error, se regresó. Nosotros, por nuestra parte, cuando estábamos a punto de cruzar una quebrada, decidimos pasar lista y notamos su ausencia. Rosales y otros compañeros regresaron a buscarlo, encontrándolo cuando andaba tras de nuestra huella.

Pasamos la quebrada y subimos una cuesta bastante larga. En cierta parte de la misma dispusimos descansar porque varios de los compañeros iban agotados. Mientras estábamos allí, vuelvo hacia abajo la vista, por casualidad, y veo una regular cantidad de focos que alumbraban para distintos lados. Nos estaban buscando, porque los perros no dejaron de ladrarnos mientras pasábamos, y eso despertó a los vecinos. Rápidamente emprendimos de nuevo el camino. Mucho más arriba nos paramos de nuevo, recomendándonos el guía no hacer ningún ruido cuando pasáramos por una casa próxima, pues allí debía sacar un poco de achiote que había comprado con anterioridad.

Pasamos adelante de la referida casa y, deteniéndonos en cierta parte, el guía volvió con uno de los compañeros para recoger el producto. Tocó la puerta y no le abrieron, diciéndole más bien que era muy tarde. Después de varias súplicas, abrieron una ventana y, por allí, le entregaron el poco de achiote.

Continuamos el camino, todavía con mayor dificultad porque era muy escabroso y nuestras luces eran muy malas. Llegamos al final de la cuesta y comenzamos a descender, hasta llegar a un pedazo de montaña donde era necesario tener mucho cuidado al caminar, porque había muchas raíces y piedras. Pasamos cerca de una casa donde, sin duda, sintieron nuestra presencia, porque encendieron luz; después pasamos por varias más, hasta que llegamos a El Aguacatal. Eran aproximadamente las tres de la mañana.

Nos quedamos a la orilla de una quebrada y Rosales, con el guía, se fueron a donde los campesinos. Al rato regresaron para llevarnos a todos, pues ya estaban levantadas las mujeres haciendo el desayuno. La compañera Licha se puso a hacer el café para todos. Como ella andaba con el fusil treinta-treinta en el hombro y con pantalón, boina y camisa de soldado, las mujeres de los campesinos se le quedaban viendo con la boca abierta. Por eso, algunas de ellas, no aguantando la curiosidad, le preguntaron:

—¿Y ya días anda usted con ellos?

—Sí, ya días.

—¿Y no le da miedo?

—No, porque ya estoy acostumbrada.

Mientras tanto, Rosales y Aguilar se fueron a tratar un cerdo en una de las casas, para cumplir la promesa que nos habían hecho bastante atrás:

—Cuando lleguemos a donde los primos del Veinte, compraremos un chancho para darnos una buena forrada de carne y chicharrones.

Bebimos café y fuimos a dormir un rato a un bosquecito situado a orillas de la quebrada, cerca de las casas de aquella gente y como a cien metros del camino real. A nadie le gustó aquel puesto, pero la compañera tenía necesidad de bañarse y de lavar una ropa, por cuya razón se quedó en una de las casas de los campesinos.

El Seis, el Veintitrés y el Veinticuatro fueron designados para destazar el chancho. Por la mañana nos informaron que un hombre, provisto de un filoso machete, se presentó en la casa con varios pretextos y preguntó sobre la gente armada que estaba allí. El Veintitrés le manifestó que él era inspector y que andaba tras unos ladrones, los cuales, según los informes recibidos, se encontraban en La Florida. Los campesinos vieron al sujeto y comunicaron que era el segundo del comanche de una de las aldeas por las que pasamos.

Destazado el chancho, se resolvió cocinarlo para comer y llevarnos el excedente. Los responsables de esta tarea continuaron con la misma. Otros compañeros, no teniendo ningún trabajo pendiente, se acostaron a dormir. Los de los turnos se fueron a sus puestos respectivos y Licha se encaminó a la quebrada a lavar. Un poco después del mediodía llegó la mamá de uno de los campesinos a informarnos acerca de un hombre sospechoso que se había situado en cierto lugar y estaba vigilando nuestros movimientos. Rosales y Aguilar dispusieron, entonces, enviar un grupo de inspección a los alrededores, los que regresaron sin encontrar nada.

Aguilar, Benavides y otros compañeros insistieron en la conveniencia de marcharnos inmediatamente de la aldea e ir a cocinar la carne del cerdo más adelante. Pero Rosales sostuvo que había que descansar ese día y dormir allí durante la noche para, después del almuerzo del siguiente día, retirarnos. Durante la noche, en las primeras horas, no se tuvo ninguna precaución. Varios compañeros hablaban muy fuerte y se reían, como si no estuviéramos en peligro. El sargento les llamó la atención haciéndoles ver las circunstancias en que nos encontrábamos, pero sin mayores resultados.

—Ya se está cagando nuestro sargento —expresó un compañero al marcharse aquél.

Nos acostamos a dormir en nuestra décima noche de marcha. Como a las cuatro de la mañana me despertaron para ocupar uno de los turnos de posta. Entregaba a las seis, pero no llegó mi relevo. A las siete en punto, se presentó. Era el Dieciocho.

—¿Qué pasa que viene hasta esta hora? —le pregunté.

—Es que hemos estado limpiando las armas, por precaución de Aguilar.

—Bueno, pues aquí ha estado todo normal.

—¿No hay novedad?

—No. Ahora queda en sus manos el cargo. Donde debe vigilarse más es por el lado superior de la quebrada. La principal precaución es no dejarse ver desde el camino real.

—Está bien.

Al volver a donde habíamos dormido, tomé mi desayuno y luego me puse a desmantelar y enmochilar todo lo que había dejado afuera, pensando limpiar posteriormente mi fusil. Mientras tanto, los demás compañeros estaban todos ocupados: unos moliendo el maíz para que la camarada Licha hiciera las tortillas, pues saldríamos por la tarde, según lo dispuesto por Rosales; otros se dedicaban a distintas actividades. A Tigre lo habíamos regalado a los campesinos, con mucha lástima de nuestra parte; pero el animal se les había soltado y ya estaba de nuevo con nosotros, listo a seguirnos en la marcha.

No había terminado de enmochilar yo, cuando vinieron los campesinos a informarnos que venían los militares. Nos ordenaron recoger inmediatamente las cosas. En eso estábamos cuando se escuchó un disparo de fusil, todavía a regular distancia. Nunca supimos si fue tiro escapado o simplemente un recurso para hacernos salir de donde estábamos y atacarnos de sorpresa. Tomando en cuenta el rumbo por donde venían, Rosales y Aguilar ordenaron:

—¡Al filo!

Salió un grupo adelante, quebrada abajo, para subir por la falda. Los demás nos quedamos terminando de arreglar las cosas. En la carrera, Licha dejó el treinta-treinta, pero Rosales lo recogió. Cuando terminamos de enmochilar todo, partimos. Al llegar al filo, ya el Veintitrés, el Veinticinco, el Trece, el Seis, el Veintiséis y el Diecisiete estaban parapetados. Nosotros hicimos lo mismo. Por último llegaron Rosales y Aguilar, quienes se habían retrasado en espera del Catorce, pues lo habían mandado a inspeccionar. Revisaron la posición de cada quien e hicieron algunos cambios, quedando yo entre el propio Aguilar y Benavides.

El primero de la izquierda era el Catorce. Nuestro punto de mira estaba sobre una zompopera[111], o sea un terreno completamente pelado. Encontrándonos todos listos, el Seis y el Veintiséis se movieron de sus lugares y dijeron que allí no les parecía bien. Aguilar les indicó un puesto más adecuado. En ese momento escuchamos el ruido que hacían las pavas allá abajo, pues estos animales son como las urracas, que, cuando ven a una persona, hacen un gran escándalo. Rosales, entonces, les dijo al Dieciocho y al Veinticinco:

—Vamos, compañeros, a observar si los chafas se encuentran en la casa de los campesinos.

—Vamos, pues.

Al poco rato volvieron, diciendo que no había nada. Se acababan de situar de nuevo en sus puestos, cuando el Catorce le hizo señas a Benavides con el dedo índice, mostrándole un chafarote que asomaba

---

[111] Conjunto de nidos de zompopo, una hormiga de cabeza grande que abunda en Centroamérica y que se caracteriza por los caminos que hace dentro del monte para transportar los fragmentos de las hojas con que se alimenta.

por su campo de tiro. Tomó el Catorce la puntería y soltó el primer disparo; luego otro y otro. En medio de las detonaciones se escucharon voces femeninas: era la compañera Licha que buscaba a Rosales. Al sonar estos disparos, Tigre, nuestro perro, salió corriendo en dirección a los atacantes, pues, sin duda alguna, creyó que le disparábamos a un animal. No lo pudimos detener. Al tropezarse con el enemigo, comenzó a ladrar de una manera furibunda. Poco después se escuchó un disparo de fusil y, de inmediato, los lamentos del perro. Sentimos como si uno de nosotros hubiera caído.

Rosales, calculando la posición del enemigo por el disparo, orientó nuestra puntería y ordenó fuego. Sonó una ráfaga de la San Cristóbal, disparada por el mismo Rosales, y, casi al mismo tiempo, los disparos de carabina, M-1, Mauser y demás armas. En la misma forma nos contestaron, con ráfagas de ametralladoras y fusilería. Así continuamos disparando, alternativamente, según las posibilidades del objetivo. Se silenció primero el enemigo. Pasado un breve tiempo, se ordenó la retirada, pero siempre combatiendo.

Benavides se puso de pie para cargar la mochila. Tratando de tener más seguridad en sus movimientos, se agarró de una rama delgada, la cual le quedó en la mano, pues un chafarote le disparó al verlo parado, dándole a la rama. A toda velocidad se tiró a tierra y, de arrastras, abandonó el lugar, dejando la mochila, en la que llevaba la valija de las medicinas, con su cédula de identidad y otros documentos.

Yo estaba de bruces, defendido por un bordo del terreno. Para cargar la mochila sólo me di vuelta, boca arriba. En esto estaba, componiéndome la carga como gusano, cuando llegó Aguilar y me dijo:

—¿Te pegaron?

—No; es que me estoy poniendo la mochila en la espalda.

—¡Ah, yo creía que te habían sonado!

Se fue de nuevo a su puesto, donde continuó disparando alternativamente. Avancé de arrastras y, al llegar al borde del barranco, me puse de pie y le hice señas a Aguilar de que nos fuéramos, pues no quería dejarlo allí. Pero él me ordenó abandonar aquel sitio, mientras, con Rosales y otros compañeros, nos cubría la retirada. Entonces, sin esperar otra orden, me tiré por aquel barranco en una sola carrera, avanzando las más de las veces con las nalgas, según eran las caídas que me daba. En el camino me encontré con varios compañeros que iban también a gran velocidad, incluso mayor que la mía, hacia la quebrada del fondo. Deteniéndome un poco para desenredar la mochila de unos bejucos, volví la vista hacia arriba y alcancé a ver a Aguilar que tiraba unas mochilas hacia el barranco, mientras hacía algunos disparos más y se lanzaba también a correr.

Más abajo encontré a la compañera Licha y, poco después, tropecé con el Veintiséis, o sea El Negrito maoísta, quien, habiéndose enredado en unos bejucos, colgaba a dos o tres metros del suelo. Para desprenderse, hacía toda clase de movimientos con las manos y los pies, de modo que, al verlo, parecía que trataba de volar o que nadaba en una poza de agua muy transparente. Después de varias sacudidas, se le reventaron los tirantes de la mochila y cayó al suelo como un zapote maduro, yéndose luego de rodada por aquella pendiente hasta el final.

Con la compañera Licha iniciamos el ascenso de la cuesta inmediata. Haciendo grandes esfuerzos, apoyándonos en árboles y hasta en pequeñas hierbas, logramos escalar hasta la cima. Tras de nosotros llegó el Veintiséis, luego otros más. Allí nos parapetamos para proteger la huida de los compañeros que faltaban. Poco a poco se completó el grupo. Los últimos en presentarse fueron Rosales y Aguilar. El fuego había terminado por completo. Se pasó lista para mayor seguridad, pero no faltaba nadie. La única pérdida fueron las mochilas de Aguilar, Hugo, el Catorce, el Dieciocho y el Trece. El Veintiséis perdió también los cargadores de su metralleta, quien no llegó a disparar ni un solo tiro. Otro que no disparó fue el Seis, aunque portaba un fusil M-1. Cuando le preguntamos por qué no lo hizo, respondió que le había fallado, lo cual era mentira porque aquella arma era una de las mejores que teníamos.

En la casa de los campesinos quedaron botados los bastimentos: la carne del cerdo, los chicharrones y todo lo que habíamos preparado para el viaje. Además, se quedó un fusil viejo y bastante grande, al que le llamábamos El Cañón de Matarrás. El combate había tenido lugar como a cien metros en línea recta de dicha casa, por cuya razón la gente de allí escuchó muy bien todo el jaleo. Como la marcha la reiniciamos desde el punto en donde pasamos lista, nunca supimos qué hicieron los campesinos del lugar durante el encuentro y, menos aún, qué les pasó después.

Comprobada la presencia de todos, partimos. Uno de los campesinos del lugar, incorporado a nosotros, se encargó de guiarnos, mientras Benavides y el Veinticuatro, por no llevar carga, iban atrás del grupo borrando las huellas con unas ramas. Descendimos por una pendiente bastante larga y llegamos al río, el que atravesamos con mucha cautela, uno por uno. Luego iniciamos el ascenso de una cuesta muy difícil, donde había unos guatales, hasta llegar al camino donde habíamos estado cuando veníamos. Subiendo y bajando varias cuestas, penetramos en la montaña, donde conocíamos perfectamente y nos sentíamos más seguros. Allí encontramos grandes cantidades de una planta que le dicen bledo. Cortamos cierta porción de la misma para cocinar más adelante, pero, poco después, comprobamos que nadie llevaba sal, por cuya razón tiramos todo de nuevo, conformándonos con lo poco que pudimos comer crudo, como los cabros.

La noche estaba ya comenzando a teñir. Durante todo aquel día no comimos nada, salvo un ligero desayuno. Continuamos hasta llegar a la milpa del campesino de El Congo, la que sembraba cuando pasamos por allí y que ahora ya se encontraba en flor. Buscamos el sitio donde habíamos dormido y, después de varias vueltas, dimos con él. No enmantelamos porque el propósito era solamente descansar. Aprovechando unos minutos, el Diecisiete se fue a la milpa y, sin pasar mucho tiempo, volvió con un poco de maíz verde, el que había rebanado del olote con el cuchillo. Cada uno de nosotros tomó un puñado de aquel maíz y lo comimos. Un poco más tarde comenzó el Veintiocho con una diarrea tremenda, hasta el extremo de obrarse en el pantalón. Como allí no había agua, fue necesario darle otro pantalón para que se cambiara. El maíz verde le hizo daño, aunque a los demás nos cayó muy bien.

A las diez reanudamos la marcha, todos doloridos y friolentos. La noche estaba clara, estrellada y silenciosa. En medio de la oscuridad apenas se oía el chirriar incesante de los grillos. Después de un largo rato de camino, llegamos a una cuesta de más de tres leguas de extensión. Comenzamos a subir ésta con grandes dificultades porque la luz de nuestros focos era muy débil a causa del agotamiento de las baterías. Salimos al camino real, y siempre subiendo, arribamos a la aldea El Congo. Comenzamos a rodear las casas por el mismo camino de la vez anterior. En esto estábamos cuando, ya para llegar a una bajada, se extravió Rosales, quien había asumido la responsabilidad de guiarnos. Inesperadamente aparecimos metidos en un guamil, donde era necesario romper breña para continuar. Rosales se puso tan confundido que nos tuvo casi toda la madrugada en un ir y venir dentro de aquel monte, sin encontrar la salida. Yo opiné que nos sentáramos para tomar de nuevo el rumbo, pero no se me hizo caso. Hasta que aclaró un poco, mejoró nuestra situación.

Salimos a un sendero pisoteado por hombres y animales. Un poco adelante nos encontró el dueño de la milpa donde estuvimos la noche anterior. Andaba en busca de unas bestias. Este nos ayudó a salir de aquel sitio peligroso, lanzándonos por varios terrenos privados, como animales que huyen del cazador. Nos despedimos del amigo y, empleando el paso de lagartija, rodeamos la parte de la aldea que aún nos faltaba, pues ya había entrado bastante la mañana. Desembocamos en otro camino real de la misma aldea; pasamos un cerco y nos internamos por una finca de café. Salimos de ésta más adelante y, cogiendo por una senda apenas perceptible, llegamos a otra finca de café, donde decidimos descansar. El hambre continuaba apretándonos el estómago con sus tenazas invisibles. Nos levantamos para continuar. Transcurridos algunos minutos, entramos en la montaña de nuevo, donde tomamos por una larga pendiente, hasta llegar a un cañaveral abandonado. Allí nos detuvimos. El Catorce, el Cien y el Veinticuatro fueron a la vieja plantación en busca de cualquier cosa. Volvieron con unas varitas insignificantes y secas, de las cuales nos tocó un canuto por persona.

Bajamos la quebrada, donde habíamos almorzado con tanto entusiasmo cuando veníamos. Después, tomamos por una cuesta muy difícil y prolongada. Aquí arrastrábamos los pies para caminar y muchos de nosotros abríamos la boca para hacer más fácil la respiración, todo a consecuencia del agotamiento. Cuando llegamos a la cima, un golpe de alegría nos llenó el corazón, pues allá abajo, aunque bastante lejos todavía, se divisaban los terrenos de don Quilo, en los cuales se encontraba precisamente la Base número Dos. Sin desprenderles la vista a esos terrenos, comenzamos el descenso, con tan mala suerte que, una vez más, se extravió Rosales y, con él, todos nosotros. Dimos varias vueltas, subiendo y bajando lomas, hasta orientarnos de nuevo, lo cual consumió todavía más nuestras limitadas reservas físicas.

Al encontrar de nuevo el camino y renacer en nosotros la esperanza, el Veintiséis, o sea El Negrito maoísta, cayó desmayado, viendo las nubes con lo blanco de los ojos. Lo reanimamos como pudimos y, quitándole la mochila, volvió de nuevo a caminar. Más adelante se sentó el Veinticuatro al pie de un árbol, diciéndonos que lo dejáramos en aquel punto porque le era imposible continuar y estaba dispuesto a morir allí mismo. Varios de nosotros tratamos de enderezarlo, pero fue imposible. Le informaron a Aguilar, quien iba un poco adelante y, éste, regresándose, llegó hasta él y lo invitó a hacer un nuevo esfuerzo, por cuanto ya nos faltaba poco. Unos minutos más tarde, se presentó también la compañera Licha, quien, poniéndose ella misma como ejemplo, en su condición de mujer, logró infundirle ánimo.

Continuamos descendiendo hasta llegar a la quebrada, cabeza del río Guaymitas. Ascendimos después la cuesta y, encontrándonos cerca ya del camino real, nos detuvimos porque se dispuso enviar una comisión hasta el campamento de Casco para que nos fueran haciendo comida mientras llegábamos y que viniera alguien a encontrarnos. El Veintitrés y el Veintiocho resultaron designados para cumplir esta tarea, dándoseles órdenes estrictas de no informar absolutamente nada acerca del combate de El Aguacatal. Mientras esperábamos tirados en el suelo, comentamos los hechos ocurridos, unas veces haciendo chistes y, otras, quejándonos de los sufrimientos.

En todas estas conversaciones y comentarios no participaba ya el Veintiséis, es decir, El Negrito maoísta. Este compañero, como hemos dicho en otra parte, combatía con mucho denuedo nuestras tesis, así como el hecho de encontrarnos establecidos en un campamento fijo. Frecuentemente decía que el Partido estaba en un error al no dar la orden de ataque contra los chafarotes y que todas nuestras actividades en aquel lugar eran una pérdida de tiempo. Sin embargo, después del combate se metió en un profundo silencio, como si, del susto, se hubiera tragado la lengua: no volvió a hablar de que el guerrillero se hace caminando, de que la ofensiva es la mejor defensa de la guerrilla o de que la lucha produce el desarrollo del movimiento. Al contrario, como no había tenido valor ni siquiera de disparar su metralleta, cuando hablábamos del recién pasado combate, se ponía a masticar palitos y a ver para otra parte.

Como se tardaban en llegar del campamento, dispusimos avanzar un poco. Tomamos el camino real, desplazándonos con mucha precaución, ya que no sabíamos cómo se encontraban las condiciones de aquella zona. Al aproximarnos a la casa de don Quilo, nos apartamos del sendero y nos metimos en un matorral. Después de pasado algún tiempo, escuchamos la marcha en carrera de dos personas. Asomé la cabeza entre las ramas y hojas de los arbustos donde nos escondíamos y vi a Guevara y a Tollino, el hijo de don Quilo. Les silbé y se detuvieron. Nos abrazaron con mucha alegría y hablamos un poco:

—¿Están bien todos? —preguntó Guevara.

—Nos ha llevado putas —le respondió Rosales—. Sólo compárate vos con cualquiera de nosotros.

—Sí, hombre, están que son unos esqueletos.

—Nosotros —dijo Hugo— tenemos la nariz tan afilada que no necesitamos el machete para romper breña.

—Además —expresó otro compañero—, de las cuerdas del pescuezo de cada uno de nosotros se puede sacar música, como se hace con un violín.

—Ustedes, en cambio —subrayó otro compañero—, continúan tan robustos como antes, de modo que si se les golpea con algo, suenan como un tambor.

Cruzamos el camino y una alambrada. Después, agachándonos tras un matorral, pasamos de largo la casa de don Quilo. A los pocos minutos estábamos en el campamento. Todos nos recibieron con gran entusiasmo, encontrando dos compañeros más: el nuevo Siete, un viejo amigo mío, y el nuevo Quince. Este era de El Negrito, a quien le pusimos El Paisita, porque así nos decía a todos él mismo. Casco había ido a la casa de don Quilo a buscarnos algo de comer. Cuando regresó traía un caldero de poleada[112], lo único que pudo hacerse en

---

[112] Alimento hecho a base de leche, maicena y canela. Es de fácil digestión y por eso es muy utilizado para alimentar enfermos.

ese momento. Después de consumir aquel alimento tan ligero, nos acostamos a descansar todos, sin informarles nada a los compañeros sobre el asunto del choque con el ejército, ya que esas eran las instrucciones que habíamos recibido de Rosales y Aguilar. Nuestra marcha por aquellos montes y cerros había durado exactamente trece días. Salimos el 27 de julio y llegamos el 10 de agosto de 1964.

En ese mismo momento fue despachada una comisión para San Pedro a informar la llegada de Rosales a la base de Casco. Los encargados de ese trabajo fueron Guevara y Romero. Al día siguiente le compraron un chancho a don Quilo para darnos de comer carne y mejorar así nuestras condiciones físicas. Desgraciadamente, el animal no dio para mucho, pues, encontrándonos ya todos juntos, la carne apenas si ajustó para un pequeño trozo cada uno. Nuestra situación era delicada: estábamos completamente cadavéricos, pálidos y ojerosos. La desnutrición que sufríamos era escandalosa y, por ello, nuestras fuerzas personales estaban casi en cero.

Se presentó, además, otro problema. Resulta que, antes de nuestra llegada, cuando el grupo era menor, la señora de don Quilo cocinaba la comida. Sin embargo, estando ya juntos, eso era imposible, por lo cual teníamos nosotros que hacerla durante la noche, pues en el día era sumamente peligroso encender fuego, ya que, encontrándonos cerca del valle, el humo se miraba desde muchos kilómetros de distancia. Además, las condiciones se encontraban tan difíciles que casi no desenmochilábamos para mantenernos listos a huir, en caso de ser atacados. Todo esto indicaba que nuestra reposición se haría muy difícil en el campamento.

Ya un poco descansados, nos dieron permiso de bañarnos y de lavar nuestra ropa. Casco, quien hacía de barbero en el campamento, comenzó a peluquearnos a todos. En la mañana del 14 de agosto, mientras me barbeaba precisamente a mí, dio aviso el posta sobre la presencia de unos hombres desarmados en la zona. Supusimos que eran los enlaces enviados a San Pedro; sin embargo, por cualquier cosa, todo el mundo se puso alerta. Al poco rato, efectivamente, llegaron Guevara y Romero, trayendo con ellos a Aguirre, más dos comandos de la ciudad: Marcos y Rodrigo. De inmediato se regó la noticia por el campamento y, al darme cuenta yo de la presencia de Aguirre, salté del banco donde me barbeaba y fui a saludarlo.

—¿Y para dónde va? —me dijo Casco.

—Voy a darle un abrazo a ese hombre —le contesté.

Cuando Aguirre me vio, dijo:

—¡Aquí está usted, compa!

—Ya lo ve.

Me abrazó fuertemente y, después de eso, regresé a donde Casco para que terminara de pelarme. Se colgaron unas hamacas para los visitantes, a fin de que descansaran mientras llegaba la hora del almuerzo. Este fue muy raquítico, pues Casco ordenó hacerlo así para que Aguirre, como miembro de la Comisión Política del Partido, y los dos comandos, se dieran cuenta de la dura situación de la montaña. Sin embargo, los verdaderamente perjudicados con esas medidas fuimos nosotros, los desnutridos, pues para ellos no comer un tiempo era una cosa sin importancia, de tan robustos que estaban.

Toda la tarde, después del mediodía y parte de la noche, pasaron en reuniones Aguirre, Casco, Rosales y Aguilar. A veces eran llamados a participar Hugo, Benito, Romero y Benavides. Nunca supimos nosotros qué discutían tanto. Lo único que pudo filtrarse fue que se trataba de la continuación o suspensión de las actividades guerrilleras. Como algunos compañeros se manifestaban partidarios de enfrentarse al ejército en la ofensiva que éste preparaba contra nosotros, después del combate de El Aguacatal, las discusiones con Aguirre se prolongaron durante varias horas.

También se conoció la seria crítica que se le hizo a Rosales por aquel encuentro. Los compañeros lo hicieron responsable de este hecho prematuro, porque si hubiéramos continuado el camino el mismo día que llegamos, como lo plantearon varios compañeros, el choque se hubiera evitado. Pero Rosales se empeñó en que durmiéramos allí, a pesar de darse cuenta de los numerosos espías que estuvieron controlando nuestros movimientos desde muy temprano de la mañana. La actitud de Rosales nos la explicamos nosotros por su deseo de dormir con su mujer esa noche. Él aceptó la crítica, asegurando comportarse de otra manera en lo sucesivo. Aguilar, entonces, planteó que la mejor forma de evitar el abuso de autoridad era constituyendo el Estado Mayor de la guerrilla. Aprobada la idea, dicho Estado Mayor quedó así: Rosales, Aguilar, Hugo, Benavides, Benito, Romero, Díaz, Guevara y El Negrito. Casco no figuró en este organismo porque regresaba a San Pedro para dedicarse a tareas políticas.

Mientras tenían lugar estas deliberaciones, Guevara nos informó que, al pasar por la Base No. 1 con Aguirre y los otros, le había informado Perales que en Progreso se hablaba del choque del ejército con un grupo de guerrilleros. También dio a conocer que, cuando estuvo en San Pedro, un miembro de la Dirección Nacional del Partido le preguntó que si todo el grupo de Rosales había regresado al campamento, a lo cual él informó que sí, aunque algunos volvieron sin mochilas, por lo que se estableció que el choque del ejército fue con el grupo de Rosales y Aguilar. De esa manera se dieron cuenta Guevara y Romero acerca del combate, regándolo por todo el campamento.

—¡Qué bárbaros éstos! —dijo Guevara—. No informarnos de ese hecho cuando vinieron y tener que ir nosotros hasta San Pedro para enterarnos del mismo.

—Es que se nos había dado la orden de no informar nada de esto —le dije yo.

—¡Vaya! —volvió a decir Guevara—: ¡éstos ya se probaron! ¡Y nosotros nada!

—¿Y usted peleó? —me preguntó a mí.

—¡Claro! —le contesté.

—¡Ve, qué viejo, si ya se probó! —me dijo, abrazándome delante de los demás.

Incluidas las deliberaciones entre los jefes, se nos reunió a todos para dirigirnos la palabra. Habló primero Casco sobre las responsabilidades de la lucha y la necesidad de reforzar la disciplina, sobre todo en momentos en que el ejército se encontraba preparando una ofensiva contraguerrillera. Después habló Aguirre respecto a las alianzas efectuadas con otros grupos, principalmente del Partido Liberal y del Movimiento Francisco Morazán, para impulsar la lucha antidictatorial. Enseguida intervino Rosales, autocriticándose por sus errores en el campamento número Tres y durante la marcha que hicimos para llegar de nuevo a la Base número Dos. Finalmente, Aguilar nos dijo algunas palabras de aliento, invitándonos a sobreponernos a las dificultades y a continuar adelante en la lucha.

Después nos dieron la palabra a nosotros para hacer cualquier planteamiento. Esta oportunidad fue aprovechada por Rostrán para manifestar que debería tenerse más cuidado con la atención a los compañeros enviados a la ciudad en vías de salud, pues los comandos urbanos se descuidaban de ellos, hasta el extremo de que muchas veces tenían que aguantar hambre en las casas a donde se les llevaba. La crítica fue aceptada y allí mismo prometió Aguirre tomar todas las medidas del caso, a fin de evitar los hechos apuntados.

Como a los tres días después, Rosales, Casco y Aguilar comenzaron a plantearnos lo siguiente: cada compañero que tuviera familiares donde irse y permanecer en condiciones de seguridad, debía prepararse inmediatamente para viajar. El Diecisiete manifestó tener un sobrino en Guanacastales. Al Veinticinco se le arregló viaje para San Pedro, a fin de ponerlo en tratamiento médico, y Benavides fue mandado a Progreso para extraerse una muela.

Cuando se estaban haciendo todos estos arreglos, llegó Aguilar a donde me encontraba y me dijo:

—¿Y vos no querés ver a tu mamá?

—Querer, sí quiero —le contesté—, pero todo depende de las posibilidades.

—¿Podrías irte a la casa de algún familiar por algún tiempo?

—Sí puedo.

—Entonces andate y aprovechá la oportunidad para ir a visitar a esos amigos que tenés en Santiago y que, según has dicho, están de acuerdo en organizar una base, pues pronto la vamos a necesitar.

—Está bueno.

—¿Cuándo irías donde ellos?

—Hoy mismo, pues si salgo en este momento de aquí, a almorzar donde uno de ellos voy. Duermo allí y mañana parto para Kilómetro 15, a fin de tomar el tren para Mango, donde tengo una hermana. Si veo peligro de entrar en Paujil, lugar donde está mi madre, la mando a llamar con mi hermana. De lo contrario, llego hasta allá.

—Me parecen buenas tus ideas; además, aprovechá el tiempo para renovar tu tarjeta de identidad, pues vamos a necesitarte para el trabajo político. Entregale todas las cosas al Suministro y salís ya.

Cuando estuve listo, fui a donde Casco y Rosales para recibir las últimas instrucciones.

—Compa, ¿cuánto necesita para su viaje? —me preguntó Casco.

—Sólo unos quince lempiras para los pasajes —le contesté.

—Bueno: aquí hay veinte —me dijo.

—Tenés la obligación de presentarte el 12 de septiembre —me dijo entonces Rosales.

—¿A dónde? —le pregunté.

—Aquí, en la casa de don Quilo —me respondió—. Es el punto de referencia. ¿Ya te dijo Aguilar lo que vas a hacer?

—Sí.

—Bueno, entonces que te vaya bien, viejo —me expresó, por último, estrechándome fuertemente la mano.

Me despedí de todos y partí. Eran las diez de la mañana del día 17 de agosto de 1964. A los pocos minutos llegué al camino real, donde me di cuenta de que había olvidado el foco. Pero no me quise regresar y continué adelante. Iba con hambre porque la comida en el campamento durante todo este tiempo había sido muy escasa y mala. Como el camino era en descenso, rápidamente crucé la aldea Brisas del Norte y llegué a la carretera, donde me detuve a esperar carro. No pasó mucho tiempo cuando apareció un vehículo de pasajeros. Le hice la señal de parada y se detuvo, diciéndome el chofer:

—¿Para dónde va?

—Para Santiago.

—Lo llevo, pero si se conforma con ir en la parrilla, pues, como usted ve, voy lleno.

—No importa; me voy como sea.

—Súbase, pues.

Cuando cruzamos la aldea El Jute, vi a mi exesposa. Estaba lavando ropa en una tina. El corazón me dio vueltas en el pecho, como una campana. Sólo tuve tiempo de decirle adiós; pero, como el carro iba en marcha, no tuve oportunidad de saber si me había reconocido.

Arribamos a Santiago. Por un pedazo de montaña, caminando a pie, llegué hasta la casa de mi amigo Tiviche. No estaba él, ni los hijos varones; solamente se encontraba la señora y las hijas, unas muchachas bastante hermosas. Me recibieron muy alegres, diciéndome Cándida, la mujer de Tiviche:

—¿Y ese milagro? ¿De dónde viene?

—De Santa Rosa de Copán.

—¿Y su mamá cómo está?

—Pues no sé, fíjese, porque no la he visto.

—¡Qué barbaridad la suya! Bueno, ¿y por qué está tan delgado y pálido? ¿Ha estado enfermo?

—Sí; estuve bastante enfermo.

Era como la una de la tarde. La mayor de las muchachas me trajo café, pero como yo tenía una canina insoportable, producto aún de la hambreada que habíamos dado durante la marcha, hice a un lado la vergüenza y le dije a Cándida:

—¿No le quedó algo de comer para que me prepare una tortilla? Fíjese que no he ni desayunado. Ay, perdone el abuso, pero no puedo más.

—¡No tenga cuidado! Echate unas tortillas, vos, en una carrera —le ordenó a la misma muchacha que me traía el café.

Mientras continuamos platicando, escuchaba yo en la cocina el ruido de ollas y el chirrido de la manteca cuando freían algo. Algunos olores a huevo frito y a carne asada comenzaron a llegarme. El estómago me brincaba y grandes cantidades de saliva se me formaban en la boca, tanto que casi me impedían continuar la conversación. La espera se me hizo como de un siglo. Por fin, llegaron con la comida: frijoles, queso, mantequilla, huevos fritos, carne asada, un jarro de leche y tortillas en abundancia.

—Coma todo lo que quiera, sin pena ninguna —me dijo Cándida.

—Pierda cuidado, Cándida, que no estoy ahora para vergüenzas.

Al salir por un momento las muchachas, aproveché la oportunidad para decirle:

—Sí, yo, desde el golpe de Estado, ando huyendo y he permanecido en la montaña. Por eso es que no he visto a mi mamá.

—¡Ah, con razón! A mí me extrañaba que estuviera tan delgadito y pálido, como queda uno después de una gravedad. Cuando Tiviche lo vea, se va a asustar; pero también se alegrará de que haya venido. A él lo tienen fichado aquí. Varias veces han venido a registrar la casa para quitarle la pistola. Sin embargo, fue vivo: se la dio al segundo del comanche de Uluíta para que se la tuviera, haciendo creer que se la había vendido. El delegado de Tela le ordenó entregarla, pero el amigo que la tenía fue hasta allá y declaró que él la había comprado. Así dejaron de molestar.

—La vida ha sido dura para todos, después del golpe.

—Así es. Por ejemplo, nosotros resolvimos el problema de la persecución, pero caímos en otro lío. Ahora es un enemigo personal de Tiviche el asunto que nos tiene intranquilos. Resulta que Leonardo, un campesino amigo nuestro, se agarró a machetazos con un oreja y punpunero de Santiago, al que le causó varias heridas. Valiéndose de sus influencias, este oreja puso preso a Leonardo. Entonces Tiviche le ayudó a salir de la cárcel con una fianza de cuatrocientos lempiras. Por haber dado esta ayuda es que el hombre ahora no puede ni ver a mi marido.

En horas de la tarde llegó Tiviche. Nos abrazamos con mucha alegría y nos pusimos a conversar, mientras las mujeres preparaban la cena. Cuando estuvo ésta, nos llamaron a la mesa. A mí, sabiendo la canina que me cargaba, me sirvieron bastante comida y un jarro de leche. Después de la cena, Tiviche trajo su radio y sintonizó La Habana. Escuchamos un resumen del discurso pronunciado por Fidel para el último aniversario del 26 de julio, así como noticias sobre la lucha revolucionaria en América Latina y la guerra en Viet Nam.

Renovamos la conversación y le hablé del asunto que habíamos acordado con Aguilar, allá en el campamento: la organización de una base de apoyo en Santiago. Inmediatamente estuvo de acuerdo, diciéndome que ellos bien podían sostener a un grupo armado desde allí. Después me dijo:

—Entonces era cierto lo que se decía hace poco sobre un grupo armado que pasó por esas montañas. ¿Eran ustedes?

—Sí; éramos nosotros.

—Pues, fíjese que varios sacones[113], orejas, se fueron a la montaña para comprobar si era verdad lo que se decía, a fin de dar cuenta al ejército.

—¿Orejas de aquí?

—De aquí. Yo les dije que ojalá fuera cierta la información y que los guerrilleros les dieran una buena bañada de balas por papos.

—Entonces, ¿no hay problema con lo de la base? —volví a preguntarle para estar seguro de su decisión.

---

[113] Entremetido.

—Ya sabe que tratándose del Partido Comunista y de defender nuestros intereses como trabajadores, estamos dispuestos hasta a dar la vida, no digamos a brindar un apoyo como el que me solicita.

—¿Y ya pensó en quiénes pueden integrar la base?

—¡Claro! Para comenzar pueden ser: Teófilo, Regino, Casimiro y yo. ¿Está de acuerdo?

—A todos los conozco y me parecen hombres de absoluta confianza.

Ya tarde de la noche, nos acostamos. En el desayuno del día siguiente me pusieron otro montón de comida, siempre con el jarro de leche. Todos se fueron a trabajar, quedándome yo en la casa hasta después de mediodía, hora en que saldría para Mango.

Llegó la hora del almuerzo y, una vez más, la comida que me dieron fue como para alimentar a toda la guerrilla, señal evidente de que habían notado la situación en que me encontraba. Después del almuerzo, me despedí de ellos y marché hacia la carretera que conduce a Kilómetro 15. Atravesé Campo 8 y en ese lugar encontré al marido de una comadre que tenía en la montaña, quien me saludó muy alegre. Llegué a Kilómetro 15 y allí, sin pensarlo, me encontré con Casimiro, uno de los hombres mencionados por Tiviche para formar la base. Nos saludamos con mucho entusiasmo, ya que habíamos sido compañeros de trabajo en Finca Palomas. Apenas comenzábamos a hablar, cuando arribó el tren, por lo cual tuve que despedirme de él sin poder explicarle ampliamente el asunto de la base.

Al pasar por Villafranca, asomé la cabeza por la ventanilla del vagón para decirle adiós a mi hermana, quien vive a un lado de la línea férrea. Al hacerlo tuve el cuidado de disimular un poco para que no me vieran los orejas de ese lugar, los cuales me conocían perfectamente. Llegué a Mango. Cuando me vio mi hermana, se puso muy alegre. Para mí aquello era natural, pues, al fin y al cabo, era mi hermana. Sin embargo, lo difícil era encontrarme con el cuñado, pues éste, como dije en otra parte, me había corrido de la casa por mis ideas comunistas.

—Hay que poner cara de sinvergüenza —me dije a mí mismo—, pues el trabajo revolucionario lo impone. Además, este cuñado es como la marea: en un rato sube y en otro baja. No hacerle caso es lo mejor.

—¿Has sabido de mi mamá? —le pregunté a mi hermana en un determinado momento.

—Sí he sabido.

—¿Y está buena?

—Sí, aunque de vez en cuando le dan algunos achaques.

—¿Y creés que podré entrar en Paujil?

—Yo pienso que sí.

—Entonces, mañana iré a verla y a traer una ropa que tengo allá.

—Esperate para el sábado; así iremos juntos.

El sábado mismo, cuando estábamos a punto de partir, llegaron mis hermanos, el menor y el mayor; este último iba con su mujer. Fue una sorpresa para ellos encontrarme allí. El hermano mayor no se daba cuenta de dónde me encontraba porque no le quisieron decir en la casa. Al hermano menor le pregunté:

—¿Creés que puedo ir a Paujil a ver a mi mamá?

—¡No, hombre! ¿No mirás que allí casi todos te conocen y saben tu participación en el movimiento revolucionario? Principalmente Felipe, que es oreja y puede chismearte.

—Entonces, cuando regresés, decile a mi mamá que venga el lunes porque deseo verla y, de paso, que me traiga las chinelas[114] que dejé allá.

—¡Ah! —dijo la cuñada—, por eso, ayer, cuando llegó Julio desde Villafranca, llamó a don Félix y estuvieron conversando en secreto. Después llamaron a Jacinto, quien salió, probablemente a consultar con los compañeros suyos. Al rato volvió informando que nada se sabía acerca de usted. Luego nos dimos cuenta de que Julia había platicado con su mamá y le había dicho que a usted lo conducían preso en el tren; que usted quiso decirle adiós, pero que no pudo ni levantar la mano porque lo llevaban bien amarrado.

—Esa hermana sólo para hacer alharaca sirve. Lo que pasó es que asomé la cabeza por la ventanilla para decirle adiós y ella apenas me

---

[114] Calzado de corte bajo; se le usa ocasionalmente y no para trabajos en el campo.

vio por la velocidad del tren, además de que pronto me senté para que no me vieran los orejas de ese lugar.

El hermano mayor me indicó que si me encontraba en peligro, podría irme a donde él por algunos días. Le agradecí ese ofrecimiento y le dije que me habían dado un mes de permiso para recuperarme un poco. Después le indiqué:

—El miércoles salgo para allá. No me voy ahora con ustedes porque debo esperar a mi mamá hasta el lunes. Además, necesito ir a Progreso a convalidar[115] la cédula de identidad.

—¿Y Chabelita? —me preguntó la cuñada.

—Pues, con estas buyas y problemas no la he visto.

—Ahí está todavía, esperándolo.

—¿No se ha casado esa muchacha?

—No. Tiene un novio que le ha prometido casarse con ella, pero yo creo que es mentira.

De esta muchacha les hablaba yo a los compañeros en la montaña, sobre todo cuando cada quien se refería a su novia o a su mujer. Allí me decían que tuviera paciencia, porque, al volver a la legalidad, me ayudarían para que me casara. Con esto me daban una buena esperanza porque, hablando con franqueza, yo estaba enamorado de ella, no sólo porque era bonita, sino también porque se manifestaba de acuerdo con la lucha revolucionaria.

Al día siguiente, el hermano mayor, su esposa y una cuñada partieron para Baracoa, a tomar el tren hacia Potrerillos. El menor se fue también, pero a tomar el ferrocarril que va a Tela. Antes de salir, cada uno de ellos me dio dos lempiras.

Poco después de la salida de mis hermanos, llegó a la casa un campesino, de nombre Rafael, quien había ido varias veces al Dos a entrevistarse con Casco y Rosales. Este me informó muchas cosas sobre la situación en aquel lugar, diciéndome, al mismo tiempo, que debía ser cauteloso porque los campesinos de allí eran muy atrasados, por cuya razón no se podía informarles nada respecto al movimiento revolucionario. Como yo recordaba haberlo visto en la montaña durante uno de sus viajes, le pregunté:

—¿Y por qué no volvió allá, compa?

---

[115] Renovar.

—Porque me resentí con Casco por la forma en que me trató durante la última vez.

—¿De veras? ¿Y qué pasó?

—Resulta que llevó a todo el grupo de compañeros al lugar donde nos entrevistábamos y los escondió en un monte, mientras él y yo discutíamos un asunto. De repente, salieron todos, empuñando sus armas para sorprenderme. Yo no dije nada porque en aquel momento no me convenía. Sin embargo, no dejé de interpretar ese hecho como una muestra de desconfianza. Eso me ha resentido mucho, porque, ¿cómo se ponen a pensar que yo pueda cometer o permitir una traición? Desde entonces no he vuelto al campamento.

En una vuelta que di por el campo, me encontré por casualidad con el Trece, el compañero que había desertado del campamento. Este me dijo que el motivo por el cual se marchó fue que le negaron un permiso para venir a ver a su familia, ya que a otros compañeros sí los dejaban salir cada vez que lo solicitaban.

—Pero eso no significa —me expresó— que yo vaya a traicionar el movimiento, porque amor a la lucha revolucionaria sí le tengo. A causa de ello, durante todo este tiempo no he dejado de cooperar en todo lo que he podido.

—¿Y dónde trabaja? —le pregunté.

—Estoy en Cortés. ¿Y usted qué hace? ¿Ya se vino del todo o va a regresar por allá?

—No; ya me salí de eso y ahora estoy bien fregado porque estoy sin trabajo.

—¡Qué lástima! —me dijo y, sacándose un lempira del bolsillo, me lo entregó.

El día lunes, en el tren mixto de Progreso, llegó mi mamá. La recibí con un abrazo muy fuerte y le di un beso en la frente. Hablamos de todo: de los problemas, de la familia, de los amigos y de la lucha contra los golpistas. Estuvo tres días con nosotros. El miércoles salimos de la casa: yo para la aldea El Llano, y ella, de nuevo para Paujil. En lo que estaba mi hermana arreglándose para irnos a encaminar hasta Baracoa, aproveché el tiempo para ir a despedirme de doña Margarita, la esposa de Tavo, otro de mis buenos amigos. Eso hacía cuando llegó un hombre gordo, empujando una bicicleta.

—Buenos días —dijo.

—Buenos días —le contestamos.

—¿Se encuentra Tavo?

—No; Tavo está trabajando —le respondió doña Margarita.

—¿Y a qué horas vuelve?

—Hasta por la tarde.

—¿Y allí, en frente, quiénes viven?

—Allí vive José Reyes —volvió a responderle doña Margarita.

—¡Ah, qué jodida que no se encuentra Tavo! Y esas mujeres parece que van de viaje, ¿verdad?

—Sí —le dije yo, un poco molesto por tanta pregunta—, es mi madre que va de viaje. ¿Por qué pregunta?

—Es que Rafael me dijo ayer que aquí se encuentra un compañero, a quien tengo interés de verlo.

—¿Y quién es usted?

—Soy Benjamín Enamorado.

—Ah, es don Mincho, de quien le habló Tavo —exclamó doña Margarita al oír el nombre.

—Sí —volvió a decir el hombre—, es que Rafael me dijo que aquí estaba un compañero alto, delgado y muy pálido con quien necesito hablar sobre algunos asuntos.

—Rafael es un hombre chele[116] y fornido, ¿verdad? —le pregunté.

—Así es.

—Pues yo soy el hombre a quien busca. ¿Qué desea?

—Entonces, deme su mano, compañero, porque somos de los mismos: yo también estoy comprometido en esta lucha en la que se encuentra usted.

—¿Y cómo le va en estos lugares?

—Hasta el momento puedo decir que bien, porque todavía no me han fichado y me es posible viajar a todas partes. Para engañarlos me les arrastro[117] un poco a esos viejos, entre ellos a don Marel y otros, pues de esa manera me dejan en paz.

—Eso está bueno. Así debe hacerse.

—¿En qué trabaja usted?

—Soy bombero.

_____

[116] De tez blanca y cabellos rubios.
[117] Portarse con servilismo.

—¿Conoce a Beto Acosta?

—Lo conozco.

—Ahí me lo saluda cuando regrese.

—Bueno, con mucho gusto.

—¿Y usted, siendo bombero, podrá conseguirme algún lubricante?

—Sí, se lo consigo. ¿Cuándo regresa?

—Entre dos semanas. Por ahora ando recuperándome un poco, pues, como usted puede ver, físicamente no me encuentro muy bien.

—Entonces, cuando esté listo para regresar, le traigo un poco de aceite y grasa, si lo considera necesario.

—Todo eso necesitamos allá, para las armas.

—Entonces, que me avise Tavo cuando usted ya se encuentre de nuevo aquí para traerle todo eso.

—De acuerdo. Si no estoy yo, me lo deja con mi hermana.

—Muy bien, mientras tanto tenga esto, para que le sirva aunque sea en los pasajes —me dijo, extendiéndome un billete de cinco lempiras.

—Muchas gracias y que le vaya bien.

—Por nada; quedamos en lo dicho.

Mi madre y mi hermana ya habían salido para la estación cuando me despedí del compañero. Salí y caminé lo más rápido que pude para alcanzarlas. Al poco rato me encontré con Luis Gallardo, un liberal empedernido. Nos saludamos con alguna cordialidad y apenas tuve tiempo para decirle que andaba capeándome del ejército y que me encontraba bien jodido, sin trabajo. Al despedirnos, se sacó un lempira y me lo dio. Corrí un poco y alcancé a mi madre y a mi hermana. Al llegar hasta ellas, les dije:

—Fíjense que aquel hombre con quien me quedé conversando me dio un billete de cinco lempiras.

—¿De veras, vos? —dijo mi hermana.

—Sí; aquí está, miralo.

—¿Y es de los mismos, vos?

—Sí; también está de acuerdo con nosotros.

—¡Púchica, vos! Eso es lo que me da impaciencia de José. Yo le digo a cada rato que se fije en todos los que participan en la lucha revolucionaria y él no me hace caso.

Llegamos a la estación de Baracoa. Al poco rato estaban también los trenes que esperábamos. Mi madre tomó el Mixto para Progreso y yo el Nacional de Tela a San Pedro. Nos despedimos con un abrazo. Lo mismo hice con mi hermana, prometiéndole regresar pronto.

CAPÍTULO VII: ¿TIENEN RELACIONES CON CUBA?

Llegué a San Pedro e inmediatamente busqué los contactos, sin poder encontrar a ninguno. Los comandos habían desaparecido como el humo. Ante esas circunstancias, tomé un carro para El Progreso y partí hacia allá. Aproximadamente a las once de la mañana estaba en dicho lugar. Pregunté a una persona en dónde convalidaban las cédulas. Me dio algunas indicaciones y me puse a buscar la oficina. Al encontrarla, entré.

—¿A convalidar la cédula viene? —me preguntó un hombre.

—Sí.

—¿Trae la partida de nacimiento?

—Sí la traigo.

—Échemela, pues.

—¿Y la cédula vieja?

—También; aquí está.

—Pero esta cédula se encuentra muy deteriorada.

—El trabajo, señor.

—¿Tiene una fotografía tamaño carné?

—No la tengo, desgraciadamente.

—Pues debe fotografiarse y volver.

—Está bien; volveré el miércoles de la próxima semana.

—Perfecto; no hay problema.

Inmediatamente pasé a donde don Rafael, el fotógrafo, para que me hiciera las fotos tamaño carné que me habían pedido. Mientras el hombre preparaba los aparatos, se puso a conversar sobre Estados Unidos y la obra de "progreso" que realiza en nuestros países. Yo lo escuché y guardé silencio, pero en el rostro sentía una gran vergüenza, o quizá cólera, de encontrarme con hondureños que fueran tan ignorantes o tan perversos que defendieran a quienes nos explotan y nos oprimen. Para mí aquello fue muy doloroso, porque la persecución de que era objeto venía precisamente del imperialismo norteamericano, pues este, y no otro, fue el inspirador del golpe militar del 3 de octubre.

Al terminar de tomarme las fotografías, quedé en volver el miércoles de la siguiente semana a sacarlas, tal como lo había dicho en la oficina de la convalidación.

Me fui para el punto de los carros que van para Santa Rita, y pronto abordé uno. Llegamos rápidamente al pueblo. Cruzando por una calle iba, cuando escuché una voz que me decía, desde la puerta de una cantina:

—¡Hola, don!

—Hola, Berta.

—¿De dónde viene?

—De Santa Bárbara.

—¡Ah! ¿Y para dónde va?

—Ahí, para el otro lado; donde un hermano.

—Pero pase, aunque sea un rato, y tómese un fresco.

Hablamos de varios asuntos. Después me marché, siguiendo la misma calle. Al pasar por la casa de don Eusebio Melgar, éste me vio y no pude menos que entrar a saludarlo. Tenía el grado de coronel, pero de cerro[118], y era un liberal muy obcecado. Además, profesaba el Evangelio en una forma fanática, por cuya razón el nombre de Cristo le salía de la boca más veces que cualquier otra palabra.

—Hola, don Chebo, ¡qué tal está usted? —le digo al verlo.

—Hola, muchacho, ¿cómo te va?

—Pues más o menos bien, don Chebo. ¿Y a usted?

—Pues bien, por la voluntad de Cristo.

—¿Cómo está la vida en Santa Rita?

—Siempre con problemas, pero, como nuestro Señor no nos deja de la mano, ahí vamos tirando.

—¿Y los punpuneros, don Chebo?

—Esos están muy rabiosos, pues el golpe les ha dado más oportunidades que nunca para sangrar al pueblo. Pero ellos no saben que el ojo de Cristo no se les despega de encima.

—Sí, don Chebo, ese golpe nos ha hecho retroceder muchos años en la historia.

---

[118] Militar de línea que no ha pasado por la escuela castrense.

—Así lo creo yo, aunque el culpable del golpe es ese hijo de puta de Villeda Morales, porque él le dio entrada al comunismo. De no haber sido así, los militares no se habrían visto en la necesidad de salir de sus cuarteles a detener el ascenso de ese monstruo. Por eso, nuestro Señor, que es duro en la ira y amoroso en la paz, con mano fuerte castigará a Villeda Morales cuando le llegue su turno.

Nos despedimos. Al salir de su casa no pude evitar este pensamiento: "Viejo canalla, reaccionario y farsante; habla de Dios, mientras dice palabrotas y se manifiesta partidario de la persecución y el asesinato del pueblo". Crucé el río Humuya o de Comayagua y, poco después, arribé a la aldea de El Llano. En solo la entrada de esta población encontré a varios amigos, con los que nos saludamos muy amablemente. Cuando éstos me soltaron, no sin algo de impaciencia de mi parte, pues tenía interés en continuar el camino, me dirigí a la casa de Tila, una de las tías de la muchacha de la que estaba enamorado. Como ya era un poco tarde, allí me dieron cena.

Después de comer, continué el camino hacia donde mi hermano. Crucé el río Zapote o Santa Cruz y, ya de noche, llegué a donde Ustaquio, el padre de mi novia. Tanto él como su señora se encontraban fuera de la casa, tomando el fresco. Sus sillas estaban a uno y otro lado de la puerta, con los espaldares tocando la pared de varas de la vivienda. En el fondo de ésta se encontraba mi novia, meciéndose en una hamaca y cantando una canción popular, la cual recordaba yo en la montaña cada vez que su nombre o su figura venían a mi cerebro.

—¡Hola, Ustaquio! Mucho gusto en verle. ¡Qué tal, Felícita! ¿Cómo está usted?

—Hola, Luis, ¡qué sorpresa verlo por aquí!

Cuando la muchacha escuchó mi nombre, dio un salto de la hamaca y vino hasta donde estábamos, sin pensarlo dos veces.

—¡Hola, Luis! —me dijo—. ¡Hasta que al fin apareció el perdido!

—¡Qué tal, Chabelita!

Me extendió la mano y me dio un apretón muy fuerte, lo mismo que yo a ella. Inmediatamente sentí como una corriente eléctrica que me recorrió todo el cuerpo, desde la cabeza a los pies. El corazón me golpeaba fuerte en el pecho, tanto que a mí me parecía escuchar el ruido de las palpitaciones. Ella misma trajo un asiento y me lo puso cerca de donde estaba su papá y su madrastra. Después se fue a la cocina y, al poco rato, volvió con una taza de café y unas empanadillas. Mientras saboreaba aquel café y aquel pan, que en ningún otro momento he sentido más sabrosos, continué charlando con los viejos. Isabelita se sentó entre nosotros y siguió la conversación, mirándome con unos ojos llenos de dulzura. Después de un rato de agradable palique, me despedí de ellos y me fui para la casa de mi hermano, la que se encontraba a cien metros de distancia de donde estábamos.

Toda la familia me recibió con mucho entusiasmo. Hablamos de varias cosas y nos acostamos a dormir. Al día siguiente comencé a visitar a los amigos: don Valentín, Bonifacio, Patrocinio y otros, la mayoría de ellos simpatizantes de la Revolución Cubana, cuyas noticias escuchaban diariamente en sus receptores. Después fui a la aldea Subirana para visitar a Adrián, un viejo amigo que le había manifestado a mi hermano su deseo de verme. No estaba en casa porque andaba haciendo un mandado por Santa Rita. Pero la señora, a la cual yo no conocía, pues no era su primera mujer, me rogó esperarlo y, mientras tanto, me puso de almorzar, pues ya era mediodía.

Como a la una de la tarde llegó Adrián. Al verme se puso muy contento y comenzamos el diálogo. Después de referirnos a varias cosas, me dijo:

—Si quiere nos vamos a la milpa y allá continuamos hablando con más amplitud.

—Ni cosa mejor —le contesté.

Me monté en una yegua y partimos. Sin embargo, al llegar allá, nos encontramos con un hermano de él y un cuñado, quienes andaban buscándolo porque habían salido a tirar y, al dispararle no sé a qué cosa, el rifle les había fallado. Iban a que Adrián les revisara el arma. Adelantándome yo, tomé el rifle y, sin mayores dificultades, le encontré el defecto y lo compuse en un santiamén.

—Usted sí es gallo para esto —me dijo uno de ellos.

—Papo, ni que fuera militar —expresó el otro.

—Pues sepan que aquí están con todo un guerrillero —les dije, en un exceso de confianza—. A mí háblenme de cualquier tipo de armas, aunque esto, naturalmente, deben guardarlo como un secreto.

Después de decir estas palabras, me arrepentí, pero ya era tarde. En mi conciencia surgió, de inmediato, un sentimiento de culpa: había violado la disciplina del Partido, ya que, antes de partir, los jefes de la guerrilla nos dieron instrucciones precisas sobre la necesidad de mantener la más estricta discreción sobre la guerrilla y los participantes en ella. Lo que me devolvió algo la confianza fue que, poco después, los muchachos me informaron que eran parientes de algunas personas de Mezapita, donde habíamos organizado la Base No. 4. Además, ellos mismos se manifestaron de acuerdo en formar una base de apoyo cuando llegara el momento oportuno.

El día miércoles de la semana siguiente volví a Progreso a convalidar mi cédula de identidad, como le había dicho al empleado de la oficina. Al llegar a ésta no tuve inconveniente y, como disponía de algunas horas, me fui para la casa de un amigo liberal, don Manuel Anariva, con quien había trabajado mucho tiempo, cuando fue capitán de finca en la compañía bananera. Entre otras cosas, hablamos lo siguiente:

—Cuénteme, don Manuel, ¿cómo logró escaparse durante el golpe, si a casi todos los de la Guardia Civil los mataron?

—Pues resulta que yo no me encontraba en Yoro, de donde me cambiaron para Puerto Cortés. Pero al llegar allí no me gustó mucho la cosa. Entonces pedí permiso para venir a ver a mi familia y no regresé en la fecha establecida. Durante esos días dieron el macanazo. Por eso me salvé.

—Pues anduvo en alas de cucaracha.

—Así es.

—¿Y en qué cree usted que va a terminar todo esto?

—Villeda Morales va a volver a la Presidencia.

—¡Ah! ¿Cómo dice usted?

—Lo que oyes. Ese es un hombre que no va a dejarse joder así no más.

—Pues yo lo veo difícil.

—Hará lo mismo que Betancourt, en Venezuela: se afianza con Estados Unidos y después vuelve a la guayaba[119] sin que nadie lo pare.

---

[119] Presidencia de la República.

—¡Jum! Pero el Partido Liberal está caído, y si no se lanza a la insurrección armada, no podrá recuperar de nuevo el poder.

—Esas son las medidas que se están tomando: si no hay elecciones libres, nos vamos a los cerros.

—Yo tengo mis dudas sobre eso, don Manuel, porque desde hace algún tiempo a esta parte, la política del Partido Liberal se ha hecho muy conservadora.

—No lo creás y tené cuidado con semejantes ideas, porque ese es el principio del comunismo.

Me despedí de él con una sonrisa en los labios. Al salir a la calle, me encaminé hacia el mercado de la ciudad, en busca de los vehículos que van para Santa Rita. El día estaba caluroso, como siempre es en Progreso. A medida que avanzaba por las avenidas polvorientas, iba encontrándome con hombres, mujeres y niños, cada uno con su asunto en la cabeza; con un problema o una preocupación. Yo, naturalmente, también tenía lo mío: el miedo a caer en manos de los chafas y que éstos, por saber algo más de la guerrilla, me torturaran, igual o peor que como lo habían hecho con los hermanos Paz. Por eso, aunque caminando con alguna confianza, siempre que salía a una calle nueva la examinaba desde un extremo a otro, para no dejarme sorprender.

Así iba, aproximándome ya al mercado, cuando, en cierto rincón de la calle, veo al Veintiocho y al Quince, que conversaban entre sí con alguna precaución.

—¡Qué! ¿Usted por aquí? —me preguntó uno de ellos.

—Vine a convalidar la cédula de identidad.

—¡Tiene güevos usted, compa! —exclamó El Niño.

—¿Y ustedes?

—Pues es la verdad —dijo el Quince—, porque, como casi nada: somos tres guerrilleros los que estamos aquí.

—¿En dónde se convalida la cédula? —me preguntó El Niño.

—Si quiere lo llevo.

—Vamos, porque yo tengo que hacer eso también y no conozco.

Nos fuimos a la oficina, despidiéndonos del Quince. Por el camino me informó que se encontraba en San Pedro, bajo tratamiento médico, pero que sufría mucho porque los comandos frecuentemente se olvidaban de él y no le resolvían el problema de la comida. También me informó que en ese mismo momento andaba sin comer y que no tenía el pasaje para regresar a San Pedro. Así, hablando de varias cosas, llegamos a la oficina, donde no tuvimos ninguna dificultad en convalidar la cédula.

Cuando regresamos al punto de carros, ya el que partía para Santa Rita estaba listo, por lo cual me despedí de El Niño con un:

—¡Hasta luego, en la montaña!

Al arribar de nuevo a El Llano, me encontré con el cuñado de Adrián y dos hermanos interesados en irse conmigo a la sierra. Al serme presentados los muchachos, éstos me dieron a conocer su propósito sin mayores rodeos. Por eso, les dije:

—¿Y no saben ustedes que es peligrosísimo hablar de estos asuntos?

—Sí, pero nuestra decisión no la conoce nadie más que usted.

—Muy bien. Pero, ¿saben ustedes exactamente de lo que se trata?

—Más o menos.

—¿Saben cuáles son los intereses que van a defender?

—No del todo, pero algo sabemos.

—Lo principal que deben saber es que un guerrillero no defiende a ésta o aquélla persona, a éste o al otro partido tradicional, sino que defiende los intereses de la clase trabajadora, por mejores condiciones de vida y por una reforma agraria profunda y campesina. La condición básica para llevar a cabo esta lucha es que el guerrillero adquiera una conciencia revolucionaria verdaderamente firme, que le permita soportar con entereza todas las penalidades y cumplir la disciplina que exige el Código Guerrillero, el cual es muy estricto.

—Todo eso ya lo suponíamos —dijo uno de ellos—, pues la guerra así debe ser.

—Además, ya estamos listos —señaló el otro.

—¿Listos en qué sentido?

—Tenemos una pistola 38 cada uno, un fusil 22 y una escopeta 16. Además, dos pares de botas y tres mudadas de azulón.

—Todo eso está muy bien, pero yo no puedo decidir si se van o no. Para resolver este problema es necesario que hagan una solicitud en el núcleo por medio de una persona que los conozca suficientemente y los garantice ante los jefes. Yo puedo colaborar con ustedes en el sentido de llevar la solicitud al regresar a la montaña. Cuando se discuta y resuelva, les avisamos a ustedes.

—Nos parece bien así.

—Bueno, entonces, en eso quedamos.

En el momento de despedirnos y darle la mano al cuñado de Adrián, recordé que este último me había hablado de la presencia de don Pancho en Campo Llano, quien era dirigente de los trabajadores y se manifestaba decidido a impulsar la lucha contra los golpistas. Este don Pancho había participado en la huelga del cincuenta y cuatro y, por ese tiempo, militó en Finca La Fragua, con Aguilar, un cuñado de éste y Amaya. Por eso decidí visitarlo. Al recordar esto ahora, dispuse partir de allí mismo para buscarlo.

No estaba en su casa. La señora me informó que se encontraba trabajando en la milpa.

—¿Queda muy retirado? —le pregunté.

—No tanto. Si quiere, voy en una carrerita a decirle que usted lo busca.

—Se lo agradecería.

Salió de la casa y, al poco rato, estaba de regreso, pero no con don Pancho, sino con un cipote. Entonces me informó:

—Dice que mejor vaya usted a la milpa, porque no se puede atrasar, pues se encuentra tapiscando. Este cipote le indicará el camino.

—¡Está bien! Iré allá —le manifesté, y me fui con el cipote.

—¡Hola, hombre! —me dijo don Pancho al verme llegar—. Hay perdone, es que la mujer no supo explicarme quién era.

—Pierda cuidado, don Pancho.

—¿Y qué aires lo traen por aquí?

—Ya ve; así es la vida.

—Ajá. A propósito, en el último Congreso de los trabajadores me encontré con Amaya y éste me habló mucho del movimiento revolucionario.

—Me alegro. ¿Y usted, don Pancho, qué hace ahora por la causa?

—Bueno, la verdad es que me encuentro aislado, no por miedo, sino por diversas circunstancias. Aunque, le voy a decir a usted, las cosas están muy difíciles; la persecución es dura y uno tiene que cuidarse hasta de los propios trabajadores. El gran problema es la falta de conciencia de la gente. Por eso es peligroso meterse en una lucha decidida, pues no sólo no se encuentra suficiente colaboración, sino que incluso muchos obreros o campesinos, confundidos por la propaganda del gobierno y de las empresas, se convierten en enemigos de la causa.

—Usted tiene mucha razón en lo que dice, pero precisamente, una parte de la lucha consiste en desarrollar la conciencia de la gente, aprovechando todos los medios posibles.

—No lo niego, y eso es lo que hago yo aquí, hablándoles a los trabajadores sobre la necesidad de impulsar la lucha en defensa de nuestros intereses.

Hablamos de otros asuntos y me despedí de él, quedando en volver a visitarlo en otra oportunidad. Ya era bastante tarde y tenía que hacer como dos leguas de camino. A grandes zancadas recorrí esta distancia y, ya de noche, llegué a la casa de mi novia. Allí me pusieron de cenar y, después de una breve charla con el papá de la muchacha, me fui para donde mi hermano, quien estaba sumamente preocupado, pues como me tardaba un poco, pensaba que algo me había ocurrido.

—¿Va a cenar? —me preguntó la cuñada.

—Ya comí, gracias.

—¡Ah, ya sé dónde, picarón!

Aquella broma la sentí como una incitación, pues durante todo ese tiempo me pasaba quebrando la cabeza para encontrar la forma de hablar a solas con mi novia, cosa prácticamente imposible, según era la vigilancia organizada por el padre y la madrastra alrededor de ella. Esta era una actitud vieja. Ya antes, cuando comenzamos nuestras relaciones, la trasladaron a la aldea y, a pesar de que ya tenía dieciocho años, la pusieron en la escuela, bajo el pretexto de que terminara la primaria, pero con el real propósito de separarnos. Esto me impulsó a la bebida en forma muy peligrosa, por cuya razón, tratando de olvidar un poco, emigré para Santa Rosa de Copán, yéndome después a la aldea de Villafranca, a donde me dediqué al cultivo de la tierra en compañía de un cuñado. Allí me agarró el golpe del tres de octubre, como dejé dicho al principio de esta crónica.

Por fin, faltándome dos días para regresar, llegué a la casa y…

—¡Qué maravilla! —la muchacha estaba sola, desgranando maíz. Al verme llegar se puso muy emocionada, ya que ella también tenía interés en que nos encontráramos a solas, aunque fuera un minuto. Me pasó adelante y me puso una silla cerca de donde se encontraba.

—¡Qué casualidad, Isabelita, de encontrarla sola! ¿Será que me conviene?

—Así ha de ser.

—Lo único que quiero decirle es que estoy completamente enamorado de usted y que deseo hacerla mi esposa. De mi parte eso lo haría ahora mismo, pero usted sabe que estoy comprometido con el movimiento revolucionario y, por ahora, no puedo organizarme en la vida legal.

—Yo sé todo eso, Luis; pero estoy decidida a esperarlo.

—¿Me promete, entonces, casarse conmigo?

—Sí se lo prometo.

—No sabe cuánta felicidad me producen sus palabras. De mi parte, le aseguro que al solo terminar esta lucha, volveré aquí a cumplirle mi palabra.

—Está bien, Luis; pero ahora váyase, que ya viene mi madrastra.

Dos días después de esta plática, partí de regreso para Mango. Me despedí de la familia de mi hermano y de algunos vecinos, con quienes nos unía una vieja amistad. Antes de tomar la carretera, pasé por la casa de la muchacha. Únicamente estaba la madrastra, quien me dijo:

—¿Ya se va?

—Sí; solamente vine a despedirme.

—Chabelita no está; anda por el río: en el camino la va a encontrar.

Cuando escuché esto, le dije adiós de una vez y salí prácticamente corriendo. Al poco andar, la encontré en una bajada pedregosa, con un cubo de agua sobre la cabeza y un poco de ropa recién lavada. Ella era trigueña clara, pero, al verme, se puso blanca, con una palidez de susto. Me dijo, temblándole un poco la voz:

—¿Ya se va?

—Ya me voy, Chabelita.

Nos dimos un abrazo y un beso de despedida, recordando el compromiso que habíamos hecho con anterioridad. Todo eso duró apenas unos segundos, porque la madrastra se vino detrás de mí para controlar mi encuentro con la muchacha. Todavía sintiendo el fuego de aquel contacto femenino, continué adelante. En El Llano abordé un carro para San Pedro y aquí hice lo mismo para Baracoa, de donde, inmediatamente, salí para Mango. Una vez más estaba en casa de mi hermana.

Según habíamos acordado la vez anterior, Tavo le avisó al bombero que yo me encontraba de regreso en casa de mi hermana. Una tarde llegó a buscarme, pero yo no estaba: había salido a donde un barbero amigo a pedirle que me quitara el pelo. Cuando volví, me dijo el cuñado:

—Ahí le dejaron.

—¿Qué?

—Dos galones de aceite.

—¡Qué bueno!

—Yo le tomé un poquito para ponerle a la bicicleta. ¿No le molesta?

—¡No, hombre! Al contrario: ¿verdad que los comunistas sirven para algo?

—Son jodidos ustedes; en todo andan metidos.

Un día domingo llegó Tavo y me dijo que un dirigente campesino tenía interés en hablar conmigo. Partimos, hasta llegar al río Chamelecón. Allí abordamos un cayuco y continuamos corriente abajo. Al llegar a un paraje donde el río se divide en dos brazos, tomamos por el lado izquierdo y, pocos minutos después, atracamos en cierto lugar del islote formado por los dos brazos. Salimos del cayuco y continuamos por un pedazo de milpa. Como ésta se encontraba bastante crecida, yo no sabía dónde iríamos a parar. De repente, salimos a una escuela, donde los campesinos de la aldea estaban reunidos, discutiendo la forma de concluir el edificio. Esto no me gustó mucho, ya que me ponía bajo las miradas de un montón de gente, pero como ya nos encontrábamos en el sitio, no tuve otra alternativa que hacerme el disimulado.

Mi compañero preguntó por el campesino que nos serviría de contacto, quien, al escuchar su nombre, abandonó la reunión y vino hasta donde estábamos nosotros. Tavo le dijo:

—¡Hola, compañero! Este es el hombre que desea ver a Rafael.

—Perdoná —le dije a Tavo—, pero este no es momento oportuno para que nos lleve. ¿No ves el montón de gente que nos ha visto platicando con él? Es mejor que el compañero vuelva a la reunión y nosotros lo esperamos en la aldea.

Así lo hicimos. Nos marchamos a la aldea. Esta se llama La Zona y se encuentra construida en el islote formado por los dos brazos del río Chamelecón, entre Mango, Baracoa y Campana. El campesino regresó a la reunión. Algunos de sus compañeros le preguntaron sobre quién había llegado a buscarlo. Él les respondió que era un primo suyo, interesado en un pedazo de tierra para trabajar.

Hasta por la tarde llegó a traerme para ir a la casa donde se presentaría Rafael. Caminando por unos montarrales, llegamos a la vivienda. El dueño nos recibió con mucha amabilidad, ordenándole a la mujer que nos hiciera café. Después sacó unas sillas al patio y, bajo unos árboles frutales, nos pusimos a platicar. Al principio no pasé de plantearle algunos puntos de vista liberales, porque la gente de toda esta zona pertenecía a dicho partido y no era capaz de entender el verdadero problema de la lucha revolucionaria. En un determinado momento de la plática, me preguntó:

—¿Y quiénes son los jefes de ese movimiento de ustedes?

—La verdad, compañero, es que sobre ese asunto no puedo darle ninguna información, porque entonces nada estaríamos haciendo.

—Le pregunto porque en todas estas aldeas se dice que Miguel Yánez se encuentra en no sé qué montaña y, como se piensa que ese hombre es macanudo para la lucha armada, aquí todos los liberales sólo el nombre de él tienen en la boca.

—Pues no sé nada de eso. Lo que pasa es que a nosotros, los hombres de fila, no nos dan a conocer quiénes son los verdaderos jefes.

—Y, a propósito, ese movimiento de ustedes, ¿tiene relaciones con Cuba?

—No.

—Está bien, porque si las tuviera, yo mejor me quedaría con este régimen, al cual ya conocemos, antes de que venga otro peor, al que no conocemos. Yo he trabajado bastante, aquí en Cortés, con varios dirigentes liberales, pero cuando me di cuenta de que algunos eran comunistas, me aparté, porque eso es una jodida.

Hablamos de otros asuntos, siempre haciéndole espera a Rafael, pero éste no apareció en ningún momento. Por eso, ya de noche, decidimos regresarnos. Yo iba un tanto incómodo por haber hecho contacto con aquella gente tan atrasada, la cual tenía el liberalismo metido hasta los huesos, sin darse cuenta de que esta concepción política estaba siendo dejada atrás por los acontecimientos. Pero también eso forma parte del trabajo revolucionario: hablar con gente atrasada y confundida, repleta de politiquería tradicional.

Al día siguiente partí para la aldea Santiago, jurisdicción de Tela. Era el 10 de septiembre. En esa fecha me esperaban los campesinos de dicho lugar. Me levanté muy de madrugada para ir a la estación de Mango, a fin de que, antes de la llegada de pasajero, me quedara tiempo de ir a la bomba de agua a conversar con un compañero: mi paisano Beto. Al llegar al edificio, lo encontré en compañía de otro hombre. Me lo presentó, diciéndome que no tuviera cuidado, pues se trataba de un amigo con las mismas ideas nuestras.

La plática recayó, casi de inmediato, sobre el Partido Liberal y la lucha contra los golpistas. Beto dijo sobre el particular:

—Yo pienso que el Partido Liberal no volverá al poder si no hace una alianza con el Partido Comunista. Sobre esto hay dos cosas. Primero, que el Partido Comunista es el único que puede organizar y llevar a cabo una lucha a fondo por la revolución, de donde resulta que, en una circunstancia tan difícil como en la que nos encontramos, es absurdo pensar en dar batalla sin los comunistas. Segundo, el Partido Comunista, siendo sumamente capaz, carece de la fuerza necesaria para lanzarse por sí mismo a una lucha a muerte, de lo cual se desprende que a los propios comunistas les interesa una alianza con un partido de masas, como es el Liberal.

¿Y Miguel Yánez dónde está? —me preguntó el acompañante de Beto.

—No sé, compañero, y eso ni lo pregunte, porque nadie le va a dar razón.

—¿Y no dicen que estaba por esas montañas del 17, para el lado de La Ceiba?

—Amigo, no tengo la menor idea de eso.

—Ese hombre sí es vergón. La vez pasada atacó a Villanueva con el cura Orellana y puso a cagar a los punpuneros.

—¡Ah!, de sus cualidades personales sí puedo hablarle, porque hace mucho tiempo que lo conozco.

Me despedí de ellos porque, a lo lejos, se escuchó el pito del tren. Antes de llegar a la estación, me senté en el suelo a sacarme un caliche del zapato. En eso estaba cuando un carro que venía por la carretera dio un tremendo frenazo frente a mí, lo cual me produjo un gran susto, porque me imaginé que se trataba del ejército. Pero no fue así, por suerte. Era, más bien, Simón, un sobrino de Sebastián y del Diecisiete, o sea Modesto. Este muchacho vivía en Guanacastales y constantemente nos ayudaba desde allí. Como venía solo en el carro, se apeó para hablar conmigo.

—¿Ya va para allá?

—Sí; ya voy para la montaña.

—Mi tío Modesto también ya se fue.

—¡Ah, sí!

—Viajó por Progreso. Hace dos días vino del interior del país, a donde lo mandé a dejarle un dinero a mi mamá, y ayer partió para el monte.

—Bueno, pues, pronto lo miraré.

—Me lo saluda y le cuenta que nos vimos.

—Con mucho gusto.

Tomé el tren con algunas precauciones, ya que por todos esos lugares había mucha gente que me conoce. Además, los orejas caminan constantemente por el ferrocarril, en el cual casi siempre viajan miembros del ejército y hasta patrullas. Sin embargo, no tropecé con ningún problema. En Kilómetro 15 me bajé, de donde tenía que caminar mucho, hasta llegar a la carretera que va de Tela a Progreso.

El sol estaba ardiente. Al ver hacia la distancia, sobre el terreno, se miraba reverberar, como si las llamas estuvieran a punto de surgir del centro de la tierra. A un lado y otro del camino estaban las plantaciones de palma africana, con sus largas hileras de matas, alineadas a cordel. De vez en cuando encontraba camiones cargados con racimos de palma, rumbo a la fábrica de aceite. También me cruzaba con trabajadores, tan pobres y tan golpeados por el sol como yo. Bordeando el camino, a una regular distancia, estaba la cordillera de Nombre de Dios, por cuya base marchaba ahora, con los pies ardorosos y la cara encendida, después de que anduve también por sus crestas más altas.

Como a la una de la tarde llegué a la casa de Tiviche. Por jugarle una broma, no hice ruido al aproximarme a la vivienda. Todos estaban en la casa. Cuando me acerqué a la puerta, el propio Tiviche les decía a las mujeres:

—¿Dejaron comida para Luis? El diez de septiembre dijo que venía, y esos hombres sólo tienen una palabra. No tarda en venir.

—Sí, hay comida, papá —le respondió una de las hijas.

—¡Buenas tardes! —les dije yo, desde la puerta.

—¿Verdad que les dije? —expresó Tiviche, con visible satisfacción al verme llegar.

Hablamos un poco de mi viaje, los amigos y otras cosas. Al poco rato me llamaron para el almuerzo. Mientras comía, Cándida, la señora de Tiviche, se quedó cerca de la mesa y me hizo algunos comentarios sobre lo mejorado que regresaba. También me informó que Teófilo, otro viejo amigo y simpatizante de la revolución, deseaba verme. Al terminar de comer, salí a buscarlo, ya que esta entrevista era de mucho interés para mí.

Cuando iba para su casa, crucé muy cerca de donde vivía el oreja, enemigo de Leonardo y Tiviche. Luego di con una finquita de café, donde estaba Teófilo, afanado, chapeando con un machete. Al verme, tiró el gancho y me dijo, dándome al mismo tiempo un fuerte abrazo:

—¡Hola, compañero!

—¿Qué tal, Teófilo?

—Más o menos bien... Pero, mejor vámonos para la casa; allá platicaremos con más libertad.

Este es originario de Danlí. Según nos informó en distintas oportunidades, el padre de él anduvo toda la campaña con Sandino, hasta que éste fue asesinado por Somoza. Todo el mundo lo conocía allí por el odio terrible que manifestaba contra los gringos y los militares golpistas. A causa de esto, me parecía un valioso candidato para incorporarlo al movimiento revolucionario.

—Si yo supiera leer y escribir —me dijo, mientras caminábamos— sería un buen comunista, porque a ese partido, con lo que me han dicho de él y lo que me han leído, le tengo un gran respeto y una gran admiración, porque es el partido de la clase obrera.

Llegamos a la casa y continuamos la conversación, siempre sobre el movimiento revolucionario y la lucha contra la dictadura. Un poco más tarde, Paca, la señora de Teófilo, nos llamó para la cena. Después de ésta seguimos hablando hasta casi el amanecer, cuando decidí acostarme en una cama que me pusieron. Por la mañana, después del desayuno, me solicitó que le copiara la letra de La Internacional. Cuando la terminé, llamó a una hija que estaba en sexto grado y le pidió que aprendiera la música. Cantándosela varias veces a la cipota, ésta la aprendió con alguna facilidad. Después me despedí de ellos, quedando en que todavía podíamos vernos esa misma tarde.

Al día siguiente, doce de septiembre, salí de la casa de Tiviche a tomar uno de los carros que van de Tela a Progreso. Al pasar por la escuela vi que la profesora y los alumnos, así como algunos padres de familia amigos míos, estaban adornando el edificio, ya que sólo faltaban tres días para el 15 de septiembre, fecha de la Independencia Nacional. Mientras les decía adiós a los amigos, pensé: "¡Qué independencia nacional van a celebrar, cuando todavía nos encontramos esclavizados por un país extranjero! Está bien celebrar la fecha, porque, al fin y al cabo, la ruptura del yugo español es una etapa en nuestra historia. Pero lo malo es que no se les explica a los niños, ni a los padres de ellos, que falta llevar a cabo una nueva independencia: la que nos separe de la dominación del imperialismo norteamericano."

Tomé el carro, diciéndole al chofer que me apeaba en la aldea Las Cuarenta. Cuando llegamos a ese lugar se detuvo y yo continué a pie, hacia la montaña. El sol estaba tremendo. Iba sudoroso y, con el ascenso de las cuestas, sentía las sienes que me estallaban; pero continué sin detenerme, porque me impulsaba el deseo de encontrarme nuevamente con todos mis compañeros. De paso por las casas de los campesinos, les decía adiós, y éstos me contestaban, sin desprenderme la vista hasta que me perdía en el camino. Esa es una actitud natural en las gentes de todos esos lugares, por lo cual, quien no la conoce, no deja de preocuparse un poco.

Bastante arriba, llegué a una quebrada pequeña. Como estaba algo cansado y tenía mucha sed, me tiré de bruces en la orilla de la corriente a beber agua, hasta casi reventar. Al enderezarme, con la respiración agitada, escuché pasos cerca de mí. Al volver la vista, un poco asustado, encontré a Jesús, el hermano de Moreno, quien me dijo:

—¡Hola, compañero!

—¡Hola, hombre!

—¿Ya viene?

—Sí; ya vengo de nuevo al sitio. ¿Y a la otra gente la ha visto?

—No; y yo creo que de esa gente ya no hay nadie por allá.

—¿De veras?

—Así es.

—¿Y para dónde se habrán ido?

—Pues no tengo la menor idea.

—¿No se habían dividido en grupos pequeños, pues?

—Sí, pero todos bajaron. El primero fue Aguilar con su gente; después, Rosales con la de él; enseguida, Romero y Benavides. El último que bajó con su grupo fue Guevara.

—Entonces, me han engañado, porque este día quedamos de encontrarnos aquí, en la montaña, todos los que andábamos fuera del grupo.

—Pues, a saber, porque, según yo entiendo, allá arriba solamente hay dos compañeros.

—¡Ah!, ¿pero hay algunos?

—Sí; dos.

—¿Y quiénes serán?

—No sé exactamente.

—Pues esos deben saber dónde están los otros y cuáles son las últimas disposiciones.

Aquella noticia fue para mí motivo de un gran desaliento y, al mismo tiempo, de preocupación, porque ignoraba lo que había pasado. Además, no dejaba de sentir cierta incomodidad porque la misma implicaba un engaño para mí, pues las instrucciones que se me dieron no tenían nada que ver con la situación que ahora encontraba. Pero, reflexionando sobre el asunto, me dije a mí mismo: "Bueno, al menos he cumplido con mi deber al estar en el puesto exactamente el día que me indicaron". Todo esto lo pensé rápidamente mientras hablaba con Jesús. En un determinado momento, éste me dijo:

—Bueno, si quiere, vámonos; yo voy para la casa y allí puede tomarse un traguito de café.

—Vámonos, pues.

Al llegar a la casa, entramos. Allí estaban dos mujeres: la señora de Jesús, bastante joven y guapa, y la señora de Moreno, ya algo sazona, pero hermosa. A esta última le pregunté por su marido, y me contestó que ya hacía mucho tiempo que no sabía de él, pues, desde que se retiró de aquellos lugares, no había vuelto. Esta información me puso en cuidado, porque indicaba que algo había ocurrido en todo el tiempo que estuve fuera.

Después de hablar de varias cosas y cuando ya me sentía bastante descansado, me despedí. Cuando iba por el patio, me alcanzó Jesús y me dijo que esperara unos minutos más para que me tomara una taza de atol de elote[120].

Al estar listo el tal atol, nos sirvieron a ambos. Tomándolo estábamos, cuando Jesús se levantó rápidamente de la mesa y se fue al patio interior de la casa a esconderse. Al ver yo hacia la entrada principal, me di cuenta de lo que se trataba: Manuel Morales, con seis mozos, venía de limpiar su finca de café y se detuvo en la casa para conversar. Este viejo era el subcomandante de la zona y era un hombre peligroso. Inmediatamente salió la mujer de Moreno para entretenerlo en el patio, a fin de que no entrara y me viera.

Sin embargo, después de un largo rato de hablar con ella, pues eran compadres, entró para ver una tabla aserrada que tenía Jesús y me vio sentado. Yo tenía en mis manos una Biblia que estaba por ahí, y me puse a leerle unos versículos de San Mateo y San Lucas a la mujer de Jesús, para hacerme pasar como predicador.

—¿Y cuándo va a volver? —me preguntó la señora de Moreno, delante de todos.

—El otro mes —le respondí—, porque el 22 hay una conferencia evangélica en El Negrito y tengo que estar presente.

Al poco rato se fueron. Comentamos un poco el incidente y, despidiéndome de ellos, partí. Subí la última cuesta, limítrofe con un frente de montaña todavía sin descombrar; de allí continué hasta llegar a un filo, próximo al camino real. Pasé por la orilla de la milpa de don Quilo, la que habíamos sembrado nosotros y ahora estaba ya madura; de allí arribé a la casa de este gran amigo nuestro. No se encontraba ni él ni su señora. Solamente Tollino, Alba y los hermanos más pequeños.

—¡Hola, compa! —me dijo Tollino al verme—. ¿Cómo lc ha ido?

—Más o menos bien. ¿Y don Quilo?

---

[120] Bebida, de sabor dulzón, hecha de maíz tierno.

—No está.

—¿Y su mamá?

—Tampoco. Mi papá anda por el campo y mi mamá por donde una sobrina. ¿Ya almorzó?

—No.

—Alba, andá a prepararle algo de comer al compa.

—Gracias, Tollino.

—No hay de qué, compa. Ya están llegando los primeros, ¿verdad?

—¿De veras?

—Hace poco llegó otro de ustedes.

—¿Quién?

—Yo no le sé el nombre. Además, oí decir que lo esperaban a usted y que Rosales vendría con otros.

—¿Y dónde estarán?

—Todos están en el bajo.

—¿Estás seguro?

—Segurísimo. ¿Quiere usted ir a donde está el otro?

—Sí, hombre, porque yo no puedo permanecer más tiempo en esta casa.

—Entonces, voy a ir a dejarlo donde él, para después ir a avisarle a mi primo que usted ya está aquí. Eso me dijeron que hiciera si venía.

Las esperanzas de encontrarme otra vez con el grupo completo renacieron en mí con estas palabras de Tollino. Concluido el almuerzo que me puso Albita, nos fuimos para el cafetal, cuya orilla estaba situada a pocos metros de la casa. Después de dar algunas vueltas por la plantación, llegamos a donde el compañero: era Modesto, el Diecisiete. Al verme, se puso muy contento, informándome que había estado en el Sur y que me mandaban saludos varios amigos, así como otra hermana mía que vive por aquellos lugares.

En lo mejor de platicar nos encontrábamos cuando fuimos interrumpidos por Hugo, quien se había quedado en el campamento con Rostrán. Nos saludamos muy alegres y hablamos sobre la situación de nuestras respectivas familias. Le pedí que nos informara sobre lo que había pasado con todos los compañeros.

—Lo que pasó —dijo— es que aquí se recibieron informes acerca de los preparativos del ejército para echarnos con todos los hierros, por lo cual se dispuso que nos tiráramos todos a los bajos. Como estaba pendiente la venida de ustedes, Rosales dispuso que me quedara esperándolos. Para no estar solo, le ordenaron a Rostrán que me acompañara. Semanalmente viene un camarada de la Base No. 1, con quien nos mandan el dinero para la comida, así como informaciones sobre lo que pasa. Hace cinco días vino este enlace, y es probable que entre mañana y pasado mañana esté de nuevo aquí. Con él les avisaremos a los compañeros sobre la llegada de ustedes y les pediremos instrucciones sobre lo que debemos hacer.

—Yo, compañero —le expresé—, no le encuentro sentido a quedarnos aquí, sin jefes y sin un plan concreto. Por otra parte, considero que a usted no le conviene permanecer mucho tiempo en estos lugares porque compromete demasiado a su familia, principalmente a don Quilo.

—Bueno, mientras recibimos instrucciones, pienso que el Diecisiete debe irse donde está Rostrán, y usted y yo nos quedamos aquí.

—Usted sabe lo que hace, Hugo —le manifesté—, pues a usted lo han dejado como responsable.

—Entonces, iré a dejar al Diecisiete a donde Rostrán y pasaré por la casa de mi tío para que nos den la comida a nosotros dos.

Esta resolución la tomó porque conmigo habíamos sido compañeros inseparables desde hacía mucho tiempo. Ya de noche, regresó. Nos pusimos a conversar sobre una gran cantidad de cosas, relacionadas con la lucha revolucionaria y también de nosotros mismos. Como él conocía perfectamente mis problemas personales, me preguntó:

—Ajá, compañero, ¿y la novia?

—Ahí está, todavía.

—¿Esperándolo?

—Sí; traigo promesa de ella respecto a que se casará conmigo cuando volvamos a la vida legal.

—Eso está muy bien, porque usted puede casarse al tener la primera oportunidad.

—No crea que es fácil.

—¿Por qué?

—Usted ve lo que pasa con nosotros: primero el Partido y la revolución; después, todo lo demás. Por eso dejamos mujer, hijos y hasta la madre, para atender los problemas de la lucha.

—Sí, es verdad, pero el mismo Partido puede ayudarle para resolver algunos problemas.

—Tal vez, pero no puedo aspirar a mucho, porque al Partido mismo hay que ayudarle a resolver un millón de dificultades.

Esa noche casi no dormimos hablando de tantas cosas. Todo el día siguiente esperamos el enlace. No llegó. Tampoco lo hizo al otro día ni durante toda la semana posterior a nuestro arribo. Esto nos llevó al límite de la desesperación, pues deseábamos instrucciones de los jefes, además de que no teníamos ni un solo centavo para pagar la comida. Como nuestra actividad era reducida, ya que no teníamos el acostumbrado programa de trabajo, dábamos vueltas y más vueltas por aquellos terrenos, sin saber qué hacer, aunque siempre con la zozobra de la llegada del enemigo. Lo mismo ocurría con los dos compañeros, Modesto y Rostrán, quienes tenían su refugio más arriba de la montaña. Por eso, un día este último no se aguantó y fue a visitarnos, además de que se les había presentado un problema y deseaban discutirlo con nosotros.

Como no se había visto conmigo, nos saludamos muy alegres.

—Fíjese —le expresó Hugo— que aquéllos no han enviado el enlace desde hace más de diez días.

—Esa es una irresponsabilidad de Rosales, porque bien sabe cómo nos encontramos aquí —dijo Rostrán, bastante molesto.

—Será que algo les pasa por allá, en los bajos —manifesté yo, por suavizar un poco la situación.

—Es posible —dijo Hugo.

—Pues yo vengo a informarles que allá donde estamos ya nos pararon la cucharada y nos han dicho que no podemos continuar allí, porque vienen varias gentes a limpiar la finca.

—Entonces no hay remedio —dijo Hugo—: véngase para acá. Yo le hablaré a mi tío para ver si nos dan la comida a todos.

Después de esa plática, se marchó Rostrán. Por la tarde vino de nuevo, ya con el Diecisiete. El tiempo continuó pasando, sin noticias de ninguna clase de los camaradas. Un día llegó hasta nuestro refugio la compañera Zoila, mujer de Hugo. Nos saludamos muy alegres, porque con ella también teníamos la misma amistad que con su marido. Nos dio algunas informaciones de lo que se decía en los bajos sobre la lucha revolucionaria, alentándonos con algunas palabras.

Sin embargo, nosotros continuamos siempre pesimistas por todo lo que nos estaba pasando. Hugo nos pidió permiso para que su mujer se quedara con él esa noche, lo que aprobamos nosotros, pues no siempre les era posible encontrarse. Al día siguiente se despidió de nosotros, aprovechando yo la oportunidad para escribirle una carta a mi madre.

En todo este tiempo, yo le llamaba mucho la atención a Hugo por sus constantes visitas a la casa de don Quilo, su tío. En mis observaciones le hacía ver que nosotros continuábamos en campaña y que el enemigo podía llegar de un momento a otro y encontrarlo en dicha casa, lo cual no sólo sería un fracaso para él, sino también para toda la familia.

—Si son ellos los que constantemente me llaman, y si no voy se resienten. Por ejemplo, de usted dicen que es huraño porque no va a la casa.

—Yo no soy huraño. Lo que pasa es que considero un peligro muy serio, tanto para ellos como para mí, visitarlos con mucha frecuencia.

—Tiene razón, compañero. Yo también voy a tomar esa medida.

Además, le insistía a Hugo sobre la necesidad de limpiar y engrasar las armas que teníamos escondidas en la milpa de don Quilo. Esto lo consideraba así porque, unos días antes, cuando fuimos a sacar mi fusil y el arma del Diecisiete, tuve la oportunidad de ver cómo la mayor parte del equipo estaba enmoheciéndose. Sin embargo, a pesar de mis insistencias, el tiempo pasaba y no tomábamos ninguna decisión sobre ese particular.

Una mañana, Rostrán le manifestó a Hugo sobre este problema:

—Vamos a limpiar las armas. No sabemos si, de un momento a otro, salimos de aquí, y ese equipo, si se queda como está, se va a arruinar completamente.

—Vamos, pues —respondió Hugo.

—Dejen las mochilas listas, por cualquier cosa —les dije, antes de que partieran.

Cerca del mediodía se presentó Albita con el almuerzo, diciéndonos que llegaba temprano porque tenía que llevarle comida a su papá a la milpa. Como a las doce volvió, una vez más, muy sofocada y nerviosa. Entregándome un radio transistor y una pistola vieja, me dijo:

—Aquí le manda mi mamá.

—¿Y esto? ¿Qué pasa?

—Es que viene una gente por el camino real y mi mamá tiene miedo de que nos encuentren eso.

—¿Qué clase de gente?

—Yo no sé.

—Andá, en una carrera, a ver qué clase de gente es ésa y venís a informarnos.

—Bueno.

La cipota salió corriendo hacia la casa. Nosotros, mientras tanto y por cualquier cosa, tomamos las mochilas de Hugo y Rostrán y las metimos en un troncón hueco que encontramos. Después les pusimos hojas encima para disimular por completo el escondite. Al poco rato llegó Albita de nuevo, informándonos:

—Son los de la Zona Militar.

Tomamos nuestras mochilas, con el Diecisiete y, poniendo el fusil bala en boca, salimos en carrera por el cafetal, entrando después en la montaña. Continuamos por una bajada y luego por una cuesta muy difícil, la que, con grandes problemas y pareciéndonos a cada momento escuchar disparos sobre nosotros, logramos escalar. Salimos a un camino. Continuamos por éste y, cuando menos acordamos, aparecimos en una finca de café donde se encontraba una cuadrilla de hombres trabajando. Regresamos hasta dar con el filo, al pie del cual estaba el punto de referencia que nos habían dado.

—Allá abajo está el punto —me dijo el Diecisiete.

—Sí; pero yo no voy hasta allí porque me parece una ratonera.

—Escondamos las mochilas por aquí, pues, y esperamos un poco para ver qué pasa.

Metimos las mochilas en unos matorrales de zarza. Después nos sentamos en una pequeña planada. Allí nos encontrábamos cuando comenzó a amenazar lluvia: el cielo se puso oscuro, algunos relámpagos lejanos rasgaron el cielo y un aire de tormenta comenzó a soplarnos. Sin embargo, no llovió.

Como a las cuatro de la tarde, escuchamos disparos de M-1 en la montaña Las Crucitas, sobre la aldea El Conguito.

—Mire dónde andan esos hijos de puta —le dije al compañero.

De repente, oímos pasos y el ruido de quien rompe breña con el machete, un poco más arriba de donde nos encontrábamos, cerca del escondite de las mochilas. Apenas escuchamos esos movimientos, nos lanzamos nuevamente en carrera hacia arriba. Al llegar a una pequeña elevación, nos detuvimos para observar; pero, de inmediato, nos dimos cuenta de que nos estaban siguiendo por el rastro que acabábamos de dejar.

Seguimos por una falda, hasta llegar a un punto bastante protegido. Como ya estábamos muy cansados de tanto correr por aquella montaña, decidimos atrincherarnos allí, dispuestos a vender caras nuestras vidas. Sin embargo, quienes nos perseguían se detuvieron. Después de un rato escuchamos un silbido. Les contestamos. Pasados otros minutos, grité:

—¡Sus números!

—¡Cuatro!

—¡Veinticinco!

—¡La consigna!

—¡Palo verde!

Nos levantamos y fuimos hasta donde se encontraban. Los hallamos atrincherados, con los fusiles sin seguro. Todos estábamos más pálidos que un papel y con la lengua de fuera por el gran esfuerzo que habíamos hecho al correr por aquel terreno tan escarpado.

—¿Qué pasó? —le pregunté a Hugo.

—Limpiamos las armas y las metimos de nuevo en el refugio. Después nos pusimos a ayudarle a doblar la milpa a don Quilo. Cuando la señora llegó con el almuerzo, nos retiramos. Al volver a donde los habíamos dejado a ustedes y no encontrar ni las mochilas, me fui de arrastras hasta la casa y llamé a Tollino, quien me informó que los chafas se habían llevado a don Quilo y a Quilito, otro sobrino que estaba ayudándole a doblar la milpa. Entonces corrimos hacia el punto de referencia que les habíamos dado. Al no encontrarlos allí, nos dedicamos a buscarlos por el filo, donde vimos algunos rastros.

—¡Fue carrera que nos hicieron dar! Fíjense que íbamos tan desesperados que llegamos hasta la finca de Manuel Morales, el comanche de todos estos lugares.

Decidimos volver a los terrenos de don Quilo, situándonos en una altura desde donde se podían ver perfectamente las entradas y salidas de la casa. Desde allí fuimos al escondite de las mochilas y las trajimos.

—¿Y ahora para comer? —dijo Hugo.

—Y lo peor es que no tenemos ni una ficha —dije yo.

—Esos del bajo nos han jodido al no mandar el enlace —apuntó Rostrán.

—¿Quién puede darnos la comida? —pregunté yo.

—Habrá que ir a donde la señora de don Quilo para preguntarle si está dispuesta a seguir haciéndolo. Pero esa casa debe estar vigilada —expresó Hugo.

—Son papadas, yo voy a ir —dijo Rostrán, levantándose y yéndose de una vez, sin esperar nuestra opinión.

Al poco rato se escucharon los ladridos de los perros y el regaño que les hicieron a éstos para callarlos. Se tardó una gran cantidad de tiempo, tanto que nosotros ya estábamos pensativos sobre los peligros que pudiera haber pasado. Por fin, llegó. Nos traía la cena, informándonos al mismo tiempo que la señora había manifestado que no nos preocupáramos, pues ella estaba dispuesta a continuar dándonos la comida como siempre.

¡Carajo, qué señora tan macanuda! —dije yo.

—Pero te tardaste un macanazal de tiempo —le dijo Hugo.

—Es que no había maíz y tuve que ir con la señora hasta la milpa a traer un poco. Dice que mañana va para Progreso a ver la captura de don Quilo y no quiere que Tollino viaje solo a la milpa.

—Pero si se va a Progreso, ¿cómo vamos a comer nosotros? —preguntó el Diecisiete.

—Piensa dejar a una señora para que nos atienda y les haga la comida también a los cipotes —contestó Rostrán.

—¿Y esa señora será de confianza? —dije yo.

—Ella me manifestó que no tuviéramos cuidado porque dicha señora ya sabía de lo que se trataba.

Una vez concluida la cena, Rostrán tomó los trastos para llevarlos a la casa. Como no teníamos cigarrillos, Hugo le pidió que le dijera a la señora que nos mandara algunos. Cuando se marchó, tan seguro de sí mismo, comentó Hugo:

—Ese jodido tiene güevos.

Unos días antes de la captura de don Quilo, éste había hecho un viaje a Progreso y, al volver, nos informó sobre la captura de Miguel Ferrera, o sea el Veintitrés. Esta noticia fue recibida por nosotros con una gran preocupación porque eso indicaba que la persecución contra nosotros era muy intensa y que, de un momento a otro, podían los chafas caer sobre el campamento, lo cual era precisamente lo que había ocurrido.

Al regresar Rostrán de la casa, organizamos la dormida de esa noche. Dispusimos hacer turnos de posta cada tres horas. Sin embargo, casi nadie durmió por la preocupación. Temprano de la mañana llegó Tollino con el desayuno, informándonos detalladamente lo que había ocurrido el día anterior.

—Mi papá, mi mamá y Quilito estaban doblando la milpa cuando llegaron los chafarotes a buscarlos. Al verlos mi papá, le dijo a mi mamá que no doblara las matas cercanas al refugio donde se encuentran las armas, pero ella, como no sabía, continuó haciéndolo, hasta que la regañó. Entonces, caminó hacia donde estaba Quilito, y como los chafas le dijeron que se parara, él más bien se regresó para encontrarse con ellos. A Quilito lo llamaron también. En ese momento, mi mamá se fue para la casa y le dijo a Albita que les llevara a ustedes el radio y la pistola, por si hacían algún registro.

—¡Ah! —dije yo—, entonces fue por eso que llegó Albita a dejarnos esas cosas toda llena de nervios.

—Entre los chafarotes —volvió a decir el cipote— anda uno muy parecido a Aquilino.

—¿De veras? —expresamos todos, llenos de sorpresa.

—Sí; yo creo que era él. Como anda de uniforme y con casco, no pude distinguirlo bien. Pero lo que sí vi es que ese hombre llevó a todos los demás a la champa y, de allí, se los trajo hasta el campamento. Uno de los soldados le preguntó a mi papá que si la champa era suya, contestándole él que era de un cususero[121] que vivió allí hace algún tiempo. En el grupo también andaba Pedro, el marido de una sobrina de mi papá y quien nos tiene odio por tonterías de familia. Mi papá lo insultó delante de los soldados cuando lo tuvo enfrente.

—¿Y cuántos soldados serían los que llegaron? —le pregunté.

—Unos veinte; bien armados todos.

—¿Sólo a don Quilo se llevaron?

No; también a Quilito y a todos los trabajadores de Manuel Morales.

—¿Y tu mamá se fue para Progreso?

—Sí; hoy madrugó con Albita para irse allá.

Después de desayunar, se dispuso que alguien fuera a la Base No. 1 para informar lo que había acontecido y pedir que se tomaran las medidas correspondientes, porque allí ya no podíamos seguir. Al discutir sobre quién de nosotros era el más indicado para cumplir esta misión, se acordó que fuera yo. Entregué el equipo, me cambié de ropa y partí.

Como iba cuesta abajo, prácticamente hice el camino a la carrera. Al poco rato llegué al bajo; crucé la aldea Las Cuarenta; después la de El Chorizo y, por último, la finca de Mr. Ross, el verdugo de los campesinos de todos esos lugares. Cuando llegué al final de las propiedades de este hombre, me encontré con todos los terrenos inundados por el río. Creyendo que se trataba de una cosa poca, me metí en el agua y, con ella a la cintura, llegué hasta una parte donde era completamente imposible pasar. Allí encontré a unos campesinos que transportaban su maíz a lugares altos. Estos me dijeron que no había pasada porque los dos quineles de más adelante estaban hasta los bordes y que Los Chimbos, Buenos Aires y Victoria estaban inundados.

—¿Y por Progreso podré entrar? —les pregunté.

—Por Progreso, sí.

Me regresé. Tomé el terraplén, hasta salir a la carretera. Cuando iba por ésta encontré a un hombre que arreaba un macho. Como me saludó con alguna amabilidad, me fui con él conversando, al paso de

---

[121] Fabricante de cususa, aguardiente clandestino.

la bestia. Resultó ser un conocido mío desde los tiempos en que trabajé en Finca La Fragua. A las primeras palabras se me identificó como liberal y enemigo de los golpistas. Esto me dio confianza para hacerle algunas preguntas.

—Ayer —le dije— como que pasaron unas tropas para el lado de las montañas. ¿Ha oído usted algo?

—Esa es la bulla de toda la gente.

—¿Y qué será lo que buscan?

—Pues dicen que en esos lugares se encuentra un grupo fuertemente armado y que sus integrantes son comunistas.

—¡Ah, sí! Ahora todos son comunistas. Ese es el caballito de batalla que se tiene para joder a medio mundo.

—Es verdad.

—Óigame: y de un muchacho que capturaron aquí en Progreso, y que es de Las Cuarenta, ¿será cierto?

—Sí; es cierto. Hoy por la mañana, cuando pasé por esa aldea, estaban la mamá y los hermanos de ese muchacho llorando.

—¿Y eso?

—Porque anoche lo sacaron de la cárcel de Progreso y no saben para dónde se lo llevaron o si lo han matado.

De esta manera, llegamos a Progreso. El hombre se despidió de mí porque iba no sé para qué lugar. Inmediatamente me puse a averiguar si estaba bueno el paso para la aldea Los Chimbos, informándome que era completamente imposible ir a ese punto porque el río se había salido y todo estaba inundado. Esto me produjo un gran desaliento porque los compañeros se habían quedado esperándome con la ilusión de que les llevaría buenas noticias. ¿Qué hacer? Mientras tanto, salir de un problema urgente: buscar a alguien que me diera unos veinte centavos para mitigar el hambre que tenía. Di algunas vueltas para ver si me encontraba con algún conocido, pero fue imposible. En uno de estos paseos forzosos, encontré a la señora de don Quilino y a su hija, Albita; pero no quise hablarles por si eran vigiladas. Ellas tampoco me hablaron.

Me fui para donde Manuel Anariva, pasando por la trucha de don Pancho, a donde no quise entrar porque estaba vigilada, pues allí comprábamos la mayor parte de la provisión para el campamento. De reojo vi al Veintiocho, o sea El Niño, empleado como dependiente en dicha tienda. Él también me vio, pero, comprendiendo la situación en que nos encontrábamos todos, cambió de posición para no demostrar que me conocía. Yo comprendí su actitud y me dio mucha pena porque sabía que eso era hecho por él a la fuerza, ya que se caracterizaba por tener generosidad hacia todos sus compañeros de armas. Pasé de largo y llegué a donde don Manuel.

—¡Hola, don Manuel! ¿Cómo está usted?

—Pues bien, ¿y tú?

—Yo, muy jodido, don Manuel. Precisamente vengo a pedirle dos lempiras prestadas porque necesito el pasaje para ir a Finca Paujil, a donde mi mamá. Aquí he llegado a pie desde la aldea El Llano: mire cómo vengo.

—¡Qué trabada, muchacho! Fíjate que ahorita no tengo ni una f...

—Bueno, don Manuel, otra vez será. De todas maneras, muchas gracias.

Me levanté convencido de que los liberales eran unos mierdas; incapaces de sacar de apuros a alguien y sin ningún sentido de la lucha revolucionaria. Di otras vueltas por el mercado para ver si encontraba a un amigo que me ayudara, como otras veces me había ocurrido; pero entonces andaba como salado, porque ninguno de los numerosos paisanos que tengo en ese lugar aparecía. Entonces dispuse hacer lo último: ir a donde un sobrino a molestarlo, cuestión no muy grata para mí. Llegué a la casa. Sólo estaba la señora.

—Buenas, Herminia, ¿cómo están por aquí?

—¡Hola, Luis, qué sorpresa verte! ¡Pasá adelante, hombre!

—¿Y Raúl?

—Está en El Negrito, trabajando. Ese no para aquí: sólo viene los sábados. ¿Y dónde estás vos?

—En Villafranca, con una hermana.

—Pero qué milagro que te has acordado de nosotros.

—Es que yo hace mucho tiempo que no vengo a Progreso.

—¿Y tu mamá?

—En Paujil.

—¿Y tu esposa, vos?

—Está en El Jute.

—¿Aquí, para el lado de Tela?

—Sí; allí vive, a orillas de la carretera.

—¿Ya cenaste, vos?

—No.

—Vení, sigamos platicando en la cocina, mientras te preparo cena.

—¿Y tu hermano cómo está? —le pregunté.

—Está bien; pero fijate, vos, que para el golpe por nada lo matan los chafarotes. Si no se les escapa a tiempo, lo hubieran planchado esos malditos.

—Igual le ha ocurrido a medio mundo.

—Sí, vos.

Me sirvió la cena. Al terminar lo que me había puesto, insistió en servirme más y también me lo comí. Quiso servirme todavía otro poco, pero yo le protesté, diciéndole que no era para tanto. Con el fin de hacer la digestión, salí a caminar un poco, diciéndome Herminia que volviera porque me iba a preparar una cama. Ya en la calle, me encontré con Zoilo Anariva, otro redomado liberal, quien me informó que durante el golpe, siendo él inspector de Hacienda, los chafas le habían hecho algunas descargas, sin acertarle. Regresé a dormir, encontrándome con los hijos de Raúl, ambos estudiantes de secundaria, los que me fueron presentados por Herminia.

Como a las seis de la mañana me habló para que desayunara, pues le había dicho que deseaba partir muy temprano. Concluido el desayuno, partí de nuevo para la montaña a informarles a los compañeros que no había podido pasar porque Los Chimbos estaba inundado, a tal extremo que las gentes se encontraban subidas en los árboles. Pasé por la aldea Quebrada Seca y, al llegar al aparte para Camalote, seguí el camino que de este lugar sube a la montaña. Resulta que varias veces había oído decir que esta ruta era más corta que la utilizada habitualmente por nosotros. Pero, desgraciadamente, al poco andar, me extravié, yendo a salir al corral de una hacienda. Por eso me regresé para tomar el camino acostumbrado.

Cerca de las doce del día estaba de nuevo en el campamento. Di los silbidos de la consigna y nada; repetí el silbido varias veces y nadie me respondió. Busqué entonces algún rastro de los compañeros y no encontré ni señas de ellos. Sospechando que algo pasaba, decidí ir a la casa para obtener alguna información. Ocultándome tras los matones de café y, avanzando de arrastras, llegué a un punto donde podía llamar a Tollino. Este se encontraba jugando con sus hermanas en el patio de la casa. Le silbé varias veces y, al verme, le hice señas de que fuera hasta donde me encontraba.

—Los compañeros no están aquí —me dijo—. Se fueron para el Bajillal.

—¿Cómo hiciera para ir hasta donde ellos?

—Yo lo llevo, porque así me dijeron que hiciera.

—¿Y por qué se fueron de aquí?

—Porque Chemita mandó a decir que hoy por la mañana pasaron trescientos chafarotes para Las Crucitas y que llevaban a mi papá y a Quilito bien amarrados.

—¡Y por dónde subieron?

—Por el camino de Camalote.

—¡Papo! Más vale que me haya perdido. Fíjate que por allí me vine yo para conocer, pero a medio camino me regresé porque no supe por dónde seguir.

Partimos para el lugar indicado por el cipote. Cuando salíamos de la casa y comenzábamos a tomar el camino real, se alborotaron los perros, igual que cuando algunas gentes extrañas se aproximaban. Entonces, sin esperar más, salí a la carrera; pasé por debajo de un alambrado con una rapidez asombrosa, sin darme un solo rasguño, y me introduje en un matorral. Tollino regresó a la casa para ver qué pasaba, pero al momento estaba de regreso, diciéndome que no había novedad. Seguimos el camino. Al llegar a una parte bastante baja, dio tres silbidos y, cuando recibió la respuesta correspondiente, terminamos de bajar hasta el punto donde se encontraban los compañeros. Les di el informe de la inundación, y la angustia se hizo ahora más profunda que antes.

CAPÍTULO VIII: BAILANDO CON CHABELITA

Toda esa tarde y parte de la noche estuvimos discutiendo qué hacer. Nuestra desesperación estaba llegando a su límite máximo, pues todas las informaciones coincidían en señalar el atrincheramiento de una gran cantidad de tropas en el cerro Las Crucitas. Este es el punto más alto de la montaña El Jute. Desde ese lugar podían salir patrullas a distintos sitios y eso nos ponía en una situación realmente peligrosa. Barajadas algunas alternativas, resolvimos que al día siguiente volvería a salir yo para buscar el contacto con la gente, a fin de informarle todo lo que estaba pasando. Con el objeto de superar la dificultad de los quineles llenos —sobre todo el que se encontraba cerca de la finca de Naranjo Chino— iría el Diecisiete conmigo, ya que éste era un buen nadador, mientras que yo era un plomo para el agua.

Durante la noche me dio una fuerte calentura por el ajetreo que tuve ese día. Muy temprano en la mañana partimos con el Diecisiete. Bajamos la cuesta, donde encontramos a cinco hombres platicando. Como no los podíamos eludir, nos vimos obligados a pasar cerca de ellos en forma natural. Sin embargo, uno de los cinco se nos pegó atrás. Supusimos que se regresaría desde cierto punto, pero no fue así porque, aun cuando salimos a la carretera y el campo era más despejado, él continuó siguiéndonos a cierta distancia. Por suerte, bastante adelante encontramos a un paisano mío que iba arriando unas vacas. Nos detuvimos a que pasara, a fin de perderlo después, lo que logramos sin ninguna dificultad.

A las once de la mañana, aproximadamente, llegamos a Progreso. En cierto lugar dejé al compañero esperándome, mientras yo iba a ver qué conseguía. Pasando por una calle, encontré a don Pancho Armijo, otro liberal empedernido, a quien le eché la mentira de que andaba convalidando mi cédula de identidad. Después le dije claro que no había desayunado. Sacándose cincuenta centavos de la bolsa, me los dio, con lo que compré treinta centavos de pan y un paquete de cigarrillos. Me fui a donde estaba el Diecisiete y nos comimos aquello con una voracidad espantosa, pues nuestra cena del día anterior y nuestro desayuno apenas había sido una latita de jugo de tomate cada uno.

Continuamos el camino por la línea férrea. Nos detuvimos un poco en la bomba de Buena Vista para beber agua y, de allí, seguir la marcha lo más rápido posible. Atravesamos los campos de Río Chiquito y Las Flores, donde encontramos a varias cuadrillas de hombres trabajando bajo la vigilancia de sus respectivos capataces. El sol estaba ardiente hasta más no poder. Al contemplar los rieles de la línea, hasta donde parecían juntarse en un punto, grandes vaharadas de calor se veían levantarse del suelo, como si, de un momento a otro, fueran a convertirse en llamas.

Al desembocar en un quinel, donde se encontraban unas grandes matas de bambú, decidimos descansar porque el Diecisiete llevaba pelados los pies. Continuamos la marcha y, apartándonos de la línea, seguimos por un bordo hasta encontrar el quinel de Naranjo Chino, el que, para nuestra sorpresa, estaba seco.

Lo cruzamos y, poco después, llegábamos a la Base No. 1. Le pedí al compañero que me esperara en un lugar cercano a la casa y yo me fui a buscar el contacto. No estaba Perales, pero la señora me recibió con mucha amabilidad. Le pregunté sobre la situación en la zona y me informó que hasta ese momento no habían tenido ninguna dificultad. Entonces, como era gente de la nuestra, le solicité que me diera algo de comer, a lo que accedió con mucha atención. Llamé al compañero. Comiendo estábamos lo que nos habían puesto en la mesa, cuando, de un monte vecino, veo salir a Rosales y Romero con un tercio de fusiles y mochilas que llevaban para el refugio.

—¡Hola, compa! —me dijo cuando me vio.

—¡Ajá! ¿Qué tal?

—¿De dónde venís?

—De la montaña, ¿y de dónde, pues?

—¡Ah!, no sabía que estabas allá.

—Desde el 12 de septiembre estamos allá con el Diecisiete, pues esa fue la orden que nos dieron antes de salir.

—Cuando te vi, yo supuse que en este momento estabas llegando.

—Pues no es así, y debo decirle que semana tras semana hemos estado esperando al enlace para informar sobre la situación.

—No fregués, si a nosotros nos ha tenido trancados esta llena, tanto que tuvimos que encaramarnos en los palos. Hasta hoy pude mandar el enlace.

—¡Ah! ¿Pero ya lo mandó?

—Sí. Por allá anda Fellito.

—Los compañeros me encargaron decirle que les mandara dinero porque se le deben como setenta y cinco lempiras a la señora de don Quilo, por lo de la comida.

—Ya les mandé con el enlace.

—Muy bien.

—¿Y la situación?

—Hace tres días subieron los militares y se llevaron a don Quilo, a Quilito, a Jesús y a todos los trabajadores de Manuel Morales. El día que se llevaron a don Quilo no pasaron de la casa; pero después subieron por Camalote cerca de doscientos soldados y esos no bajaron; se quedaron en Las Crucitas. Anteayer subieron trescientos más para reunirse con los anteriores. De modo que en este momento hay quinientos soldados allí.

—¡Qué jodida! No sabíamos todo esto para haberle hecho recomendaciones al enlace.

—Los compañeros dicen que se les den instrucciones porque las cosas se complican cada vez más.

—¿Pero por qué no se vienen? ¿Qué están haciendo allá?

—No se vienen porque nadie les ha dado orden de salir de allí.

—Bueno, pues ya que están aquí, los vamos a armar. Nosotros íbamos para el refugio a dejar estas armas, pero es mejor que algunas de ellas las usen ustedes.

Nos entregó un máuser a cada uno, con su respectiva mochila. Las demás armas las llevó a esconder a un punto cercano. Cuando terminamos de comer, nos marchamos para el campamento donde estaban ellos. Allí vimos a Hermelindo y a Mejía. El compañero Guevara se encontraba con otros en un campamento distinto, ya que se habían dividido para defenderse mejor de la persecución.

Entró la noche y todos estábamos desesperados porque no regresaba el enlace ni tampoco Perales, a quien se le había mandado a San Pedro. Por fin, ya un poco tarde, llegaron, rindiendo sus respectivos informes. Fellito manifestó que esa misma noche se presentarían Hugo y Rostrán. Con ese dato, se procedió a mandarle un enlace a Guevara, pidiéndole concentrarse en nuestro campamento para analizar la situación. Por la madrugada aparecieron Hugo y Rostrán. Bastante temprano en la mañana se reunieron Rosales, Hugo, Guevara y Romero. Se resolvió que Perales fuera, una vez más, a San Pedro con un planteamiento a la Comisión Política del Partido sobre la necesidad de diluir la guerrilla en las ciudades, mientras pasaba la ofensiva del ejército.

Esa misma tarde regresó Perales con la autorización para tomar dicha medida. Por la noche hubo una nueva reunión, después de la cual llegó Rosales a donde me encontraba con el Diecisiete y nos dijo:

—El Nueve y el Diecisiete se alistan para irse con Perales a San Pedro. Todos los demás que tengan sus cédulas convalidadas y cuenten con un familiar donde permanecer sin peligro, pueden irse también, pero indicando en dónde van a estar para llamarlos en caso de necesitarlos.

Por la mañana, después del desayuno, salimos con Perales y el Diecisiete. Cruzamos la línea férrea, luego el río Ulúa, y llegamos a la carretera que va de La Lima a los campos, donde esperamos carro. A los pocos minutos llegó uno y lo abordamos. Nos apeamos en San Pedro y, caminando a una cuadra de distancia unos de los otros, seguimos por una calle recta, hasta llegar a una casa donde entramos. Allí estaban Jiménez —con quien hacía mucho tiempo no nos mirábamos—, así como Casco e Isidro. Después de los correspondientes saludos, me dijo Casco:

—¿Y usted tiene dónde estar unos días, mientras pasa esta ola de persecución?

—Sí tengo: donde un hermano, en El Ocotillo, cerca de El Llano.

—¿Cuánto necesita para pasajes?

—Pues primero iría a Mango a traer mi ropa donde otra hermana.

—¿Y cuándo regresa?

—Pasado mañana. El pasaje cuesta dos lempiras ida y vuelta.

—Tenga cuatro lempiras.

Tomé el dinero y partí inmediatamente para el punto de carros con destino a Baracoa. No esperé mucho en abordar uno. Después de llegar a Baracoa, me fui a pie hasta Mango. Allí estuve tres días, y cuando me arreglaron la ropa, volví a San Pedro. En la casa únicamente estaba Amargoso, clavando unas tablas podridas de la cocina.

—Buenas —le dije.

—Pasá rápido y venite porque el enfermo está grave —me contestó, llevándome al cuarto de donde yo había salido tres días antes.

Allí estuve encerrado varias horas. Rosales llegó hasta que le informaron que el Nueve estaba allí. Cuando me miró bien limpio, me dijo:

—¡Papo! Con ese vestido parecés licenciado. ¿Cuándo pensás irte?

—Ahora mismo.

—Andate hasta mañana, porque quiero que le ayudés a arreglar todos los chunches[122] a la compañera Marta y se los montés sobre un troco[123], porque va a trasladarse de casa. ¿Te diste cuenta de que capturaron al Diecisiete?

—¡No! ¿Y cómo cayó?

—Una noche, los militares rodearon esta casa; todos los compañeros que estaban aquí escaparon corriendo y se subieron a unos árboles, pero él se regresó para traer la cédula de identidad que había dejado. Así cayó.

—¡Qué hombre ése!

Al marcharse Rosales, comenzamos a preparar los chunches para trasladarlos a la nueva casa. Temprano de la noche llegaron el Quince y el Treinta con el troquero. Cargamos todo y nos fuimos hasta un barrio bastante retirado de donde vivíamos. Más tarde se presentaron Guevara y Jiménez, quienes se pusieron a discutir sobre la dilución de la guerrilla, diciendo que, ya una vez regados todos, sería muy difícil volver a reunirnos. Esa misma noche me entregó Jiménez el pasaje y me dijo que entre ocho días me esperaban en ese mismo punto.

Temprano del siguiente día partí para Progreso. Antes de tomar el carro para Santa Rita, entré en el mercado, con mucha cautela, a

---

[122] Menaje; cosas de la casa.
[123] Carreta de cuatro ruedas, empujada por uno o más hombres; muy utilizada todavía en Honduras para el transporte de cosas.

desayunarme. Mientras esperaba que el bus completara el número de personas, los choferes comenzaron a discutir sobre las cualidades de todos los que manejaban carros de pasajeros en el lugar. Un muchacho, muy calzado de barba, dijo:

—Aquí no hay chofer como mi papá, porque tiene treinta y cinco años de manejar.

—¿Y quién es su papá? —le pregunté yo, por una curiosidad estúpida que me surgió en ese momento.

—Cruz Velásquez.

—¿El hermano del ingeniero Humberto Velásquez?

—Sí, ¿por qué?

—Porque somos familiares.

En eso estábamos cuando venía un taxi de punto, y dice el mismo muchacho:

—Ve, ahí viene Cayo.

Detuvo el automóvil y le dijo al chofer que allí se encontraba un primo de ellos. El conductor se mostró interesado y le pidió que me presentara. Yo no pude menos que ir hasta donde él y mostrarme con toda soltura, como si no hubiera sobre mí una peligrosa persecución.

—¿Y de quién es hijo usted? —me preguntó el recién llegado.

—De Victoriano García.

—¡Ah, de mi tío Toyano! Entonces somos primos.

—Pues sí.

—Pase, móntese; le daré una vuelta.

Mientras hablábamos de la familia, comenzó a recorrer distintas calles de la ciudad, pasando varias veces frente a la Zona Militar. Yo me encogía en el asiento y trataba de disimular, rascándome las mejillas para que nadie me reconociera. Él, naturalmente, no se daba cuenta de los apuros en que me había metido, simplemente por gastar una atención conmigo. En un determinado momento le pedí que volviéramos al punto de buses porque corría el riesgo de quedarme. Después de ir a dejar una pasajera hasta la salida de Yoro y darme otra vuelta por el cuartel, regresamos al puesto, en donde nos despedimos. Yo, como era de esperar, quedé frío durante un buen rato.

Al llegar a Santa Rita no quise perder tiempo y, rápidamente, crucé el río Comayagua, de donde volé hasta El Llano. Aquí me detuve un poco donde Tila, quien me puso de almorzar. Después pasé por la casa de la novia. Todas las cosas las tenían en el patio, pues había llegado una brigada fumigadora y en ese momento rociaban DDT en la mayor parte de las casas.

—¡Viene otra vez el perdido! —dijo Chabelita al verme.

—Perdido, no; porque aquí estoy.

—Sí, pero sólo viene de vez en cuando.

Después de un rato de conversación, me fui para la casa de mi hermano. Allí encontré al menor, quien andaba de vacaciones. Me puse a hablar con él sobre diversos asuntos, entre ellos, por supuesto, sobre el estado de salud de mi mamá. En eso estábamos cuando me dijo la cuñada:

—Ahora tiene de aquello su amigo...

—¿Quién?

—Armenia.

—¿De veras?

El "aquello" a que se refería la cuñada era cususa[124]. Le informé a mi hermano y éste me invitó a que fuéramos a tomarnos unos tragos. Nos marchamos. En esa casa me guardaban especial aprecio desde mucho tiempo antes. Allí vivía una muchacha trigueña y hermosa, llamada Adriana, hija de crianza de Armenia. Mientras nos tomábamos los tragos, mi hermano se puso a conversar con la mamá y yo con la cipota, de modo que, en un determinado momento, terminé hablándole de amores, cosa que nunca había pensado durante tanto tiempo de frecuentarla. Transcurrido un buen rato, pasó por allí el otro hermano mío, quien venía de su trabajo; dispusimos, entonces, irnos con él a la casa, aunque, como dicen los muchachos, ya nos encontrábamos un poco tecolotes[125].

Al día siguiente comencé a trabajar en el cultivo de la tierra. Ganaba un lempira y la comida al día. Era un trabajo duro, con una jornada terrible: desde la madrugada hasta la noche. Pero no tenía otra alternativa. Para no convertirme en una carga, era necesario hacer algo, además de que me servía para disimular mi presencia en la aldea.

---

[124] Aguardiente clandestino elaborado por destilación con caña de azúcar, maíz y dulce de panela.

[125] Mareados.

Al cumplirse los ocho días de encontrarme en la zona, volví a San Pedro, tal como me habían dicho antes de salir. Llegué a la casa donde trasladé a Marta. Al primero que encontré fue a Casco, quien me saludó amablemente y me hizo algunas preguntas:

—¿Qué se ha sabido por allá?

—Pues muy poca cosa. Lo único que dicen los campesinos es que hay tapadas del ejército por Santa Rita y los pasos reales del Ulúa.

—¿Y cómo se encuentra usted en ese lugar?

—Bien, porque estoy trabajando y vivo con un hermano.

—Muy bien, pero cuidado con las copas y con hablar del movimiento revolucionario, porque es muy peligroso.

—Está bien.

—¿Y cuándo piensa volver aquí de nuevo?

—Acá no pienso regresar, porque ese constante ir y venir puede despertar sospechas sobre mi persona, y yo no quiero comprometer a mi familia. Por eso es mejor que, si me ocupan para algo, vaya alguien por allá y me comunique cualquier cosa. Les voy a dejar la dirección.

—Me parece justo lo que dice, compa. Ahora entre en ese cuarto, porque allí están algunos compañeros que desean verlo.

Entré en el cuarto y allí estaban Isidro, Guevara y Jiménez. Este último me dijo que yo tenía palabra porque cumplí el compromiso de volver a los ocho días. Hablamos de muchas cosas con gran entusiasmo. Cuando lo creí conveniente, me despedí de ellos y me marché. Antes de salir, Casco me dio cincuenta centavos para el almuerzo. Por la noche estaba de regreso en la casa.

A partir de entonces me dediqué exclusivamente al trabajo y a visitar a las dos muchachas: unas veces a Chabelita y otras a Adriana. Para mí aquello era un entretenimiento agradable, ya que las preocupaciones de la lucha revolucionaria y la persecución no me abandonaban un solo instante. En el pueblo seguí cultivando viejas amistades y otras nuevas, lo que me llevó a gozar del aprecio de gran cantidad de gente.

Llegó el 24 de diciembre, fiesta de Navidad. Esa noche la pasé bailando con Chabelita, la que me ratificó su promesa de matrimonio. El 25 aparecieron el hermano menor, con un cuñado nuestro (el mismo que me había corrido de su casa por ser él un enemigo acérrimo de los comunistas). Llevaban un conjunto musical para darle una fiesta a la novia del primero. Inmediatamente se organizó otro baile. Allí no estuvo Chabelita, pero sí Adriana. Esta me prometió salirse conmigo el 14 de febrero, compromiso en el que me metí sin saber cuándo ni cómo. En mi conciencia, naturalmente, aparecieron algunos escrúpulos por el doble juego que hacía, pero al recordar que a Chabelita le estaba llegando otro novio, a quien ella atendía, hice a un lado toda vacilación. Sin embargo, después de las fiestas de Navidad tuvimos una plática muy seria:

—Chabelita, yo confío en el compromiso que tenemos; pero quiero que sea franca conmigo, así como yo lo soy con usted: ¿le ha dado esperanzas a ese muchacho que la visita?

—No le he dado ninguna esperanza.

—Entonces, ¿por qué él no deja de llegar y usted siempre lo atiende, sabiendo que tiene compromiso conmigo?

—Es mi deber atencionar al que llega a mi casa. Además, debo decirle que si yo le he dado el "sí" a usted, es porque lo considero un hombre de experiencia, consciente de lo que hace, mientras que a un muchacho tan joven como ése le tengo desconfianza, porque la mayor parte de las veces se le acercan a una sólo para engañarla, de manera que cuando ya nos ven todas destartaladas y hasta con barriga, se van al diablo. ¿Y cómo queda una?

—Entonces, ¿cuándo la mando a pedir?

—Tenga paciencia. No se sofoque, porque las cosas a la carrera no sirven. Yo le voy a decir cuándo.

Como no quedé muy conforme con la actitud de Chabelita, continué visitando a Adriana. Uno de esos días llegué a verla a su casa. La encontré muy alegre, deseosa precisamente de verme.

—Mire: compré esas gallinas y esos pollos para tener un principio cuando nos vayamos.

—Eso está muy bien, Adrianita.

—¿Le parece?

—Sí, y la felicito por su iniciativa.

—También tengo tratada una pareja de cerditos para tener un principio de cría. ¿Está bueno?

—Está bueno, Adrianita.

Me conmovió aquella actitud, al mismo tiempo que me preocupó porque la cosa iba en serio. Le di un abrazo y un beso, como muestra de aprobación, sin ir más allá, porque yo siempre tenía presente mi condición de comunista, para el cual es reprobable engañar a campesinas sencillas y honestas. Me marché con la cabeza llena de gallinas y cerdos, sin saber cómo iba a salir del lío en que me estaba metiendo.

Vino el 31 de diciembre y las fiestas de año nuevo. Temprano en la noche fui a la casa de Chabelita. Allí se encontraban el papá de ella y la madrastra, con quienes me puse a conversar sobre diversos temas, entre ellos cómo había sido el año sesenta y cuatro; los problemas que habíamos tenido en Honduras y los que se habían presentado en otras partes del mundo durante el año que concluía. En determinado momento se presentó Napo, el nuevo pretendiente de Chabelita. Iba con un tío y portaba una alforja llena de cervezas y refrescos. Después de saludarnos a todos, sacó una cerveza y me la dio:

—¿Yo también alcanzo? —le pregunté, con ironía.

—También —respondió, un tanto nervioso.

Al sentarse de nuevo, se puso a sintonizar un radio transistor, bastante grande, que llevaba consigo. Mirando aquellos movimientos, yo sentía hervir la sangre, y por la cara me pasaban como unas oleadas de fuego. Pero no dije nada y tampoco me levanté para marcharme, ya que eso era dejarle el campo libre. Cuando terminamos las cervezas, Chabelita y su madrastra me invitaron para que fuéramos a donde Patrocinio a traer unas parejas de bailadores, a fin de organizar una fiesta. Así lo hicimos y, sintonizando una emisora de Guatemala, que transmitía un programa con la marimba Chapinlandia, comenzamos el jaleo.

El padre de la muchacha salió a dar una vuelta por la aldea. Cuando regresó, me dijo:

—Púchica, si donde su hermano Santiago hay un fiestonón bárbaro.

—¿Hay bailadoras? —le preguntó la mujer.

—Sí; todas las del otro lado.

—¿Y Adriana está? —le volvió a preguntar, mientras me echaba una mirada llena de malicia.

—Allí está.

Como el mismo radio iba dando la hora cada diez minutos, llegó un momento en que anunció las doce de la noche, hora de la despedida del año viejo y entrada del nuevo. Entonces comenzó el desparpajo de gentes, llorando unos y abrazándose otros, mientras decían:

—¡Feliz año nuevo! ¡Feliz año nuevo!

Cuando ya no quedaba nadie por felicitar, salí casi corriendo para la casa de mi hermano, la que encontré repleta de gente. Saludé a todos de la misma manera y, en el momento de abrazar a mi cuñada, ésta me dijo:

—Ahí está Adriana, que echa fuego contra usted porque no ha venido.

—¿De veras?

—Así es.

En ese momento los músicos tocaron una canción muy bonita, que nos gustaba a ambos. Busqué a la muchacha entre la gente y le pedí que bailáramos. Ella aceptó, pero a la legua se le notaba su indignación conmigo.

—¿Cómo está? —le pregunté.

—No tan bien como usted.

—¿Y por qué me dice eso, estirando un tanto la boquita?

—Vea, quiero que sea franco conmigo.

—Ajá.

—Que si ha de quererme, que sea sólo a mí, así como yo lo quiero a usted.

—Pero dígame, Adrianita, ¿qué es lo que pasa?

—Es que a mí me han dicho que usted es novio de Chabelita y que hasta le tiene prometido matrimonio.

—¡Pero eso es mentira, Adrianita! Usted sabe que fuimos novios durante un tiempo, pero todo terminó desde aquella vez que me fui para Santa Rosa de Copán. Además, ella tiene su novio.

—¿No me miente, Luis?

—¡Cómo se pone a creer que voy a tener conciencia de engañarla!

—Vaya, pues, así que sea.

Bailamos muy felices hasta casi el amanecer. Estando ya a punto de marcharse, me pidió, como despedida, que le cantara la canción Prisionero de tus brazos. Después de que se la canté con mucha emoción por la velada que habíamos pasado, ella me contestó con Si me faltaras tú. La encaminé hasta cerca de su casa, juntamente con sus demás compañeras. Al volver, encontré todavía a los músicos y dispuse llevarle serenata a Chabelita, pues se lo había prometido y ella me esperaba.

Llegamos a la puerta de la casa. Estaba cerrada. Me puse de acuerdo con los músicos y canté Serenata sin luna. Ella abrió la puerta y me agradeció emocionada. Mientras los muchachos continuaron cantando, la novia comenzó a preparar café para darnos con pan. Después me pidió que le cantara Lloraremos los dos. Al concluir, les pidió a los músicos que la acompañaran, pues iba a cantar ella. Concordaron los instrumentos y cantó Seis pies abajo, quedando yo todo destrozado del corazón. Nos despedimos porque ya estaba entrando la luz del nuevo día. Era el primero de enero de 1965.

Durante las fiestas de fin de año, el hermano menor llegó varias veces a la casa para estar con su novia. En una de esas veces, lo fuimos a encaminar con mi otro hermano hasta el punto de carros. A lo largo del trayecto hablamos de varias cosas, entre ellas, naturalmente, de mi soledad y de mis amoríos.

—Bueno —me dijo el hermano menor—, quiero que me digás cómo te encontrás con esa muchacha.

—¿Cuál?

—Chabela.

—Tengo palabra de matrimonio por parte de ella, pero como estoy muy amolado, no le hago tanta fuerza.

—Pues yo lo que te digo es que semblantiés y que seás franco conmigo, porque hasta ahora vos no nos has dicho nada.

—No les he dicho nada porque, en la casa, cada vez que hablo de ella, hacen alboroto.

—Sí, pero con eso nada hacés, porque si te arreglás, mi mamá dice que tiene trescientos lempiras para vos. También el cuñado está dispuesto a ayudarte, y yo, haciendo un esfuerzo, en algo puedo cooperar. Por eso te digo que lo que te conviene es semblantiar y, si no, pues te hacés de la otra: Adriana, que también es buena muchacha, acostumbrada a sufrir. Ahora, que si te casás con Chabela, eso será un orgullo para la familia.

—No creás que es tan fácil todo lo que decís.

—Bueno, hablando con más franqueza, yo creo que lo que va a perderte a vos es esa lucha que llevás, la que nadie sabe en qué va a terminar.

—¡Ah, pero esa lucha no la dejaré nunca!

—Entonces, ¿de qué te sirve que tengás palabra de ella? Te marchás o vienen a traerte, y regresás a los seis meses o al año, como te ha ocurrido con Chabelita. Así, cualquier muchacha, por mucho que te quiera, tiene que decepcionarse.

Un día de esos murió una niña, sobrina de mi cuñada y ahijada mía. Como es costumbre, el padrino tiene la obligación de poner la música y dar la palma y la mortaja, lo que me obligó a buscar dinero prestado entre varios amigos para cumplir con aquella responsabilidad. Afortunadamente, no tuve dificultades en conseguir el dinero y pasamos una noche muy concurrida y alegre por la música. Toda la velada nos la pasamos jugando naipe, charlando y oyendo la música. Adriana estuvo conmigo hasta la hora del entierro.

Al día siguiente fui a visitarla a su casa. La encontré sola. Cuando me vio, se puso muy contenta y me invitó a sentarme en una hamaca. Esta se encontraba cerca de la hornilla, pues las casas de los campesinos, construidas con varas y palma, tienen una sola habitación, la que es, al mismo tiempo, cocina, comedor, sala y dormitorio.

—¿No ha venido su mamá? —le pregunté.

—No.

—¿Cuánto tiene ya de estar en Peña Blanca?

—Cinco días.

—Bastante tiempo. Eso quiere decir que el niño continúa enfermo y por eso no puede regresar.

—Eso debe ser.

Ella no se detuvo en el oficio de la cocina y, a cada una de sus vueltas, me rozaba las rodillas. Cuando terminó, me levanté de la hamaca y la atraje sobre mí, sentándomela en una de las piernas. Así la abracé fuertemente y la besé en la boca. Ella también hizo lo mismo.

—¿A qué horas viene Armenia? —le pregunté.

—A las cinco.

—¿No viene a las dos?

—No.

Con tal respuesta tuve más confianza y volví a abrazarla y besarla, diciéndole palabras cariñosas cerca del oído. De esa manera estábamos, cuando, de repente, escuché en la puerta.

—¡Buenas!

—¡Buenas! —contesté yo, volviendo la vista hacia la entrada y descubriendo a Armenia, el padrastro de la muchacha, quien, para mi desgracia, regresaba temprano ese día.

—¿Qué pasa, don? Hay que respetar un poco —me dijo con sorna, mientras penetraba en la casa.

—Pero hasta la vez no ha habido nada —le respondí.

—¿Y qué más? Si no ha hecho nada es porque no ha querido. Pero yo no lo culpo a usted, sino a ella.

Se cambió de ropa y se fue a la casa vecina, dejándonos solos nuevamente en la casa.

—Ajá, ¿y ahora qué hacemos? —le pregunté a la muchacha.

—Es mejor que se termine todo.

—¿Pero por qué? Esto no es motivo para que rompamos nuestras relaciones. Usted no puede culparme a mí ni yo a usted. Lo que ha sucedido es un incidente natural en una relación como la nuestra.

—Sí, pero la amolada soy yo, porque ese hombre delante de usted no me dice nada, pero cuando usted se va, me hace sufrir mucho. Ya no lo aguanto; estoy harta de él.

—Bueno, pero el remedio lo tenemos nosotros en nuestras manos, principalmente usted. Si se decide a irse conmigo en este mismo momento, me la llevo y todo se acaba.

—No puedo por la ausencia de mi mamá. ¿Quién les va a dar la comida a estos cipotes?

—Entonces no me culpe a mí y no crea que soy hombre que no puedo hacerle frente a las dificultades.

Me levanté un poco molesto y me fui para la casa. Como iba pensativo, la cuñada me preguntó varias veces por qué estaba así, viéndome obligado a informarle. Ella también estuvo de acuerdo conmigo en que el padrastro iba a causarle muchos problemas a Adriana por lo que había pasado. Para distraerme, tomé el machete y me fui a traer un poco de leña. Al regresar, me puse a partir los palos que había traído, aunque siempre sin dejar de pensar en el problema.

De repente, cuando acababa de terminar esa diligencia, veo al Seis que venía a buscarme. Inmediatamente le salí al encuentro con una gran alegría, de modo que el asunto de la muchacha desapareció de mi cabeza, como borrado por una mano gigantesca. Llegó acompañado del suegro de mi hermano, con quien se habían conocido en los campos bananeros, habiendo jugado ambos en el equipo de fútbol de la finca donde trabajaban. Se los presenté a todos los de la casa, quienes lo recibieron con mucha amabilidad porque sabían que era uno de mis compañeros.

—Ajá, compa, ¿y en qué condiciones está? —me preguntó cuando tuvimos oportunidad de hablar.

—Pues yo siempre firme, compañero.

—Bueno, me alegra oír eso, porque a traerlo vengo.

—¡Ah, sí!

—Sí, porque creo que ya vamos a las montañas otra vez.

—No hay problema, compañero: nos vamos cuando usted diga.

—Magnífico; nos iremos mañana.

—¿Tengo la ropa lista, cuñadita? —le pregunté para estar seguro.

—Falta almidonar y aplanchar una mudada.

—¿Quiere hacerme el favor de arreglarla? La necesito para mañana, porque, como usted ve, a traerme vienen.

—¡Púchica! Con razón decía ayer que ya sentía los pasos del que venía a traerlo.

—Es cierto.

—¿Y con esas muchachas cómo va a hacer?

—¡Ahí que se queden!

—¡Pobres! Principalmente Adriana, que está hecha paste.

El suegro del hermano se marchó de la casa. Al despedirse de nosotros, le dije al Seis:

—Vaya, compañero, démele una limpiada de cerebro a este hermano, que mucho la necesita.

Entonces se destapa aquél con una charla sobre la lucha de clases y la alianza de los obreros y los campesinos como condición fundamental de la victoria contra los terratenientes y el imperialismo. Mi hermano lo escuchaba con mucha atención y, a cada rato, movía la cabeza de arriba para abajo, en señal de aprobación. Después del compañero, intervine yo con algunos puntos de vista y así nos pasamos largas horas, hasta que nos fuimos a dormir, ya bastante tarde.

Decidimos hacer el viaje después del almuerzo, para dar tiempo a que me prepararan la ropa. Durante el desayuno llegó un cipote con un papel y me lo entregó. Era una carta de Adriana, la cual me decía:

"Lo saludo con el cariño de siempre, pero quiero que olvidemos todo y hagamos cuenta de que no nos hemos conocido.

Firmado: Adriana."

La cuñada vio cuando me entregaron la carta y se la mostré. También la leyó el Seis, quien me dijo:

—¿Está enojada, compañero?

—Así parece.

—Pues lo que debe hacer usted es ir donde ella y comenzar a sobarle el pelo y a decirle palabras tiernas. Ya verá cómo no sólo la contenta, sino que la convence para que se vaya con usted.

—Pues, si quiere, vamos a dar una vuelta.

—Vamos, pues; tengo interés en conocer todos estos rincones.

Fuimos primero a la casa de Adriana. Dimos los buenos días y entramos en la champa. Ella estaba de pie, cerca de la hornilla, y más allá, sentado en un banco, se encontraba un individuo: era el pretendiente favorito de Armenia, y quien estaba allí cuidándola. Ese individuo me había hecho contrapeso, pues cuando yo llegaba y él se encontraba en la casa, podía pasarse las veinticuatro horas en el mismo puesto, a fin de impedirme tocarle aunque fuera una mano a la muchacha. Quise hablar con Adriana, pero ésta se hizo la disimulada, manipulando las ollas del fogón. Viendo esa actitud, le pedí al compañero que nos retiráramos y así lo hicimos.

De allí nos fuimos a la casa vecina, a saludar a Esteban. Quise presentárselo al Seis, pero ya se conocían, de modo que se pusieron a conversar como viejos amigos; mientras tanto, comencé yo a dar vueltas de un lado para otro, sin saber cómo salir del problema en que me había metido. Quisimos marcharnos, pero Foncha, la señora de Esteban, nos pidió esperar un rato más para que tomáramos café. Nos sirvió dos humeantes tazas y, al comenzar a beberlas, escuchamos en la casa vecina la voz bien timbrada y fuerte de Adriana, cantando las canciones Para todo el año y Corazón prisionero. Nos volvimos a ver con el camarada; Foncha también nos miró, como adivinando el sentido de aquellas apasionadas canciones.

Salimos de la casa. Al pasar por el patio de Adriana, di un vistazo hacia adentro y allí estaba el individuo todavía. Por esa razón, únicamente le dije adiós, contestándome ella con recomendaciones de saludar a mi mamá. Cuando llegué a la casa le informé a la cuñada sobre la actitud despectiva de Adriana, por lo cual decidimos mandar a una cipota a decirle que yo estaba resentido porque me había despreciado delante de un compañero de San Pedro, lo cual no se lo perdonaría nunca.

Al rato volvió la cipota, informando que Adriana se excusaba de lo que había hecho y me mandaba a decir que se mantenía en la fecha del catorce que me había dado, pero que si no estaba en esa fecha, no respondía porque ella se iría a trabajar a otra parte.

Después invité al compañero a que fuéramos a visitar las otras casas. Aquél aceptó con mucho gusto. Fuimos a donde Chabelita, quien nos recibió muy bien, dándonos café. Como el compañero llevaba el Cronista Dominical en la mano, ella se lo pidió para leerlo. Algunos titulares los leyó en alta voz, haciéndonos algunos comentarios con gran soltura. Luego de algunos minutos de agradable conversación, nos fuimos para donde el suegro de mi hermano. Cuando íbamos por el camino, el Seis se detuvo y me dijo:

—Ajá, compañero, ¿y qué le pasa a usted?

—¿Qué le pasa de qué?

—Pues, ¿qué está haciendo? Si ésta es una gran muchacha: guapa, educada y de mucho roce social, con la que usted no se abochornará en ninguna parte, pues es representable. ¡Qué le va a estar igualando aquélla otra!

—Sí, compañero, tiene usted razón.

—Pues, decídase, porque con las dos no hace nada. Procure hacerse de ésta y asunto arreglado.

Después del mediodía, salimos para San Pedro. Mi hermano me dio seis lempiras y al compañero le obsequió dos. Cuando habíamos salido de la casa, decidimos pasar por donde Chabelita para despedirnos de ella, pues ésta no sabía de mi viaje. Estaba sola por casualidad. El compañero le dio la mano y le dijo que iba solamente a despedirse, saliéndose después para darme oportunidad. Ella le agradeció su amabilidad con palabras muy corteses, diciéndole que volviera por el lugar.

—Bueno, Chabelita, yo también me voy; por eso vine a decirle adiós.

—¿Y se va usted también?

—Sí, Chabelita.

—¡Qué va! Usted únicamente va a encaminarlo y está jugándome una broma.

—No, Chabelita, desgraciadamente no es broma: me voy con él porque vino a traerme.

—¿Y por qué no me había dicho?

—Porque no tuve oportunidad.

—Entonces me engañó con lo que me había prometido.

—¿Qué cosa?

—Acuérdese que habíamos quedado en ir a donde mi tía, a la celebración de Esquipulas, el catorce de enero.

—Ya ve, no puedo, porque me vienen a traer para ir a recibir un trabajo.

—¿Trabajo? ¡Usted me va a engañar a mí!

Nos despedimos con un abrazo y un beso. El compañero me esperaba ya con alguna impaciencia, aunque comprendiendo la causa de mi tardanza. Hablando de todo, tomamos el camino hacia El Llano. Como íbamos en una amena charla, casi no sentimos la marcha. Pronto estuvimos en la estación; pero, con tan mala suerte, que no pasó ningún carro. Debimos esperar el tren de las seis de la tarde, llamado Pasajerito, hacia San Pedro. Era el doce de enero de 1965.

A dicha ciudad llegamos ya de noche. Nos apeamos y, siguiendo por varias calles, llegamos a una casa donde la gente ya estaba acostada. El compañero tocó la puerta. Al rato se levantó una señora y abrió.

—Viene otro compañero —le dijo el Seis—. ¿Nos puede preparar cena?

—¡Ah!, si la cosa es que no tengo nada.

—Aquí tiene unos centavos para que mande a traer algo.

Nos preparó una cena muy sencilla, con lo poco que pudo obtener en una trucha vecina. Cuando ya casi habíamos terminado, llegó Rosales.

—¡Hola, viejo! —me dijo.

—¡Aquí lo tenés! —le expresó el Seis.

—¿Y cómo has estado por ahí? —me preguntó.

—Pues bien.

—Bueno, vamos al grano. Te he mandado llamar porque el Partido tuvo una reunión, en la que se discutió la necesidad de establecer un contacto con la gente de Mezapita, el cuñado tuyo y Goascorán, o sea el Dieciséis, pues creo que allá está. De allí es necesario pasar a La Florida, a donde Alonso.

—¿Y quién va a hacer esos contactos?

—Pues yo te propuse a vos porque sos miembro del Partido y fundador del FAP.

—¿Y voy a llevar nota?

—No, simplemente vas a preguntarles si están de acuerdo en continuar apoyando el movimiento armado, ya que, como recordarás, ellos quedaron organizados en una base. Además, le decís al Dieciséis que él, como conocedor de la zona, se notifique dónde se encuentra el Veinte. ¿Estás de acuerdo en ir?

—Bueno, con tal de que el Partido ordene, estoy dispuesto a todo. ¿Y cuándo es el viaje?

—Mañana.

—Mañana no puedo porque traigo una mudada sin planchar y quiero que me la arreglen.

—Pues será hasta pasado mañana.

Al día siguiente, por la tarde, llegó y me entregó treinta lempiras para los gastos de comida y pasajes. Como instrucciones, me dijo que llevaba diez días de tiempo mínimo y doce días de tiempo máximo, y que, a mi regreso, el punto de contacto era la misma casa en donde nos encontrábamos.

CAPÍTULO IX: "PRESIDENTE CONSTITUCIONAL POR AMPLIA MAYORÍA"

El catorce de enero de 1965 partí, una vez más, para el segundo frente. Tomé el tren hasta Baracoa. Después cambié al Mixto de Progreso, ya que deseaba darle un vistazo a mi mamá. Me bajé en Paujil. Cuando llegué a la casa, todos me recibieron muy alegres, aunque no dejaron de manifestarme sus temores de que fuera a caer en manos de los chafarotes.

En esa oportunidad me vi con el camarada Pinedita y los demás militantes de la célula del Partido que funciona allí. Todos se mostraron sorprendidos de que me presentara por aquellos lados, preguntándome si andaba en algún trabajo. Yo les dije que cumplía una misión del Partido, pero sin darles detalles. Me invitaron a tomar algunos tragos y se los acepté porque se trataba de camaradas. Cuando ya me sentía un poco mareado, regresé a la casa a acostarme. Mi madre, más prudente que yo, me llamó enérgicamente la atención.

Al día siguiente partí de nuevo aprovechando un chapulín que llevaba a los trabajadores hasta La Fragua. A donde mi hermana arribé muy temprano. De ese campo salí para El 45 a tomar el tren hacia Tela. Al solo apearme en la estación de este lugar, me fui al puesto de las burras[126] para el Kilómetro 17, donde me agarró una tormenta muy fuerte, con mucha descarga eléctrica. Un muchacho que encontré en el camino y que iba para Jilamo me invitó a quedarme allí para que saliéramos juntos al otro día. En su casa me dieron de cenar, pero me pidieron excusas por no poder darme dónde dormir, hospedándome entonces en la casa de un paisano, Leonidas Arias.

Amaneció tan lluvioso como el día anterior. No queriendo perder más tiempo, dispuse partir en esas condiciones. Pasé por donde el muchacho para ver si estaba resuelto a marchar bajo la lluvia y lo encontré decidido a aguantar agua tanto como yo. Seguimos la

---

[126] Carretón utilizado en la línea férrea. Se le mueve simplemente empujándolo.

carretera Tela–Ceiba hasta cierta parte. Después nos desviamos para ir a campo traviesa. Cruzamos varios quineles con el agua hasta el pecho y así arribamos a la aldea de Arizona. Por el centro de esta aldea pasa un río pequeño, el que, a consecuencia de las lluvias, estaba muy crecido. Un palo rollizo servía de puente. Con toda confianza inicié el paso, pero, a medio leño, me deslicé y caí, con tan buena suerte que no fui a dar al agua, sino que quedé montado en el palo. Sin embargo, como hice varios movimientos tratando de no perder el equilibrio, la bolsa que llevaba con la ropa bien aplanchada se precipitó en el río. Mucho lamenté aquel desastre al encontrarme en el otro lado; pero, después, considerando que estuve a punto de perder la vida, me di más bien por satisfecho.

Continuando el camino, llegamos a la aldea La Cota. Luego, a las márgenes del río León, el que amenazaba con una creciente. El cayuquero tenía temor de pasarnos porque era peligroso el desencadenamiento, a medio río, de una avenida intempestiva. Sin embargo, rogándole un poco y diciéndole por dónde podíamos hacer el paso con más seguridad, aceptó. Poco después estábamos en Jilamo, donde se quedó el muchacho. Abandonando la carretera, tomé por el terraplén bajo una lluvia siempre incesante. Empapado hasta los huesos, pasé por Jilamito y llegué al aparte que va para Mezapa y El Retiro. Al poco rato estaba en la primera de estas aldeas, donde pregunté por el camino para Mezapita.

Dejando a mi derecha el terraplén que va para Matarrás, seguí por la izquierda, hasta llegar al río Mezapa. Este se encontraba hasta los bordes. Como no necesitaba atravesarlo, no tuve ningún atraso. Continué río arriba, hasta dar precisamente con Mezapita. Allí pregunté por la casa del cuñado. La lluvia continuaba cayendo incesantemente; además, hacía un frío que penetraba hasta los huesos. Llegué a la casa, donde me recibieron sorprendidos por andar bajo aquella tempestad. Cuando les informé el objetivo de mi viaje se pusieron muy contentos y manifestaron su decisión de colaborar con el movimiento revolucionario en todo lo posible. Al Dieciséis le comuniqué una razón enviada por Rosales:

—Dice aquél que si en la aldea Normandía existen condiciones para la existencia de un grupo guerrillero.

—Sí, hombre. No ve que la aldea queda por la carretera y la montaña se encuentra mucho más lejos, en la que puede perfectamente instalarse un grupo y ser abastecido por la población.

—¿No estará por allí el Veinte?

—Es posible. Yo pienso ir por allá. Si quiere puedo averiguar las dos cosas: lo de la instalación del grupo guerrillero y la presencia en ese lugar del Veinte.

—No sería malo.

En los días posteriores mejoró el tiempo, pero los ríos se encontraban completamente llenos, principalmente el Matarrás, el Sucio y el Teysigua. Por esa razón tuve que esperar allí algún tiempo, hasta que bajaran las aguas, a fin de hacer el viaje a La Florida. Mientras estuve en Mezapita, aproveché el tiempo para visitar a todos los amigos y paisanos del lugar, quienes me recibieron con mucha amabilidad, incluyendo al comanche de la aldea, que vive con una sobrina mía. Como la espera se prolongó más de lo previsto, se me terminaron los fondos y se cumplió el tiempo máximo que llevaba, por lo cual comencé a preocuparme y a estudiar la forma de regresar.

Un día nos informaron que los pasos ya estaban libres. Muy de mañana partí. El cuñado fue a encaminarme hasta el terraplén de Matarrás, el que seguí hasta el río, pasando primero por la casa de don Polo, el señor que nos daba la leche mientras estuvimos en el campamento. El camino estaba infernal de lodo. Había unos pegaderos terribles, en los cuales se me quedaban las chinelas, viéndome muchas veces obligado a sacarlas con las dos manos. Así llegué hasta las riberas del río León, por el que seguí, corriente arriba. Más adelante, después de cruzar el río Teysigua, me encontré con unas tembladeras[127] que me costó mucho atravesar, pero, por fin, llegué a La Florida, donde Alonso.

Me recibieron con muchas atenciones. En el primer momento no pude informarles a lo que iba porque allí se encontraban tres hombres discutiendo con Alonso sobre la forma de matar un tigre osado que les estaba comiendo las vacas. Alonso comprendió que a algo respondía mi visita, por cuya razón, después del almuerzo, me invitó a que fuéramos a la milpa, donde podíamos platicar a nuestras anchas.

---

[127] Tierra movediza.

—Dice Rosales que cómo te encuentras: si estás dispuesto a continuar apoyando el movimiento revolucionario.

—Yo siempre estoy firme.

—Bueno, ¿y qué posibilidades hay de comprar víveres y de llevarlos a un escondite adecuado? ¿Podríamos ir a la montaña a buscar un lugar conveniente para ese objeto?

—Eso es difícil porque ahora suben patrullas del ejército a cada rato y, si nos encuentran, nos pueden bruñir[128].

—Pero este es un asunto que debo resolver por completo para llevarles una respuesta a los compañeros del Partido.

—Si querés, te quedás hasta mañana y hablamos con un compadre mío para ver qué nos informa de eso.

—Está bien. Además, Rosales te manda a decir que si llega el Veinte por estos lados, le digás que se vaya para donde el compadre Quilo.

—Bueno.

Al día siguiente hablamos con el hombre. Este se manifestó dispuesto a colaborar en todo. Dijo que él podía comprar los víveres en Tela y llevarlos en sus bestias hasta la montaña, donde podían ocultarlos. Ambos se comprometieron a salir de cacería para inspeccionar un sitio adecuado. De todo esto redacté un informe y lo escondí en la cajetilla de cigarros.

A las seis y media de la mañana partí de regreso, tirándome por la montaña, según me aconsejó Alonso. Después de una caminata bastante difícil, en la que pasé de nuevo por varios de los sitios donde habíamos estado durante nuestra marcha con el grupo, llegué a Paujil a ver a mi mamá. Al otro día, que era domingo, salí para San Pedro, aprovechando cinco lempiras que me obsequió ella. Llegué temprano a la casa de donde había salido, en la cual solamente se encontraba la patrona.

—¿No ha venido Rosales? —le pregunté.

—Desde hace tres días está viniendo a preguntar por usted.

—Sí, tiene razón, porque me estuve catorce días en el viaje y solo llevaba doce de tiempo máximo.

---

[128] Causar daño.

Ese mismo día se presentó Rosales. Le di un informe completo del viaje y le solicité permiso para ir a traer ropa a El Llano, pues, como había perdido una mudada en el río de Arizona, no tenía con qué cambiarme y estaba cubierto de lodo. Me dijo que consultaría ese problema con la Dirección del Partido. Después de hablar sobre otros asuntos, se marchó, diciéndome que descansara y que luego vendría para darme la respuesta sobre el asunto de la ropa. En efecto, no tardó mucho en presentarse de nuevo, entregándome diez lempiras para que comprara una mudada.

En aquella casa me estuve durante algún tiempo. Rosales siempre llegaba para informarme de los acontecimientos. Una vez se presentó muy alarmado y me dijo:

—Fijate que cayó Aguilar.

—¡No, hombre!

—Sí, cayó en Tegucigalpa.

—¿Y eso cómo ocurrió?

—Confió en el Decreto de Amnistía y fue a convalidar su cédula de identidad. Al darse cuenta de quién se trataba, le dijeron que volviera para entregarle los documentos. En esa ocasión lo agarraron. Según las informaciones, lo están torturando salvajemente, tanto que se teme por su vida.

—¡Pobre Aguilar! ¡Cuánto lo siento!

—Sí, hombre. ¡Pobre viejo!

En otra oportunidad se presentó Rosales y me informó sobre la captura del Veintiocho, o sea El Niño.

—¿En Progreso lo capturaron?

—Sí, en Progreso. Pero fijate que ese jodido sí tiene güevos.

—¿De veras?

—Sí, hombre.

—¿Y qué ha hecho?

—Pues un gringo cabrón comenzó a interrogarlo en la policía. Entonces El Niño le dijo: "A mí no me pregunte mierdas, gringo hijo de puta". El gringo se indignó y, dándole a El Niño una bofetada, lo tiró al suelo, donde comenzó a propinarle más golpes. Si no se lo quitan, lo mata.

—¡Pucha, anantes no lo jodieron!

—Sí, hombre: anantes.

Por ese tiempo me di cuenta de las reuniones de Rosales y los miembros de la Dirección Nacional del Partido con algunos dirigentes liberales y los responsables del Movimiento Francisco Morazán. Se discutía la posibilidad de llegar a una alianza con el FAP, a fin de impulsar la insurrección armada. En algunas oportunidades, yo mismo desempeñaba las funciones de enlace para realizar las pláticas, las que se prolongaron más de lo previsto, porque tanto los liberales como los del Movimiento Francisco Morazán le tenían desconfianza al FAP, por ser una organización de comunistas.

Las noticias sobre capturas de compañeros continuaron llegando. Rosales me informó un día que el Diez, o sea el enlace, había sido capturado.

—¡Papo! ¿Y cómo cayó?

—Tratando de convalidar la cédula de identidad.

—Pues está jodida la cosa.

—Sí; fue detenido con el hermano, aunque el otro ya salió. A él lo tienen en Progreso. Pero fijate que este compañero no aguantó las torturas y echó todo para afuera. Además, subió a enseñarle al ejército el lugar ocupado por nosotros, llegando hasta la casa de don Quilo, donde les mostró a los soldados varios de los calderos que usábamos en el campamento.

—¡Púchica! Quién iba a creer eso, viendo el trabajo que hacía como enlace.

—Así es.

—Pero está cayendo mucha gente, ¿no te parece?

—Sí, porque también agarraron a Perales y al Quince, o sea al Paisita. El primero se portó como un macho: no le sacaron ni media palabra. El segundo tampoco pudo resistir y lo cantó todo.

—¡Papo, Rosales! ¡Esto no me gusta para nada!

—Ni a mí, por eso hay que andar con mucho cuidado.

Poco tiempo después se presentó de nuevo y me dio veinte lempiras para que fuera a comprar dos palas y un pico. Estas herramientas las vendían baratas en el Banco de Fomento. Hice la compra y tomé por la calle del telégrafo, a fin de salir a la avenida del comercio. Por allí iba cuando alguien se me acercó y, agarrándome del brazo, me dijo:

—¡Párese ahí!

Yo me asusté, creyendo que era un chafarote, pero no; se trataba de Cárdenas, el primer Trece. Al reconocerlo, nos abrazamos muy contentos y nos pusimos a conversar a un lado de la calle.

—Es el primer guerrillero que miro desde que me retiré de allá. ¿Y Rosales?

—Pues, la verdad, es que no sé dónde está.

—¿Y los demás?

—No sé de ninguno. ¿Y usted qué tiene de nuevo?

—Pues nada. ¿Y dónde vive?

—Por el lado de Santa Rita, con un hermano.

—Pero lleva palas y picos.

—Sí, es que está haciendo una casa y me mandó a comprarle estos equipos.

—Pues nosotros ya nos vamos para las montañas otra vez, y ahora sí vamos a pelear; no como allá, que solo pasábamos esperando y nada. El próximo día dieciséis son las elecciones y el dieciocho nos marchamos para las montañas. Ya tenemos todo listo: nylons, hamacas, ropa, zapatos y armas. Así es que, ahí vea si quiere irse con nosotros.

—¡Cómo no, hombre! ¡Yo sí me voy con gusto!

—Entonces nos veremos en la próxima semana.

—Sí; vendré a San Pedro la próxima semana y me iré con ustedes.

Cuando me encontré con Rosales, le informé sobre la plática sostenida con el Trece y lo que me había dicho respecto a su ida a la montaña con un grupo guerrillero. Rosales no me hizo ningún comentario, pero se quedó pensativo, dando a entender que algo sabía de ese grupo. Después hablamos del Trece y recordamos que a éste se le había quitado el arma en el campamento como castigo por perder el cargador de la metralleta durante un viaje que hizo para ir a traer provisión. Por eso se molestó y pidió su baja, la que le fue concedida después de algunas consideraciones.

Con R. Velásquez comentamos el asunto de las palas. Ambos estuvimos de acuerdo en que aquello significaba el comienzo de nuevos preparativos para subir a la montaña. Esto lo comprobamos poco tiempo después, cuando Rosales me entregó doscientos lempiras y me pidió que fuera a comprar dos docenas de zapatos. Por precaución, me dijo que los comprara en distintos lugares; pero yo hice la compra en una sola parte, diciéndole al hombre que deseaba revenderlos en las aldeas del interior del país. Me acomodaron todos aquellos zapatos en una caja muy grande y, poniéndomela sobre la espalda, partí de regreso para la casa. Cuando llegué, me encontré con Amargoso, otro de los compañeros que estaba con nosotros.

—Tenés huevos, hermano —me dijo, cuando se dio cuenta de lo que llevaba.

—Esta pasada merece un trago, ¿verdad?

—Sí, ¿te lo querés echar?

—Vaya, pues.

Me dio dinero y salí a comprar un cuarto de guaro. Lo bebimos. Después acordamos bebernos otro cuarto y lo fui a traer. Por la noche llegó Romero y le llamó la atención, porque, una vez más, había incumplido las instrucciones que se le habían dado en el sentido de no comunicarle a su mujer el sitio donde se encontraba. Pero este compañero nunca hizo caso de tales instrucciones, porque, en cualquier parte donde se encontraba, lo primero que hacía era escribirle a su mujer y hacer toda clase de maniobras para entrevistarse con ella.

Poco después de eso, llegó Rosales y me ordenó viajar a Santiago, a donde los amigos a quienes encomendé nos buscaran un sitio adecuado para trasladar las armas que teníamos en la Base No. 1 y que, por la forma en que se encontraban, corrían el peligro de arruinarse. Me dio lo necesario para el viaje, y partí.

Llegué a la casa de Tiviche, donde me recibieron muy contentos. Al plantearle el asunto a que iba, me manifestó que no había ningún inconveniente, pues en la montaña se encontraban numerosos lugares muy propios para esconder cualquier cosa. Hablamos con Teófilo, y éste se pronunció en la misma forma, decidiendo que ellos estaban dispuestos a colaborar en todo, incluso en la obtención de víveres, si se acordaba organizar una guerrilla por esos lados. Ambos dijeron, además, que podían organizarse inmediatamente, incorporando a Leonardo y a Regino, dos amigos de la causa que moraban en la aldea.

Al día siguiente subimos a la montaña para inspeccionar los posibles lugares donde se pudieran esconder las armas o instalar un campamento, si ello era necesario. Después de un buen recorrido, comprobamos numerosos sitios excelentes. A mediodía emprendí el regreso para San Pedro, quedando comprometido en volver con los compañeros que llevaran las armas, ya que los campesinos manifestaron que sin mi presencia ellos no se comprometían con nadie.

Después de algunos días, llegó Rosales y me dijo:

—Alistate porque vamos a trasladar el tesoro a la zona de tus amigos. Mañana, a las seis, te llevaré a donde el chofer para presentártelo, pues tú viajarás por Progreso, mientras nosotros nos iremos directamente, por el camino que hemos utilizado siempre. Debés salir entre nueve y media y diez, de aquí de San Pedro. Cerca del aparte para la montaña te dejaré una rama en medio de la carretera: esa será la señal de que por allí nos encontramos. Cuando se detengan, le pedís al chofer que le dé tres acelerones al carro, con el objeto de reconocerlo nosotros y salir del escondite. Antes de salir, pasá por una gasolinera y comprás seis libras de grasa amarilla y un galón de gas[129]. ¿Entendido?

Al día siguiente fuimos a conocer al chofer. Llegamos al parque. En la esquina, frente a la Librería Atenea, nos detuvimos a esperar. Al poco rato venía un taxi de punto y se detuvo frente a nosotros. El conductor se apeó y dijo:

—¡Hola, Rosales!

—¡Hola, hombre! ¿Qué tal estás?

—Bien.

—Ajá, ¿y qué tal ese carro?

—Vergón, hombre.

—¿Aguantará una carga algo pesada?

—Sí la aguanta.

—¿Querés hacer un viaje hasta Tela?

—Sí lo hago, pero ¿es mucha la carga?

—Sí, es algo.

—¿Y van bastantes hombres?

—Los pasajeros son cinco, pero la carga es algo pesadita.

—Bueno, sí hago el viaje.

—¿Por cuánto lo hacés?

—Por treinta lempiras.

---

[129] Kerosén.

—Bueno, pues. Mañana a las diez de la noche salen de aquí.

—¿Y por qué tan tarde?

—Porque a esa hora es que debemos hacer el viaje.

—Es una hora pesada y peligrosa.

—Pero vas con gente de confianza, hombre.

—Bueno, pues, me decido.

—Entonces este hombre te esperará aquí mismo y con él te irás. Los demás nos iremos aparte.

—De acuerdo.

Nos despedimos, partiendo el chofer en su vehículo y nosotros a pie, para nuestras respectivas casas. Antes de separarnos, Rosales me dijo:

—¡Qué susto se va a llevar ese jodido cuando mire aquel montón de fierros!

Al día siguiente partí para el lugar donde debía esperar al chofer. Llegué antes de la hora; por esa razón di varias vueltas para hacer tiempo. En una de esas pasadas, observé el reloj público del Distrito y vi que ya era el momento de esperar en el sitio indicado. A los pocos minutos llegó el chofer. Le comuniqué la dirección de la casa y nos fuimos a cargar las palas, el pico, la grasa y el gas. Como a las diez y quince de la noche, salimos de San Pedro por la carretera hacia Lima. Cuando íbamos ya fuera de la ciudad, le dije al chofer:

—Recuerde que a las once en punto debemos estar en el sitio que nos indicó Rosales.

—Sí; voy a calcular la velocidad.

—Sobre todo, después de Progreso.

—Así es. ¡Papo, quiere huevos con estos viajes! Yo le dije a Rosales que de día no hay inconvenientes, pero a media noche es una jodida porque uno está expuesto a todo.

—¿Y qué piensa usted de la situación política?

—¿De la situación política?... Pues, que en Honduras no habrá ningún cambio hasta que no ocurra una revolución.

—¿Y usted estaría dispuesto a colaborar en caso de que surja una revolución?

—No solo a eso, sino que me pondría en la primera fila, a echar riata.

—Me gusta su actitud.

Llegamos a Progreso. Había mucho movimiento en las calles. Algunas patrullas cruzaban de un lado a otro. Tomando por las zonas menos populosas, buscamos la salida para Tela. Era todavía temprano. Por eso le dije al chofer que aminorara la velocidad para tomar tiempo. Así continuamos por la carretera un buen rato, sin encontrar la rama de que me habló Rosales. Despacio y abriendo los ojos en busca de la señal, llegamos hasta el puente Guaymitas. En vista de eso, le dije al conductor que nos regresáramos porque nos habíamos pasado una barbaridad. Cuando veníamos de vuelta, encontramos la rama. Entonces le pedí al chofer que diera los tres acelerones y que pusiera el carro nuevamente rumbo a Tela.

A los pocos minutos llegaron Rosales, Romero, Hugo y Jiménez con todos los fusiles y el parque. Sin pérdida de tiempo, los subieron al carro y ellos también se acomodaron en los asientos. Como yo iba desarmado, Rosales me dio una pistola y varios tiros. Hechos todos estos arreglos con la mayor rapidez posible, le dio orden al chofer de que arrancara. El hombre estaba horrorizado y apenas pudo coordinar los movimientos para encender el automóvil y ponerlo en marcha. Las manos le temblaban sobre el timón. Romero, como era un bromista de primera, me dijo cuando emprendimos la marcha:

—Ajá, compa, así que usted se ha vuelto un perfecto burgués, andando en carro de primera.

—Eso no, compañero, porque todos vamos en él —le contesté.

Conversando sobre diversos temas, arribamos a la aldea Santiago. Como yo era el guía, les ordené que continuáramos adelante, hasta donde les indicara detenernos. Después de una larga vista, cuando estábamos a punto de entrar en los palmerales de la finca San Alejo o Kilómetro 15, le pedí al chofer que se detuviera. Rápidamente apeamos las armas y, después de pagarle al taxista, nos internamos en la selva con todo aquel cargamento. Cruzando por un manacal[130] bastante espeso, llegamos hasta una casa recién construida, la que pasamos muy sutilmente.

---

[130] Sitio donde hay mucha manaca, una palma silvestre cuyo fruto es el corozo, el que se aprovecha en la fabricación de aceite.

—Nos faltan dos casas —les dije—. La primera es de un amigo, pero éste no sabe nada; la segunda es la de Tiviche, el hombre encargado de ayudarnos, pero como la familia no sabe nada, es necesario tener mucho cuidado.

Pasamos la primera de estas casas y llegamos a la segunda. Dejando esta última hacia el lado derecho, seguimos adelante hasta llegar a una quebrada, donde nos detuvimos a tomar agua, pues íbamos muertos de sed. Los compañeros encontraron deliciosa aquella agua.

—No se les olvide —les dije— que están ustedes saboreando las vertientes de Nombre de Dios.

Continuamos por la montaña y llegamos a los trabajaderos de Tiviche y Teófilo. Allí dispusimos descansar, con el fin de ir a la casa de este último para ver si tenía algo qué comer. Dejándolos a ellos en aquel sitio, me encaminé hacia la casa. Toqué varias veces la puerta y no me respondían. Por fin, una voz me dijo desde adentro:

—¿Quién?

—Yo, compa.

—¿Y quién es "yo"?

—¿Ya no me conoce, compa?

—Ya voy.

Se levantó y me abrió la puerta. Eran como las dos de la mañana. Nos estrechamos las manos con mucha alegría, diciéndome él que desde hacía algún tiempo nos estaba esperando. Inmediatamente despertó a Paca, la señora, y le pidió que nos hiciera café y nos diera algo de comer. Cuando le pregunté si podía prepararnos comida para cinco durante dos días, dijo que no había ningún inconveniente, negándose a aceptar el dinero que le ofrecí para comprar las provisiones.

Les llevé el café a los compañeros y éstos se mostraron admirados de la actitud tan amplia de aquellos campesinos. Un rato después emprendimos la marcha hacia la montaña, cuesta arriba. Al llegar a una parte bastante escabrosa, dispusimos esconder las armas en un matorral para continuar el viaje el siguiente día por la tarde, ya que estábamos muy cansados. Después de ocultar las armas bastante lejos del camino, regresamos en busca de un puesto propio para el descanso. Tratando de hallar este sitio, dimos con una milpita y, más allá de ella, encontramos una pequeña planada, donde nos quedamos. Antes de dormirnos, les dije a los camaradas que al día siguiente debíamos tener mucho cuidado porque Tiviche tenía unos mozos que, muy de madrugada, pasaban a los trabajaderos.

Por la mañana llegó Teófilo con el desayuno. Como los compañeros no lo conocían, se los presenté a todos. Algunos le dieron la mano y otros, un abrazo. Muy contento, se puso a conversar con el grupo. Habló de muchas cosas: del trabajo, de los problemas de la zona y de numerosas cuestiones. Al dar muestras de querer marcharse, Rosales me ordenó darle cinco lempiras para que nos hicieran el almuerzo y, ya cuando se hubo alejado, volvió a decirme:

—Tomá las palas y el pico: iremos a inspeccionar el puesto de que nos has hablado. Que vaya Romero con nosotros y que se queden Hugo y Jiménez para que esperen a los campesinos con el almuerzo.

Partimos. Al encontrarnos en la zona, comenzamos a buscar un sitio propicio para ocultar las armas. Después de muchas vueltas, observé una enorme piedra, situada a la orilla de un abismo, al pie de la cual podía hacerse una cueva muy abrigada. Rosales estuvo de acuerdo conmigo y, por esa razón, nos pusimos manos a la obra. Entre ambos, y con la ayuda ocasional de Romero, hicimos la cueva, encontrando alguna facilidad porque el terreno era flojo. Más o menos a la hora de almuerzo estaba terminado el trabajo. Por eso volvimos a donde habíamos dejado a los compañeros.

Al llegar a dicho puesto, encontramos a Jiménez y a Hugo completamente dormidos. Rosales los despertó con mucho enojo. Luego informamos acerca del refugio que habíamos hecho. En eso nos encontrábamos cuando llegaron Tiviche y Teófilo con el almuerzo. Inmediatamente nos pusimos a comer. Mientras lo hacíamos, Rosales aprovechó la oportunidad para darles a ambos una charla sobre la situación política de Honduras, diciéndoles, entre otras cosas, que ya se estaban dando las condiciones para iniciar la lucha armada, pues el pueblo se había cansado de todo lo que se estaba haciendo con él. Posteriormente les rindió las gracias por la ayuda que nos estaban brindando en aquella oportunidad.

—Nosotros —le dijo Tiviche— desde hace muchos años venimos luchando: desde el cuarenta y nueve y cincuenta, cuando estuvimos con Miguel Yánez en finca Mucula. Por supuesto, en aquel tiempo a mí me tenían desconfianza porque andaba con tamaña cuarenta y cinco en la cintura, pero era simplemente por mi trabajo y no porque fuera enemigo de la revolución. Actualmente quisiera que me entrenaran a cuatro hijos que quiero entregarle al movimiento y yo, aunque estoy viejo, también estoy dispuesto a incorporarme, si las circunstancias así lo exigen.

—A la revolución —le dijo Rosales— no sólo se le sirve con las armas en la mano. Si un compañero no es todavía muy perseguido, puede desempeñar otras tareas importantes, como servir de enlace, comprar bastimentos, organizar a otros campesinos y muchas cosas más.

Hablando de diversos temas, nos pasamos toda la tarde. Tiviche nos comunicó, entonces, que podíamos ir a dormir a una champa que tenía en la milpa. Guiados por él, nos fuimos hacia la champa antes mencionada. Después de una corta caminata por el monte, llegamos al punto que buscábamos. El terreno estaba completamente descubierto, por cuya razón se divisaban las lagunas de El Mico, Toloa, Puerto Cortés, hasta el mar. Cerca de donde nos encontrábamos se miraban las fincas de banano y la carretera de Tela a Progreso, cuya cinta se perdía culebreando en el extenso valle de Sula. Rosales se mostró entusiasmado con aquel lugar.

Después de esta inspección, dispusimos ir a donde teníamos las armas. Llegamos al escondite y, con la ayuda de todos, sacamos los bultos del camino. Los campesinos se quedaron asombrados al ver todo aquel equipo.

—¡Papo! —dijo uno de ellos— ¿y por la carretera han venido con todo eso?

—Así es —respondió Rosales.

—Tienen güevos ustedes y, al mismo tiempo, resistencia, pues venir hasta aquí con una carga como ésa no es tan fácil.

Luego de esto, los campesinos se marcharon para sus casas. Tiviche nos dijo que al día siguiente no llegaría a vernos por razones de trabajo, pero que Teófilo se encargaría de lo relacionado con la comida. Nosotros nos fuimos para la champa, pues ya era algo tarde y no habíamos cenado. Después de comer, nos acostamos. Yo no pude dormir, pues tenía un fuerte dolor de estómago. La noche estaba helada. Una brisa bastante fuerte y de baja temperatura sopló todo el tiempo, haciéndonos tiritar. El día amaneció muy frío. Una espesa neblina cubría todo el valle, de manera que, visto desde la altura en que nos encontrábamos, éste semejaba un mar de espuma.

Después del desayuno, partimos hacia la cueva con todas las armas. Una vez en el lugar, Rosales organizó el trabajo: unos, a desarmar y limpiar los fusiles; otros, a engrasar y armar de nuevo y a envolver los equipos en bramantes. Así pasamos un buen rato. Ya cercana la hora del almuerzo, Rosales me ordenó ir al primer puesto para recibir a Teófilo con la comida, pues no era conveniente que supiera dónde iban a quedar los equipos. Al llegar al sitio antes indicado, me senté en el suelo y me puse a revisar la pistola 38 que portaba. Le saqué los proyectiles y la martillé seis veces. En la última de estas pruebas se produjo una explosión que me dejó sordo y helado. Conté los cartuchos que tenía en la mano izquierda y comprobé que sólo tenía cinco, es decir, que, por descuido, le había dejado uno a la pistola.

Cuando llegó Teófilo con el almuerzo le pregunté si había oído la detonación, respondiéndome que sí, pero muy débil, y que no se había dado cuenta en dónde fue. Tomé el almuerzo y se los llevé a los compañeros a la cueva. Después de comer, Rosales me ordenó entrar en el hueco para acomodar las armas ya engrasadas. Hice un tapesco[131] de palos y las fui acomodando lo mejor que pude. Al final, para mayor seguridad, hice un cimiento de piedras y lo cubrí todo con tierra y ramas. El escondite quedó tan perfecto que era muy difícil pasar por allí y descubrir alguna irregularidad.

Concluido el trabajo, organizamos la retirada. Algunos salieron a la carretera, a tomar carro cerca de la aldea Las Cuarenta. A mí me dieron orden de presentarme en San Pedro tres días después, por lo cual salí para Mango, a la casa de mi hermana. Aquí me recibieron muy bien. Como me encontraba algo cansado de los últimos ajetreos, el tiempo que estuve allí lo aproveché para reposar lo mejor que pude. Cuando me llegó la hora de partir, tomé el autobús de la CITUL para San Pedro, a donde llegué algo temprano de la mañana.

En la calle me encontré con Rosales. Nos saludamos muy alegres y hablamos de varias cosas. Me dijo que ya se sentía tranquilo porque

---

[131] Cama de varas.

las armas se encontraban seguras y sin peligro de que se arruinaran. Después me ordenó que me quedara en la casa donde me daban la comida y que allí lo esperara porque tenía un trabajo especial para mí. Uno o dos días después, llegó, efectivamente, a buscarme.

—Quiero que vayas a comprar un poco de nylon —me dijo.

—¿Es bastante?

—Sí; unas ciento cincuenta yardas.

—Papo, semejante cantidad resulta muy peligroso comprarla; de seguro por eso los demás no han querido echarse ese trompo a la uña. Está jodido, pero no importa, voy a comprarlo.

—Si podés comprar el rollo, sería mejor. Averiguá cuántas yardas tiene y lo comprás. Aquí tenés cuarenta lempiras para el nylon y un lempira para el taxi.

Visité numerosos almacenes y nadie me pudo informar cuántas yardas tenía el rollo completo de nylon. Por fin, en una de las tantas tiendas a donde me vi obligado a entrar, me informaron que el rollo tenía ciento cincuenta yardas. El dependiente me preguntó que para qué lo quería. Entonces le dije que para hacer bolsas y venderlas en los campos. Compré el rollo y le pedí al dependiente que me permitiera dejarlo allí unos minutos, mientras buscaba un taxi para llevarlo. Así lo hice y, al poco rato, marchaba por las calles de San Pedro con aquel enorme bulto. Tres cuadras antes de llegar a la casa, detuve el taxi y lo despaché. Cargando el rollo sobre la espalda, llegué a la casa, lo que fue motivo de admiración entre los compañeros.

Por ese tiempo había mucha tensión, pues se esperaban las elecciones que habían sido convocadas para el 16 de febrero de 1965. La gente estaba segura de que los tales comicios iban a ser una farsa y que, además, habría una gran represión. Efectivamente, las justas electorales tuvieron lugar en la fecha señalada y las mismas resultaron tal como el pueblo había previsto. En San Pedro transcurrió más o menos normalmente, pero en otros lugares de la República la represión fue muy dura, de modo que los resultados no se hicieron esperar: Oswaldo López Arellano, el autor del golpe del 3 de octubre, salió electo como "Presidente Constitucional por amplia mayoría".

El descontento popular fue enorme. Todo el mundo, incluyendo a los liberales, hablaba de oponerse al gobierno. En esas circunstancias, el 10 de marzo de 1965, se dio la noticia de que un grupo de guerrilleros había asaltado el resguardo militar de la represa El Cañaveral. Los periódicos proporcionaban abundante información sobre el acontecimiento y anunciaban que los guerrilleros portaban un brazalete con la sigla: MFM (Movimiento Francisco Morazán). El pueblo comentaba este hecho de distintas maneras, en su mayor parte a favor de los guerrilleros, lo cual reflejaba el descontento popular respecto a las elecciones y la legalización de los golpistas en el poder.

Al día siguiente, o sea el 11 de marzo, hice una salida a la calle. En el centro de la ciudad me encontraba cuando llegó un canillita con un tercio de periódicos y me dijo:

—Cómpreme el periódico, don, que trae buenas noticias.

—¿Qué noticias trae, cipote?

—Pues, la captura de unos comunistas en Tela. ¡Dése cuenta cómo son esos comunistas de bandidos! Cómpreme el periódico.

—Dame un ejemplar, pues.

Con los únicos diez centavos que andaba en la bolsa, los cuales quería para obtener cigarrillos, le compré un número del periódico, acuciado por el interés de enterarme de aquella noticia. A toda prisa leí la información correspondiente: se trataba de la captura de Carlos Falck en las proximidades de Tela. El diario daba amplios detalles sobre el hecho, indicando que se les había quitado determinada cantidad de armas a los guerrilleros, así como las circunstancias en que los atraparon, al quedarse atascados con un carro en el centro de una quebrada.

Al otro día llegó Rosales un poco nervioso. Inmediatamente nos pusimos a comentar las informaciones antes referidas.

—Fíjate —me dijo— que no he dormido en toda la noche.

—¿Y eso, por qué?

—Porque en la noticia que dieron los periódicos acerca de la captura de unas armas, aparece un sujeto llamado Natividad. ¿Te acuerdas de qué apellido es el campesino que vive cerca de donde dejamos nuestros hierros?

—Sí; se llama Natividad Cruz.

—¡Ah, entonces no es él! El que sale en el periódico se llama Natividad Reyes.

—Pues no hay que preocuparse, porque ése es el subcomandante de Santiago, mientras que el otro Natividad es un pobre campesino que vive de su trabajo en el campo.

—Me alegro de saber eso, porque, ya te digo, anoche no pude dormir creyendo que se trataba de tu amigo.

Varios días después llegó nuevamente Rosales con un estado de ánimo muy tenso y me dijo:

—¿Te diste cuenta de que capturaron a Casco?

—¿De veras? ¿Y cuándo fue eso?

—Ayer, a las dos de la tarde.

—¿Y dónde lo agarraron?

—En la casa que le servía de escondite.

—¿Y cómo darían con él?

—Pues, según dicen, la esposa venía de Progreso a entregarle ropa, y Aquilino, el Veintiuno, se le pegó atrás con otros soldados, obligándola a decir en dónde se encontraba Casco.

Pocos días después de esto, llegó nuevamente Rosales y me dijo que fuera a llamar a Gliserio, o sea Tormenta, quien vivía por entonces en las orillas de la finca Mango. Me dio cinco lempiras para pasaje, indicándome que le expresara el interés del Partido en hablar con él, por cuya razón debería venirse conmigo.

Llegué a la casa de Tormenta. Cuando me vio, se puso muy alegre.

—¡Hola, hombre! ¿Qué tal?

—Pues bien, ¿y tú?

—Aquí todo jodido, con la mujer enferma y sin un centavo en la bolsa para comer.

—Tomá dos pesos para que nos hagan café.

—¿Y qué te trae por acá?

—A buscarte vengo porque el Partido necesita hablar con vos.

—¿De veras?

—Así es.

—¿Y cómo voy a San Pedro? ¿No ves que hasta descalzo ando porque carezco de zapatos?

—Eso no importa. Allá te pueden dar un par.

—¿Me los darán?

—¡Sí, hombre!

—Está bien, iré. Tratándose del Partido, yo voy a donde sea, esté como esté.

Un cuñado que nos vio alistándonos para salir le dijo que se pusiera sus zapatos, ya que así como estaba no podía ir hasta San Pedro. Tormenta se probó los zapatos, pero éstos le quedaron algo estrechos, a pesar de ser un número bastante grande. Haciendo esfuerzos, logró ponérselos y partimos hacia Baracoa, donde deberíamos tomar el carro para San Pedro. Al llegar a esta ciudad, caminamos muy separados uno del otro, en busca de la casa donde yo me hospedaba. Lo dejé allí y me fui en busca de Rosales para comunicarle que Tormenta lo esperaba, informándole al mismo tiempo la situación difícil en que este compañero se encontraba. Rosales estuvo de acuerdo conmigo en que debería ayudársele, por lo menos en comprar zapatos.

Regresé a la casa y, a los pocos minutos, llegó Rosales, quien se puso a conversar con Tormenta, mientras yo me fui a dar unas vueltas a la calle para dar oportunidad a que ellos conversaran tranquilamente. Desde entonces, nunca volví a ver a Tormenta.

Tomando como base todas estas vueltas, saqué la conclusión de que ya nos encontrábamos en preparativos para regresar a la montaña. Por eso no me sorprendí cuando, un día de ésos, Rosales me encomendó volver a Mezapita, donde se encontraba el Dieciséis y otros compañeros.

—Vas a Mezapita y les decís a los compañeros que muy pronto estaremos allá. También les informás que el Cien, o sea Sebastián, se pasó con el Movimiento Francisco Morazán y que actualmente anda visitando a todas las bases del FAP, pidiéndoles ayuda. Les decís que, si acaso llega por allá, no le pongan atención. Luego te vas para La Florida y les decís lo mismo a nuestros amigos de allá.

—Muy bien, compañero.

—Mañana te espero en mi casa.

—¿En tu casa?

—Sí, porque quiero presentarte a otro compañero que irá con vos a conocer el camino y los contactos. A los amigos de allá, les decís que es un familiar tuyo, aunque a los de mayor confianza les informás que ese hombre será nuestro enlace, porque todos nosotros nos iremos a la montaña próximamente. A él, por supuesto, no le informás nada de tus actividades. Te espero a la una de la tarde.

—Está bueno.

Al siguiente día, a la una de la tarde, llegué a la casa donde vivía Rosales. Éste se encontraba con otro compañero, el que me fue presentado por aquél. El hombre me dijo:

—¿Conoce el campo Marathón?

—Sí lo conozco, ¿no es el que está al otro lado del cementerio?

—Ese mismo es. Entonces lo espero mañana, a las seis y media, en ese campo, para presentarle al compañero que irá con usted al viaje de que le ha hablado Rosales.

—Está bueno.

A la hora indicada del otro día, me encaminé al campo Marathón. Esperé un rato, pues aún no se encontraban en el puesto. A los pocos minutos se presentaron. Los saludé y el compañero que había conocido el día anterior me presentó a otro camarada. Después se despidió de nosotros, indicándome que conversara con el compañero sobre la tarea que se nos había encomendado.

—¿Qué clase de ropa debemos llevar? —me preguntó aquél.

—Pues el azulón o el caqui son buenos.

—¿Y zapatos?

—Si tiene burros, es preferible, porque el camino no es tan sabroso.

—Pero es que los burros me pelan.

—Pues váyase con chinelas, pero tenga cuidado de que estén buenas, porque, si no, va a quedarse chuña. ¿Y sombrero tiene?

—No.

—Pues cómprese uno, aunque sea de a treinta centavos, porque nos tocará cruzar ese valle a pleno sol. No olvide que hoy es Semana Santa y que el calor es bruto, sobre todo en esos lugares.

—Muy bien.

—A las seis y media de la mañana nos encontraremos en la estación para comprar los tiquets del tren hacia Tela.

Muy temprano del siguiente día llegué a la estación dcl ferrocarril. Al poco rato se presentó el compañero. Compré los pasajes y le di uno. Cuando llegamos a Tela, decidimos tomar una burra para Kilómetro Diecisiete, a fin de almorzar allá. En este lugar entramos en un pequeño comedor, donde nos llevamos tremendo susto, pues, al poco rato, se presentó el subdelegado militar, quien iba a tomarse unas cervezas. Nosotros nos pusimos en cuidado, pero, a los pocos minutos, se marchó. Mientras almorzábamos, llegó un chapulín. Le pregunté al conductor si nos llevaba a Mezapita y nos dijo que no, porque sólo éramos dos.

—Entonces, compañero —le dije a mi amigo—, aliste las canillas, porque vamos a tener que pincelear[132].

—Está bien —me respondió.

Con un sol bárbaro, iniciamos la marcha. Por suerte, bastante adelante nos recogió un carro que nos dejó en el desvío de Mezapa. Arribamos a esta aldea y nos llamó la atención la gran cantidad de gente que había allí. Luego nos explicamos el asunto, recordando que era Jueves Santo. De ese lugar, seguimos hasta Mezapita. Cuando entramos en la aldea vimos una casa donde estaban reunidas muchas personas. Allí descubrí a mi cuñado y al Dieciséis, o sea Goascorán. Resulta que un señor, muy conocido en la zona, se encontraba agonizando y todos sus amigos habían ido a verlo.

Por la noche me reuní con los campesinos y les di el informe de que era portador, es decir, que muy pronto estaríamos de nuevo en la montaña y que necesitábamos su colaboración. Uno de ellos me informó que en la aldea Normandía era posible que se mantuviera otro grupo armado, porque allí se daban condiciones muy favorables.

Al día siguiente nos marchamos. El cuñado nos fue a encaminar hasta el terraplén que va a Matarrás, en donde debíamos tomar el camino que va hacia La Florida. Llegamos a esta aldea y, de inmediato, hablé con Alonso, quien se mostró entusiasmado con la información que le llevaba. Un día después partimos de regreso. Siguiendo el camino por el río León hacia arriba, cruzándolo varias veces y después de dejar atrás buen número de casas, entramos en la montaña, donde comenzamos a escuchar los rumores para mí tan conocidos: el canto de los pájaros, los gritos de las pavas y el chirriar de las cigarras.

Bien adelante de la montaña encontramos una casa, a la que dispusimos llegar para que nos vendieran comida. Una señora que

---

[132] Caminar a pie.

salió a atendernos nos dijo que no la tenían ni para la familia, y como la oí renegar por la falta de tabaco, le regalé un paquete de los cigarrillos que llevaba. Ella se puso muy contenta y nos ofreció colaboración en todo lo que la molestáramos si volvíamos a pasar por allí.

Nos despedimos y continuamos por la montaña, rumbo a la aldea Las Delicias, donde teníamos que tomar el carro para Progreso. Al salir a la parte más alta de la cordillera de Nombre de Dios, le dije al compañero que se alistara, porque de allí en adelante iríamos sólo para abajo, hasta llegar a Las Delicias. El camarada no se chistó y continuó caminando sin problemas de ninguna clase.

A la una de la tarde, más o menos, salimos a la aldea antes mencionada, pero nos encontramos con que era difícil abordar un carro, pues, como era Domingo de Ramos, todos los automóviles pasaban llenos, con los excursionistas de Tela. Cerca de las cuatro de la tarde logramos tomar uno que venía algo vacío y que iba directamente a San Pedro. Lo abordamos.

Al pasar por la aldea El Jute, vi a Ferrera, el Veintitrés, que iba en una bicicleta. Al entrar en Progreso, el carro tomó por la calle de la Zona Militar; entonces yo me hice el disimulado, cubriéndome la cara con una mano, por si aparecía el famoso Aquilino. Dichosamente, cruzamos la ciudad sin problemas y llegamos a San Pedro. Me despedí del compañero, a quien jamás volví a ver, y me fui a la casa donde me encontraba hospedado.

Al poco rato llegó Rosales con unas cajas y me dijo:

—¡Hola, hombre! ¿Cómo te fue?

—Muy bien.

—¿Estás muy cansado de la caminata?

—Sí, hombre; estoy medio muerto.

—Bueno, entonces descansá; la próxima vez te tocará a vos. Por ahora me conformo con que me ayudés a subir estas cajas en un taxi que vendrá a las seis y media.

Efectivamente, a esa hora se presentó el taxi, en el que iban cuatro pasajeros, con el propio Rosales. Éste se apeó y me pidió que lo ayudara a cargar los bultos. Cuando comenzamos a hacer dicho trabajo, reconocí la caja con las dos docenas de zapatos que yo mismo había comprado, así como el rollo de nylon. Siendo ya de noche, me fue imposible distinguir a los cuatro pasajeros que estaban dentro del automóvil, pero, poco después, me di cuenta de que eran: Hugo, Romero, Benavides y Jiménez, el primer destacamento despachado a El Jute, aunque Jiménez sólo iba a dejarlos hasta la Base No. 1, pues llevaba la orden de regresar al día siguiente, o sea el lunes 19 de abril, para conducir a otro grupo, ocasión en que se quedaría de fijo en la montaña.

Después de marcharse el taxi con las cajas y los compañeros, Rosales se puso a platicar conmigo para saber los detalles del viaje. Le rendí un informe preciso y él se mostró con mucho entusiasmo. Me preguntó sobre el comportamiento del compañero que había ido conmigo, diciéndole yo que había resultado bueno para las caminatas. Cuando concluimos de hablar sobre la misión, me rindió las gracias y, palmeándome el hombro, me dijo:

—Nos veremos mañana, y alistate, porque el próximo viaje te toca a vos, ya que conocés bien el camino y podés llevar a todos los compañeros.

Al día siguiente, lunes 19 de abril, llegó de nuevo y me preguntó:

—¿Qué tal? ¿Cómo te sentís ahora?

—Estoy todavía muy doliente de la caminata.

—Entonces te daremos unos tres días más de descanso.

—Está bien.

—A propósito, hace mucho deseaba preguntarte sobre tu novia, con la cual tenías el deseo de casarte. ¿Cómo está ella? ¿Sigue dispuesta?

—Pues sí. Tengo palabra de su parte, pero como me he metido en estos problemas, me ha sido imposible tratar de llevar a cabo el proyecto. Además, allí está otra a la que le di seguridad de que el 14 de febrero me la llevaría. Sin embargo, ya estamos muy adentro del mes de abril y eso no ha podido pasar de las palabras. Todo por la lucha.

—¡No jodás! La que me pasa a mí es peor. No te he contado, ¿verdad?

—No.

—Fijate que la compañera mía se casó.

—¿Quién? ¿Licha?

—Sí, hombre. Y lo peor es que vino a darme esa noticia a mí, para desengañarme. Toda la noche estuvimos discutiendo el asunto y ella se mantuvo en su decisión con una firmeza de piedra. Al final, le dije que lo hiciera; pero la verdad es que eso ha sido muy duro para mí, pues era mi compañera de hogar y la quería mucho. Después de eso he pasado noches muy difíciles, sin poder dormir.

—¡Púchica, qué compañera ésa, con la que fue a salir! Y sin motivo, ¿verdad?

—No te digo, pues. La cabeza la tengo que es un solo reventadero.

—Pero hay que hacerse el macho.

—¿Y qué se le va a hacer, pues?

—Si pensó en casarse, es que ya no lo quería a usted.

—Así es.

A los dos días, o sea el martes 20, volvió a llegar. Primero hablamos de otros asuntos. Después de un rato, me dijo:

—Bueno, viejo, ahora te toca a vos. Así es que alistate para mañana a las seis y media de la tarde. Un carro vendrá por ti; no olvidés esas cajas de parque.

Al otro día, por la mañana, es decir, el miércoles 21, llegó de nuevo a recordarme que en esa fecha debía partir con un grupo de compañeros. Efectivamente, a las seis de la tarde llegó el carro, en el cual iba también el propio Rosales. Rápidamente cargamos las cajas de parque, temiendo a cada segundo que nos viera un individuo de la vecindad y que, según habíamos sabido, trabajaba con Seguridad Pública. Partimos. En la salida a La Lima se encontraba Jiménez esperándonos. Rápidamente subió éste al automóvil, recibiendo instrucciones para Perales, en la Base No. 1, y para los que ya habían partido hasta la montaña, pues, según lo dispuesto, Jiménez subiría esta vez a donde se encontraban los demás compañeros.

Antes de partir, Rosales le dio una pistola 38, la que yo iba a traer de nuevo al día siguiente. Mi tarea consistía en dejar a Jiménez, el único que iba esta vez.

Arrancamos. Como a los veinte minutos estábamos cruzando la Villa de La Lima. Esta se encontraba bien iluminada y muy concurrida. El deambular de la gente era notable y numerosos grupos se veían en las puertas de las cantinas, escuchando la música de las rockolas. Dejando a la derecha la carretera que conduce a El Progreso, torcimos a la izquierda para tomar la carretera que se dirige a los campos bananeros. Después de varios minutos de marcha, nos detuvimos. Bajamos la carga y continuamos a pie por una división de finca. Al poco andar tropezamos con un canal de irrigación. Continuando por la orilla de éste, seguimos avanzando por la finca de bananos, no sin dejar algunas señales para mi regreso.

Durante la marcha no hablábamos; sólo en los descansos conversábamos en voz baja. Después de un buen rato de marcha por dentro de la finca, llegamos a la orilla del río Ulúa, desde donde se divisaban, al otro lado, las luces de las oficinas de la finca Naranjo Chino. Pasamos por una tarrera muy espesa y salimos a unos terrenos que habían sido milpas, por lo cual estaban muy limpios. Continuamos río arriba, hasta llegar a una bomba de las que alimentan los canales de riego de las fincas, lugar donde debíamos hacer el cruce de la corriente. Cerca de las bombas se encontraba una draga, la que durante el día realizaba labores de ensanchamiento de la toma de agua. Desde cierta distancia vi la brasa del cigarrillo del guachimán que cuidaba la máquina, por lo cual decidimos hacer el cruce lo más rápido posible.

Nos pusimos las cajas de balas sobre la cabeza y comenzamos la travesía. Este vado era largo, pues se necesitaba recorrerlo en forma diagonal, hacia arriba, siguiendo un banco de arena. El agua nos llegaba al pecho y, en algunos pasos, hasta el cuello. La fuerza de la corriente era bastante grande, por lo que debíamos dar cada paso con mucha firmeza para no ser arrastrados. Pero, al fin, salimos al otro lado, con un cansancio y un temblor en el cuerpo que casi no nos podíamos mantener de pie. Al subir el bordo del río, descansamos.

Pocos minutos más tarde emprendimos de nuevo la marcha. Después de atravesar unas milpas, llegamos a un canal que estaba completamente lleno, porque en ese momento había riego en la finca. Lo bordeamos por un largo trecho, con tan mala suerte que, más adelante, descubrimos las luces de la cuadrilla de regadores —o "patos", como les dicen en las fincas—. Nos desviamos un largo trecho para que no nos descubrieran. Luego, volvimos a encontrarnos con el canal. Dado que estaba lleno, Jiménez me dijo:

—Pruebe a pasarlo sin carga, porque yo no sé nadar y si me meto me ahogo.

—¡Pero si yo tampoco sé nadar!

—Entonces, ¿cómo hacemos?

—Eso mismo digo yo, ¿cómo hacemos?

—Como usted es más alto que yo —volvió a decirme—, páselo primero llevándose la ropa.

—No, hombre; esa babosada me tapa.

—No lo tapa; pruebe y verá.

—Pues, como no hacemos nada con discutir, voy a probar.

Haciendo algo de valor, enrollé la ropa y, poniéndomela sobre la cabeza, comencé a pasar el maldito canal. Al principio iba muy bien, pero cuando había cruzado cerca de la mitad, me fui a pique en un hoyo, de modo que no toqué tierra con los pies. Entonces pegué un grito despavorido: "¡Me ahogo!", pero, al mismo tiempo, hice los movimientos que pude con los pies y el brazo que me quedaba libre. De esa manera, y como un puro efecto de la corriente, salí a la otra orilla, aunque repleto del agua que tragué. La ropa estaba completamente empapada, pues, en la desesperación, la hundí varias veces. Después se pasó Jiménez con grandes dificultades.

Las cajas se quedaron en la otra orilla. Como no podíamos pasarlas, dispusimos que él fuera a levantar a Perales, a la Base No. 1, para que viniera a pasar dicha carga. Al poco rato regresaron ambos. Perales se desvistió y, con gran seguridad, hizo el trabajo.

Como yo me había puesto la ropa bien mojada, tenía un frío tremendo, pues eran ya las dos de la madrugada. Partimos. Cuando estábamos cerca de la Base, Perales nos dejó escondidos en una burra de monte, próxima al refugio donde se encontraban otros de los materiales que habíamos comenzado a traer.

Discutimos con Jiménez acerca de mi retorno: si lo hacía por Progreso o por el paso del otro lado de Lima. Recordando que nos habían recomendado que este último paso no lo utilizáramos para no quemarlo, Jiménez me dijo:

—Váyase ya y, aunque le salga más vuelta, tírese por Amapa, a salir a la carretera para Progreso, donde puede tomar cualquier carro para San Pedro.

Me dio dos lempiras y la pistola de Rosales. Nos despedimos, pues ese mismo día, o sea el jueves 22, llegaría Hermelindo (el

Catorce) y Lencho Mejía (el primer Quince) para irse juntos a la montaña.

Tiritando de frío, agarré el camino. Después de cruzar varias champas y casas de campesinos, dentro de las cuales ya se oían los programas de rancheras, llegué al campo Amapa, aún oscuro. Continué por la carretera y, ya claro el día, pasé por Los Indios y Naranjo Chino, sin encontrar ningún carro que pudiera levantarme. Arribé luego a Las Flores, muerto ya de cansancio. Entre este lugar y Río Chiquito me levantó un automóvil que iba para Progreso.

Cuando llegamos a esta ciudad, el chofer me apeó en la estación del ferrocarril, cerca de donde se encontraba una patrulla de ocho chafarotes con su respectivo oficial. Como llevaba la pistola en un saco y eso era sospechoso, entré allí, frente a ellos, en una pulpería y compré una bolsa grande de papel, en la que puse el saco, la pistola y una parada de parque.

Próximo a ese lugar tomé un autobús para San Pedro. Cuando llegamos al puente La Democracia, un militar, que estaba en el otro extremo del mismo, le hizo señas de parada al conductor. Este detuvo la máquina y el chafa subió, sentándose al lado mío, en el mismo asiento. Así, bien acompañado, llegué a San Pedro.

Al poco rato de encontrarme en la casa, llegó Rosales. Después de informarle sobre los incidentes del viaje, me preguntó si estaba dispuesto a partir de nuevo ese mismo día. Le manifesté que me encontraba muy cansado por la caminata y por el peso de la carga que habíamos conducido con Jiménez, pues las cajas pesaban mucho. Entonces me manifestó:

—Bueno, vas a descansar dos días.

—Sí; yo creo que los necesito.

—Está bien; lo que pasa es que está cerca el primero de mayo y nosotros debemos estar todos en la montaña para esa fecha. Como ves, el tiempo está ya muy avanzado.

Rosales se marchó de la casa y yo traté de descansar, pues estaba completamente molido. Una niña, hija de la patrona, que me vio, se acercó a mí y me dijo:

—Fíjese que ya vino Chabelo.

—¿Qué Chabelo, niña?

—Es el Dieciséis —me contestó la madre, al propio tiempo que reprendía a la niña por "sacona".

—¿Y aquí anda, pues? —le pregunté.

—Sí.

—¿Y dónde está ahora?

—Salió a dar una vuelta.

—¡Qué raro! Yo hace apenas unos días estuve en Mezapita y allá lo dejé muy tranquilo y dispuesto a incorporarse a la lucha.

Al poco rato llegó Chabelo de la calle. Al verme, se mostró muy alegre. Nos dimos la mano y le pregunté:

—¿Qué tal, hombre? ¿Qué diablos andás haciendo por aquí?

—Pues me vi obligado a salir huyendo porque me querían capturar esos hijos de puta, y lo peor es que el mismo cuñado, que es comanche de Mezapita, andaba en el asunto.

—¿De veras?

—Sí; me estuvieron vigilando, pero yo aproveché un descuido de ellos y tomé un carro para Tela.

Otro día volvió Rosales y me dijo que estuviera listo para un día después, o sea el viernes 23, porque se me había destinado para ir y regresar con otros compañeros que partían hacia la montaña. Me indicó que a las 6:30 debía estar en la salida de San Pedro a Lima, donde llegaría un automóvil a levantarnos.

Por la mañana del día siguiente salí con el Dieciséis a dar una vuelta por la ciudad. Ya en la calle, le propuse que fuéramos al punto donde nos esperaría el carro, pues deseaba estar seguro del lugar. Así lo hicimos, regresándonos por la avenida de la Circunvalación. Ya cerca de la casa, encontramos a un hombre que vendía pescado fresco en una carreta. El compañero le compró unos ejemplares muy hermosos, diciéndome que los quería para que nos dieran un buen almuerzo.

A la hora establecida, aunque con el retraso de varios minutos, llegamos al punto indicado. Nos montamos en el automóvil y partimos, no para la salida, sino hacia adentro de la ciudad. Frente a una casa nos detuvimos. Rosales se apeó del carro y subió unas cajas muy pesadas. De la misma casa salió Simeoncito, el Veintidós, quien también abordó el automóvil.

Partimos. Rosales iba con nosotros, pero, en cierta calle, detuvo el vehículo y se bajó, despidiéndose de nosotros con frases muy amables. A mí me ordenó lo siguiente:

—Me le decís a Perales que si puede mandar a alguien con estos compañeros mañana por la noche, que lo haga. En cuanto a vos, te espero mañana temprano.

—Está bien.

Partimos por la carretera hacia Lima y Progreso. La noche estaba muy oscura. A la luz de los faroles del carro se miraban las chispas verdosas de los cocuyos. Cruzamos Lima sin novedad, pasando frente a la comandancia. Tomamos la carretera de los campos, hasta el punto de la vez anterior. Por el mismo camino llegamos al río Ulúa, al sitio donde se encontraba la draga. El vigilante nos vio pasar, pero no nos habló, ni nosotros tampoco le dirigimos la palabra.

Nos desvestimos y cruzamos el río. Al otro lado descansamos. Después continuamos por la misma ruta seguida anteriormente, hasta llegar al canal de riego, el que se encontraba algo seco porque esa noche no se hacía dicho trabajo. A la Base No. 1 llegamos como a las dos y media de la mañana, sin ninguna novedad.

Antes de acercarnos a la casa de Perales, dejé a los compañeros en un lugar y me fui a despertarlo. Aquel se levantó y nos llevó al mismo lugar donde estuvo Jiménez, quien ya se había ido para la montaña con otros camaradas. Le comuniqué a Perales la disposición de mandar a los nuevos hombres con alguien que pudiera guiarlos, contestándome que él no mandaba a nadie.

—Entonces —le dije yo—, no tendrán otra alternativa que esperar el próximo viaje, a realizarse entre tres días, en el cual ya no regresaré a la ciudad, sino que me iré a la montaña con los compañeros que vengan.

Luego de hablar de otros asuntos, partí de regreso, siempre por el camino de Amapa, con el objeto de que no fueran a ubicar la ruta por donde entrábamos. A San Pedro llegué bastante temprano de la mañana, pues esta vez me fue fácil encontrar transporte.

Después del desayuno, llegó Rosales.

—¡Hola, viejo! ¿Cómo te fue?

—Bien.

—¿No tuvieron contratiempo?

—No. Sólo que yo sugiero que ese paso del río Ulúa debe cambiarse, porque el vigilante de la bomba nos ha visto pasar dos veces y es peligroso volver a utilizar dicho camino.

—¿Pero por dónde nos vamos, si no hay otro camino? Además, esos son trabajadores y no hay por qué ponerles mucho cuidado.

—Pues yo sí les pongo cuidado.

—No te preocupés. Descansá hoy y mañana, luego nos veremos.

Al día siguiente llegó Rosales de nuevo y me dijo:

—Bueno, viejo, alistate para mañana, a las seis y media. Te acompañará R. Velásquez, el Seis. Él se regresará y tú te irás para la montaña con los compañeros que llevaste a la Base No. 1. ¿Conocés bien el camino, verdad?

—Sí; pero donde no estoy muy seguro es de la cruzada de Las Cuarenta, pues no recuerdo bien la ruta.

—Si no hay pérdida, hombre. Le decís a Perales, de mi parte, que mande uno a dejarlos y, si no puede, pues siquiera que los saquen a la carretera.

—No va a querer; la vez pasada me contestó que no mandaba a nadie, y él tampoco quiere moverse.

—Así es; después de que estuvo preso ha quedado que es una calamidad. Bueno, de cualquier manera, ustedes mañana llegan a la Base No. 1 y pasado mañana salen para la montaña.

—De acuerdo. Y cuando lleguemos allá, ¿nos vamos directamente a donde están los compañeros o nos presentamos a donde don Quilo?

—Ustedes van directamente a donde don Quilo; él tiene el encargo de llevarlos al sitio donde se concentran los compañeros. Me le decís a Hugo que el viernes salgo de aquí para llegar el sábado y que tengan nylons, mochilas y todo listo, porque entre el sábado y el domingo arreglaremos el viaje, a fin de que el lunes salgamos para la montaña de Nombre de Dios, ya que allá, en la Base No. 2, no podemos permanecer, siendo apenas un punto de partida.

En lo que a ti se refiere, vamos a ver cómo te llevamos algunas de tus cosas; lo demás, lo echás en un saco y te vas legalmente, por la carretera, hasta Santiago, donde se encuentran los campesinos aquéllos, con quienes es necesario que establezcamos el contacto. Yo pensaba irme contigo esta vez, pero estoy haciéndole tiempo a un compañero que ha quedado de irse con nosotros. Además, tengo que tratar varios asuntos importantes.

Nos despedimos. Según nosotros sabíamos, los "asuntos importantes" mencionados por Rosales eran pláticas que, desde algún tiempo a esa parte, se estaban llevando a cabo con los dirigentes del Movimiento Francisco Morazán, quienes se mostraban muy renuentes a entrar en alianza con el FAP.

El día de la partida, o sea el martes 27 de abril, llegó de nuevo Rosales. Esta vez me entregó quince lempiras para la comida y los cigarrillos, diciéndome que si me sobraba algo se lo diera a Hugo al arribar yo a la montaña. Por la tarde fui a despedirme de Angelita, la hermana de Aguilar, con la cual tenía muy buena amistad por el afecto que le guardaba a este compañero.

A las cinco de la tarde me sirvieron la cena. Casi no comí porque me sentía muy impresionado, sobre todo al pensar en la cruzada del río Ulúa, por el sitio de la bomba. A las seis de la tarde llegó Rosales, a quien le dije:

—Vieras que en ningún viaje me he sentido tan preocupado como estoy ahora.

—¿De veras? Es que hay veces que así se pone uno, sobre todo cuando tiene mucha emoción.

—¡No, hombre! Si a mí lo que me tiene pensativo es la cruzada del río, pues ya nos tienen ubicados y presiento que nos va a pasar algo, porque ese guachimán nos choteó[133] las dos últimas veces.

—No hay que impresionarse por eso; se trata de un trabajador, y a los trabajadores no debe tenérseles tanta desconfianza.

—A saber qué semejante oreja es ese guachimán, y nosotros estamos aquí hablando papadas.

En esta plática nos encontrábamos cuando llegó el automóvil que nos llevaría. Rápidamente cargamos las cajas y las metimos en el vehículo. Después nos montamos con Rosales y Velásquez. Cuando ya habíamos arrancado, Rosales me dijo:

—No se te olvide decirles lo que te he indicado. El sábado, si no hay contratiempo, estaré allá.

—Sí; no se me olvida.

---

[133] Mirar disimuladamente a alguien.

—A vos, Velásquez, te espero mañana temprano.

—Está bien.

En cierto lugar se bajó del carro. Nosotros continuamos por la carretera. La noche estaba algo fresca. Para entretenernos comenzamos a conversar con el chofer. Atravesamos La Lima y, al poco tiempo, llegamos al punto acostumbrado. Apeamos las cajas; cada quien se puso una sobre las espaldas y partimos.

Continuamos por la misma división de finca, hasta llegar a la bomba, a la orilla del río. A cierta distancia de la instalación nos detuvimos y le pedí al Seis que me esperara en determinado punto porque yo deseaba observar el terreno. Me aproximé a la bomba lo más que pude y noté que ya no estaba la draga; no encontrando otro detalle de importancia, regresé a donde estaba el compañero.

Continuamos el camino por una gran camalotera, muy cercana a la orilla del río. De repente, choqué con la draga. Entonces le dije, en voz baja, al Seis:

—Ve, si aquí está el marión; no muy lejos debe encontrarse el guachimán.

Casi no había terminado de decir estas palabras, cuando, desde atrás de la draga, nos gritaron:

—¡Párense ahí! ¡Si corren los tiramos!

Nos detuvimos. Entonces nos dijeron:

—¡Manos arriba!

Rápido, alzamos los brazos.

—¿Qué es lo que llevan ahí?

—Mercadería.

—¿Y de dónde vienen?

—De San Pedro.

—¡Registren esas cajas!

—¿Por qué no se pasaron por el punto donde está el cayuquero?

—Si por allá íbamos, pero no nos quiso pasar porque dijo que tenía orden de no hacerlo de noche, y a nosotros nos urge llegar a donde una hermana que vive en Naranjo Chino.

El Seis tenía deseos de correr; pero, apenas se movió, lo amenazaron con dispararle. Entonces yo le dije, en voz baja, que no hiciera disparates, que lo mejor era esperar el final de aquello.

—Es una jodida ser pobre, compañeros —les dije yo a nuestros captores—. La miseria lo obliga a uno a correr todos estos riesgos para ganarse la vida.

Registraron minuciosamente las cajas, pero, por fortuna, sólo encontraron zapatos, camisas, colchas, pantalones y otras cosas más. Por esa razón, uno de ellos, que hacía las veces de jefe, ordenó que nos dejaran partir, porque sólo llevábamos mercadería.

—Ahí perdonen —nos dijo—, pero es que tenemos orden de registrar a todo el que pasa por aquí. Mejor deberían quedarse cerca de las oficinas para hablarle al cayuquero, a fin de que los pase, aunque tengan que caminar un poco.

—Sí, nosotros conocemos el paso y el río.

—Vaya, pues, márchense sin cuidado.

—¡Gracias! ¡Hasta luego!

El Seis estaba sumamente nervioso. Me pidió el foco para ir a la orilla del río a tomar agua, con tan mala suerte que se le olvidó en el sitio donde estuvo agachado. Cuando yo me puse la carga sobre las espaldas, me di cuenta de que no lo llevaba. Entonces puse todo sobre la arena y fui a buscarlo.

Después pasamos el río, con el agua hasta el cuello. El Seis se golpeó el pie en una piedra y uno de los zapatos se le fue al agua. Al otro lado nos pusimos a descansar. Cuando nos vestimos y traté de ponerme los zapatos, me di cuenta de que los había dejado en la playa, en el sitio donde puse la carga para ir a buscar el foco. No quise volver para traerlos porque, cuando estábamos pasando el río, notamos que éste estaba creciendo. Los dos, pues, nos encontrábamos descalzos.

Ante esta situación, dispuse que tomáramos dos pares de los que llevábamos y que continuáramos el viaje. El Seis, en cambio, opinaba que escondiéramos las cosas en algún lugar y regresáramos a San Pedro, pues nos podían poner una tapada[134] en el paso de la carretera de Tela a Progreso. Con nuevos argumentos, lo convencí de que deberíamos continuar la marcha. Así fue.

Después de un breve descanso, seguimos adelante, por dentro de la finca de bananos. Pasamos la carretera y la línea férrea, y llegamos al famoso canal de irrigación, el que se encontraba completamente

---

[134] Emboscada.

lleno. Sin embargo, esta vez no tuvimos ningún problema porque el Seis era un experto nadador. Primero pasó la carga y la ropa. Después me pasó a mí.

A la Base No. 1 llegamos aproximadamente a las tres de la madrugada del día miércoles 28 de abril de 1965. Le hablé a Perales y éste se levantó para llevarnos a donde se encontraban los demás compañeros, quienes nos recibieron con mucho entusiasmo. Conversamos un rato, mientras el Seis descansaba un poco antes de partir de regreso para San Pedro.

A las cuatro de la mañana emprendió el camino, siempre por la ruta de Amapa, dándole yo algunas indicaciones para que no se fuera a perder. Iba con el pie muy doliente, pero no le quedaba otro remedio: era necesario estar en San Pedro.

CAPÍTULO X: SORPRENDIDOS POR EL ENEMGO

El miércoles 28 de abril, como a las seis de la tarde, salimos de la Base No. 1 para la montaña. Perales aceptó acompañarnos hasta el camino que va a la aldea El Chorizo, de donde, según nos dijo, podíamos continuar sin mayores dificultades. Emprendimos, pues, la marcha.

Cuando llegamos a la aldea antes mencionada, nos apartamos del camino para rodearla, con tan mala suerte que nos extraviamos. Dimos varias vueltas sin saber por dónde deberíamos seguir. Finalmente, decidimos romper breña para salir a cualquier parte. La noche estaba clara y eso nos ayudó bastante. Ninguno de los compañeros protestó por aquel esfuerzo terrible que nos veíamos obligados a hacer para avanzar unos cuantos metros. Lo único que expresaban era que por esos lugares abundaban los barbamarillas y que era peligroso recibir una mordida de dichas víboras.

Por fin, después de un gran sacrificio, encontramos el camino que va de El Chorizo a Las Cuarenta. Allí dispusimos descansar un poco, porque la carga que llevábamos era bastante pesada y, con las vueltas que habíamos dado rompiendo breña, estábamos rendidos.

Partimos de nuevo en busca de la aldea Las Cuarenta. Al principio nos costó encontrar el rumbo exacto, pero al fin lo hallamos. Hicimos el cruce de las casas en forma muy silenciosa y llegamos a la carretera de Progreso a Tela, por la que continuamos en marcha forzada. Un automóvil nos obligó a tirarnos a la cuneta.

Después de un buen rato, llegamos al aparte que va para la montaña. Tomando éste, arribamos, por fin, al pie de la cuesta, donde decidimos descansar un poco antes de comenzar el ascenso. Pasado algún tiempo, reanudamos la marcha. A los pocos minutos pasamos por la aldea Brisas del Norte con un gran cuidado, sobre todo cuando íbamos frente a la casa del comanche del lugar.

Más adelante se vino un aguacero terrible sobre nosotros. El agua era incesante, pero no nos detuvimos ni un solo momento hasta llegar a una quebrada, donde paramos para beber agua porque íbamos secos de la garganta, aunque empapados hasta los huesos porque la lluvia continuaba pertinaz.

Seguimos adelante. Al poco rato pasamos frente a las casas de Moreno y Chuy; luego entramos en el corte de la montaña, hasta llegar a un plan donde nos detuvimos para comernos unas tortillas empapadas de agua que llevábamos. ¡Qué sabrosas las sentimos, a pesar de todo!

Agotado el bastimento, proseguimos. Al poco tiempo estábamos llegando al guatal de la milpa de don Quilo y luego a la casa de éste. Dejando a los compañeros en un lugar próximo, me acerqué a la casa y toqué la puerta. Los perros se me lanzaron encima, pero, como pude, los espanté. A los primeros toques nadie respondió, por lo cual le di más fuerte a la puerta. Como a la cuarta vez, alguien me contestó:

—¿Quién es?

—¿Está don Quilo? —pregunté, al mismo tiempo que reconocía la voz de Ángela, la hija de la señora.

—No; no está.

—¿Y por dónde anda?

—Anda haciendo un mandado por San Pedro.

—¡Qué fregada!

Esperé un momento, sin saber qué hacer. Para nosotros aquel era un contratiempo muy incómodo, porque don Quilo tenía la responsabilidad de ponernos en contacto con los compañeros. No estando él, resultaba difícil contar con la ayuda de los demás miembros de la familia, aunque la vez pasada, cuando estuvimos allí, todos colaboraban con nosotros muy activamente.

Cavilando esto estaba, cuando escuché la conversación que entablaron la hija y la madre, percibiendo claramente lo que decían, sobre todo a la señora, quien tenía una voz casi de hombre y era fácil oírle lo que expresaba, aun a cierta distancia.

—¡Mamá, mamá!

—¿Qué es?

—Ahí tocan la puerta.

—¿Quién?

—El Nueve.

—¿De dónde viene?

—De San Pedro.

—¡Ah! Levantate, Tollino, y abrí la puerta.

—¡Ya regreso! —grité desde afuera—. ¡Voy a traer las cosas que traigo!

—Está bueno —me dijo la señora.

Fui a llamar a los compañeros. Cuando volvimos a la casa, ya todos estaban levantados y nos recibieron con mucha alegría. Doña Nánda encendió el fogón y se puso a hacer café. Como el fuego de la hornilla estaba alto, nos invitó a acercarnos al mismo para que nos calentáramos, pues aún estábamos empapados de la tormenta que nos había caído encima. Nos quitamos las camisas y las retorcimos. ¡Qué delicioso sentimos el calor de aquel fuego!

Al estar listo el café, nos dio una taza a cada uno. Mientras lo bebíamos, comenzamos a platicar de varias cosas.

—¿Y don Quilo? —le pregunté.

—Salió temprano. Pero fíjense que yo casi no he dormido toda la noche porque ese perro, el más pequeño, ha pasado ladrando desde que oscureció, como que miraba gente escondida.

—¿De veras? —le dije.

—Sí; por eso, díganles a sus compañeros que no se confíen mucho porque puede haber alguien que los esté vigiando.

—Está bien.

La lluvia no cesaba. Eran las tres de la mañana del jueves 29 de abril de 1965. Continuamos secándonos y hablando de varias cosas. El Dieciséis se puso a bromear con Tollino, el cipote de don Quilo, diciéndole que iba a ser un buen guerrillero. Ya cuando creímos que era tiempo de marcharnos, le pedí a este mismo muchacho que nos fuera a dejar.

Al principio no quería ir, diciendo que era peligroso salir porque nos podían disparar de cualquier parte. Pero después estuvo anuente en cumplir esa tarea, sobre todo cuando le dijimos que lo más peligroso no era salir al campo, sino mantenerse encerrado por mucho tiempo. La verdad es que, según pudimos notarlo, el cipote no quería mojarse, y por esa razón estaba dando toda clase de argumentos para no acompañarnos.

Nos pusimos la carga sobre la espalda y partimos, despidiéndonos con mucha gratitud de aquella familia, la que nos atendió con mucha amabilidad, a pesar de la ausencia de don Quilo. A los pocos minutos entramos en el cafetal; dejando atrás éste y el bajadero[135] de la casa, nos internamos en la montaña por una cuesta bastante empinada.

Al llegar a determinado lugar, se detuvo Tollino y, apuñando las dos manos en forma tal que los dedos pulgares quedaban sobre el índice de la mano derecha, silbó como una paloma tres veces seguidas. La respuesta no se hizo esperar. Hermelindo, o sea el Catorce, salió a recibirnos; luego se presentó Hugo, y después Benavides, Jiménez, Lara, el Dieciocho y Lencho Mejía. Solamente Romero no quiso levantarse.

Después de los saludos correspondientes, le comuniqué a Hugo el recado que le mandaba Rosales, acerca de que tuvieran todo listo —nylons, mochilas y demás cosas— porque el sábado primero de mayo, a más tardar, estaría con nosotros.

—¿Y dinero no mandó?

—No.

—Es que estamos sin nada para la comida; por eso mandé a mi tío Quilo a San Pedro. ¿No lo vido?[136]

—No; como nosotros salimos antes de anoche, no hubo oportunidad de encontrarnos.

—Es verdad.

—A mí solamente me dieron lo que necesitaríamos para el gasto, y Rosales me ordenó que, si me sobraba algo, se lo entregara a usted. De modo que aquí tiene diez lempiras con cincuenta centavos.

Al marcharse Hugo, se me acercó el Veinte y me dijo, en un tono de preocupación:

—¿Y Rosales cuándo viene?

—El sábado, lo más tarde, según me dijo.

—Eso está bueno, porque si no viene en la presente semana, en la otra me voy yo.

—¿Y eso por qué?

—Pues, porque aquí, tal como estamos, desarmados y sin jefe, corremos el riesgo de una desgracia. ¿Cómo vamos a defendernos en caso de ser atacados por el enemigo? Fijate que yo solamente tengo

---

[135] Camino trazado en un barranco.
[136] Forma que los campesinos le dan al pretérito indefinido del verbo ver.

la pistola y esta escopeta vieja, la que he entregado para que sirva en las postas.

—Ajá, ¿y las pocas armas que hay aquí no las han ido a sacar?

—¡No, hombre! Si aquí todo es una pura papada, pues no hay disposición sobre ninguna cosa.

—¿Y el encargado no ha dispuesto nada?

—Nada. Yo le he dicho que, así como estamos, tengo miedo, porque, como conozco algo de esto, sé que con el enemigo no hay que confiarse, pues es traicionero. Además, no vale la pena morir así, indefenso. A Rosales, como jefe, le corresponde estar adelante, al frente de nosotros; por eso debió venirse con los primeros que subieron a la montaña.

—Si lo que pasa, según me informó, es que le faltan muchas cosas que arreglar allá. Lo que más lo está atrasando es la espera de un compañero que ha ofrecido venirse con nosotros; pero el sábado estará aquí, llegue o no ese camarada.

—Sin embargo, lo malo de todo esto es que no han sacado esas armas. Desde los primeros que llegaron se hubiera hecho eso, de modo que, a cada uno que se fuera incorporando al grupo, se le diera su fusil, aunque no son los mejores que tenemos.

En ese momento de la plática llegó Hugo nuevamente a donde mí y, cuando estuvimos solos, me preguntó:

—¿Creés que Tróchez [137] se vendrá con Rosales?

—Pues, según oí decir, ese es el compañero que espera.

Pero si ese hombre sube a la montaña, no va a resistir.

—¿Por qué?

—Porque es muy gordo y, además, muy melindroso con la comida. Cuando se comiencen a matar los primeros monos para comer, se muere de vómitos.

Ambos nos pusimos a reír de aquella salida. De esa manera, hablando sobre distintas cuestiones, se nos fueron varias horas, hasta el amanecer.

---

[137] Feliciano Portillo Lara, entonces miembro de la Comisión Política del Comité Central del PCH. En 1968 desertó de las filas revolucionarias, llevándose una cantidad de fondos del Partido.

Por la mañana nos dieron ropa seca. Yo solamente me cambié la camisa, porque la que traía se me hizo tiras con la carga. El pantalón era un azulón de obra[138] y, como ya se me había secado, preferí quedarme con él. Arreglados todos estos asuntos, aproveché una oportunidad para informarles lo que nos había dicho doña Nanda acerca de que uno de los perros había pasado toda la noche ladrándole a algo.

El Veinte informó también que él había oído tronar un palo, como cuando alguien se para en él y lo hace pedazos. Otros compañeros, asimismo, confirmaron haber oído algo semejante. Por todas estas razones, al amanecer salió una comisión a inspeccionar los terrenos aledaños al campamento, la que no encontró nada anormal.

Tollino, el hijo de don Quilo, nos llevó el desayuno. Después de consumirlo, nos dedicamos a los trabajos habituales: unos, a fabricar mochilas; otros, a cortar nylon; y varios más, a reparar sus propios equipos. Mientras hacíamos estos trabajos, conversábamos sobre diversos temas, siempre relacionados con la lucha revolucionaria.

Como los que habíamos llegado esa misma madrugada no dejábamos de bostezar, Hugo nos pidió que suspendiéramos el trabajo y que nos fuéramos a dormir. Guardamos los materiales con que hacíamos las mochilas y nos acostamos en las hamacas de otros compañeros.

A mediodía nos hablaron para almorzar. Después de la comida, nos volvimos a acostar, pues nos encontrábamos todavía rendidos de la caminata. El resto de la guerrilla continuó con sus quehaceres, es decir, preparar las mochilas y los nylons que había ordenado Rosales, pues, según sus indicaciones, el lunes 3 de mayo partiríamos para la montaña Nombre de Dios.

A las cinco de la tarde nos volvieron a despertar los compañeros para tomar la cena. Mientras comíamos, le pregunté al responsable de turnos a qué hora me tocaba el mío, respondiéndome que a mí y a los demás compañeros recién incorporados no nos habían puesto turno para que completáramos el descanso.

Terminando la cena estábamos cuando llegó de nuevo Tollino, quien nos había traído la comida. Preguntó por Hugo y le informó que

---

[138] Hecho a la medida.

don Quilo estaba de regreso en la casa y deseaba darle un recado que enviaba Rosales.

—Vamos a la casa de don Quilo —le dijo Hugo a Jiménez.

—Yo no voy —contestó aquél.

—¿Vamos, vos? —le dijo a Benavides.

—Yo tampoco voy —respondió el mismo.

—¡Yo voy contigo! —expresó Romero, al ver que todos se negaban a ir con Hugo.

—Vamos, pues.

Se marcharon. Ya estaba oscureciendo. Benavides, entonces, ante el temor de un ataque sorpresivo del ejército, dispuso distribuir entre nosotros las cosas que teníamos: medicinas, mochilas, nylons, un par de binoculares y dos radios, a fin de que estuviéramos listos para escapar en caso de necesidad.

Después de esto me acosté, quedándome completamente dormido a los pocos minutos. Por eso no me di cuenta cuando llegaron Hugo y Romero, así como de su informe sobre lo que mandaba a decir Rosales con don Quilo.

Sin embargo, después supe que, a raíz de ese mensaje, ambos discutieron con Benavides y Jiménez respecto a la excesiva confianza que había en el campamento.

A las once en punto de esa misma noche, me despertó Benavides para que fuera a hacer posta. A mí me extrañó aquello porque, como ya dije antes, a los recién llegados nos habían excluido de los turnos para que descansáramos. Sin embargo, no dije nada. Tomé la escopeta del Veinte, con varios cartuchos, y le pedí las correspondientes instrucciones a Benavides.

Me tocaba una hora. A las doce debía despertar a Simeoncito.

—Le decís —me indicó Benavides— que le dé instrucciones a su relevo para que despierte a Hugo a las dos de la mañana.

—¿A Hugo?

—Sí, porque va a salir a una comisión con Jiménez, Lara, Romero y Melindo.

—¿Y para dónde irán ésos? ¿Será que van a encontrar a Rosales?

—No lo sé; a mí solamente me dijeron que les ordenara lo que te estoy diciendo. No puedo darte más detalles.

—Muy bien.

Me situé en el puesto de guardia. La noche estaba algo fría. Al solo llegar, comencé a percibir los mil ruidos de la noche, deteniendo la atención en cada uno de ellos para distinguirlos. Escuché, en forma nítida, el gotear incesante de los árboles, el ruido característico de los cantiles —o sea, una especie de camaleón que muy pocos compañeros conocen—, así como los silbidos de varios pájaros nocturnos. Reflexionando un poco, llegué a la conclusión de que nos habían puesto turno a consecuencia de la tarea que saldrían a cumplir Hugo y los demás compañeros.

A las doce le hablé a Simeoncito. Este se levantó rápidamente. Le entregué la escopeta, los cartuchos y le di el parte, así como la consigna.

—A la una de la mañana le entregás a Chabelo, el Dieciséis. A éste le decís que a las dos de la madrugada despierte a Hugo, porque va a salir.

—¿Para dónde irá?

—No lo sé y, aunque lo supiera, no tengo por qué darte esos detalles.

—Está bien.

Me fui para mi hamaca y me acosté. Durante algunos minutos estuve despierto, mirando hacia la oscuridad y siempre atendiendo a los distintos ruidos que se escuchaban, unos muy cerca del campamento y otros muy lejos. Lentamente me fui quedando dormido, hasta perder por completo la conciencia.

A las cuatro de la mañana sentí unas grandes sacudidas de alguien que trataba de despertarme. Era el día viernes 30 de abril de 1965. Entre dormido y despierto, y sintiendo una gran pesadez en la cabeza, escuché una voz fuerte que decía:

—¡Compañero, compañero!

—¿Qué fue? ¿Qué fue? —le respondí, casi sin darme cuenta.

—¡Levántese, que viene el enemigo!

Rápidamente me puse los zapatos. Amarrándomelos estaba cuando escuché, en la casa de don Quilo, el grito de: ¡Ríndanse, hijos de puta! Casi enseguida oí una descarga de metralleta; luego, un disparo de pistola; después, uno de fusil y, enseguida, más ráfagas de ametralladoras.

No había ni comenzado a pensar en lo que ocurría, cuando sentí descargas de fusil y otras armas sobre el campamento. Algunos proyectiles pegaron cerca de mi puesto. Como en ese momento trataba de soltar el nylon, abandoné esa tarea y corrí hacia el sitio donde dormía el Veinte, el más próximo al mío. No estaba; sólo encontré la hamaca.

Continué hacia donde dormían los demás compañeros y tampoco se encontraban en sus lugares, no obstante aparecer las hamacas y los nylons en sus respectivos puestos. Deteniéndome un poco a observar la situación, escuché el tropel de todos ellos que bajaban, a carrera abierta, por el filo donde se encontraba el campamento.

En ese instante sonaron nuevas descargas de fusiles y metralletas. Entre tales detonaciones se oían los débiles disparos de una pistola calibre 38. Entonces ya no pude detenerme: salté por un barranco hacia abajo y, unas veces corriendo y otras rodando, emprendí la huida. No llevaba nada; apenas una pequeña colcha que me había enrollado en el cuello.

A los pocos minutos desemboqué en la quebrada que había al pie de la cuesta. Tratando de orientarme estaba para continuar adelante, cuando escuché que alguien venía por el lado de arriba. Al principio supuse que era el enemigo, pero poco después reconocí a Benavides. Al verme, se puso muy contento, lo mismo que yo.

—Me asustaste —me dijo.

—Vos también —le contesté—. ¿Y los demás compañeros?

No sé; yo les hablé a todos.

Sin decir una palabra más, continuamos adelante. De inmediato nos topamos con un paredón enorme, pero, como temíamos la presencia del enemigo, no vacilamos en comenzar a escalarlo. Haciendo toda clase de maniobras, agarrándonos el uno del otro, logramos llegar hasta la cima.

De allí continuamos por un filo de montaña, hasta salir al camino que va a la finca de Manuel Morales, el comanche de todo el sector. Tomamos por este sendero y pasamos adelante de la finca. Hasta allí iniciamos conversación con Benavides. Este me dijo:

—Los que salieron a comisión hoy por la madrugada iban a sacar las armas, ya que esa fue la orden que mandó Rosales con don Quilo y la que éste le transmitió a Hugo ayer por la noche.

—¡Ah, sí! Pues, no me daba cuenta, aunque tenía una ligera idea de eso.

Eran aproximadamente las seis de la mañana cuando escuchamos nuevas descargas, ahora por el lado del campamento. Con estas detonaciones le entró a Benavides un ataque de nervios espantoso. Los brazos y las piernas le temblaban como cuerdas de guitarra, y las quijadas le tableteaban como un aparato de telegrafía. Por eso, viéndolo tan cortado, le dije:

—Vea, compañero, controle esos nervios, porque usted ha dicho que es sargento primero del ejército de El Salvador y que ha recibido entrenamientos especiales en Panamá. Esa tembladera que le ha agarrado no corresponde a lo que ha dicho de usted mismo.

Continuamos avanzando por la montaña, filo arriba, hasta llegar a la orilla de unos descombros. Allí nos detuvimos. Benavides continuaba con su crisis de nervios. Hablamos mucho sobre la situación en que nos encontrábamos. Para ambos estaba claro que varios de nuestros compañeros habían perecido y que los demás se habían desperdigado.

—El problema —le dije— es que no teníamos punto de referencia para estos casos. Ahora, ¿cómo hacemos para encontrarnos los pocos que hemos quedado vivos?

—Es verdad. Pero entonces, ¿qué hacemos?

—Si lográramos reunir, aunque fuera un pequeño grupo, yo los conduciría hasta el sitio donde se encuentran las otras armas, en la montaña de Nombre de Dios —le dije a Benavides.

—Eso sería magnífico, pero el problema es que estamos solos. Tomando en cuenta esta realidad, es que debemos estudiar lo que conviene hacer. Por ejemplo, ¿no nos podemos ir únicamente los dos? —me preguntó.

—Eso no es fácil, porque de aquí hasta ese lugar hay mucha distancia. Tendríamos que caminar varios días por la pura montaña, donde hay muchos animales, hasta tigres, y las únicas armas con que contamos son: esta navajita de dos pulgadas y tu escopeta sin cartuchos. Además, ir a tomar esas armas sin una autorización del Partido es cosa muy seria, ¿no te parece?

—Así es —confirmó Benavides.

—¿Y no tenés —le pregunté— algún amigo por esas aldeas próximas a Progreso?

—Sí; tengo uno que vive cerca de Santa Elena —me respondió.

—Entonces, vamos a buscarlo —le dije—. En este caso me parece que debemos aplicar una táctica audaz: en vez de huir delante del enemigo, es mejor dar la vuelta y ponernos atrás de él. Por ejemplo, podemos ir a Progreso, pues los chafas nos suponen escondidos en la montaña y no en la ciudad. A la Base No. 1 no podemos llegar porque no sabemos qué ha pasado allí. Si supiéramos que Rosales está en San Pedro, también ese sería otro punto adecuado para irnos, lo cual nos permitiría informar directamente lo que ha pasado. Sin embargo, de acuerdo con los planes, Rosales subiría a la montaña el sábado. De haberlo hecho así, no hay duda de que algo pudo haberle ocurrido a él también, o anda huyendo como nosotros.

—Es verdad todo eso que decís.

Con el ruido de todos los animales que cantan o gritan durante las primeras horas de la mañana y dándonos valor el uno al otro, continuamos adelante. Por la montaña, subiendo y bajando cuestas, llegamos a una planada, la que cruzamos a paso de iguana para no ser vistos. Así entramos al cafetal de Chemita, el sobrino de don Quilo, que también había caído en la trampa tendida por el ejército. Dejamos dicho cafetal y nos internamos en un corte de montaña bastante alto, desde donde pudimos divisar la casa de don Quilo, la que había sido incendiada y aún estaba humeando. Eran aproximadamente las once del día.

Continuamos adelante hasta encontrar un trapiche de moler caña. Pasamos con mucho cuidado cerca de la galera, tratando de no ser vistos ni oídos, pero unos perros que estaban por allí se dieron cuenta de nuestra presencia y comenzaron a ladrarnos y a seguirnos un buen trecho. Nunca he sentido tanta indignación contra un perro como esa vez, pues imaginaba que el enemigo podía descubrirnos a consecuencia del escándalo armado por aquellos animales.

Más adelante nos encontramos con un descombro para milpa, el que también nos vimos obligados a cruzar de arrastra. Tomamos de nuevo la montaña, hacia arriba. En un determinado punto, encontramos unas matas de juniapa[139]. Cortamos unos cohollos y nos pusimos a comerlos, pues íbamos ya hambrientos.

Siguiendo la marcha, atravesamos el camino de Camalote a Las Crucitas, para después entrar en otro corte de montaña. Apenas comenzábamos el avance por este lugar, cuando se desató una gran tormenta, la que duró dos horas. Como Benavides llevaba su mochila, sacó un nylon y lo extendimos, utilizando unos bejucos que corté con mi navajita. De esa manera pasamos sin mojarnos. Mientras estábamos allí, acurrucados, continuamos nuestros comentarios sobre los acontecimientos de ese día.

—El error —le dije a Benavides— se encuentra en la Dirección del Partido al habernos mandado a un lugar ya descubierto por el enemigo.

—No —me replicó—, el fracaso se debe a los errores de Hugo y Romero, pues nunca hicieron caso de las reflexiones que yo les hacía sobre las medidas de seguridad. Algunas veces llegaron a decir que yo tenía miedo. También Rosales corre con bastante culpa de lo ocurrido, así como la Comisión Política, por poner en puestos de responsabilidad a individuos incapaces[140].

Cuando cesó el agua, continuamos por una pendiente muy extensa. Pasamos por una finca de café y una chatera abandonada. Después nos encontramos con un monte muy cerrado, el que tuvimos que romper para seguir adelante. Mi navajita resultó allí más útil que nunca. Así salimos a un pequeño plan, donde decidimos quedarnos a dormir porque ya comenzaba a oscurecer y, sin linterna, era muy aventurado continuar avanzando.

Por suerte, en la mochila de Benavides iban dos hamacas. Las sacó y las colgamos, utilizando bejucos. Nos acostamos. La noche estaba tranquila. Una temperatura fresca, sin ser fría, predominaba en aquella gran altura donde nos encontrábamos. A los pocos minutos, nos quedamos profundamente dormidos.

---

[139] Arbusto de hoja ancha, cuyos cohollos son comestibles.

[140] La Comisión Política de ese momento se encontraba bajo la dirección de un grupo militarista encabezado por Pereira. La mayor parte de los integrantes de este organismo se encontraba exiliada en México y, por tanto, era el pequeño grupo antes mencionado el que hacía y deshacía con los asuntos del Partido.

Al día siguiente, sábado 1 de mayo, emprendimos de nuevo la marcha. Estábamos hambrientos, pues todo el día anterior lo pasamos sin probar nada. Subiendo y bajando enormes cuestas, llegamos a otra chatera abandonada. Pero no había ni siquiera matas en flor para echarle algo al estómago. Apenas encontramos unas piñuelas[141], las que, a duras penas, corté con mi modesto instrumento; pero, al comenzar a comerlas, sentimos llagada la boca, por cuya razón nos vimos obligados a tirarlas.

En ese punto nos extraviamos y, en la búsqueda del rumbo, salimos a una gran finca de café, donde había una hermosa casa. Por eso cambiamos de ruta, internándonos en la montaña. Aquí esperábamos encontrar algo de comer; pero, con tan mala suerte, que ni siquiera un palmiche, una pacaya o una capuca[142] pudimos hallar.

El camino se nos volvió cada vez más difícil, pues sólo cuestas y cuestas teníamos enfrente. Como estábamos débiles, aquel esfuerzo nos causaba un agotamiento enorme. Después de escalar algunas de aquellas cumbres, salimos a un guatalillo que había sido milpa, pasando cerca de una troj donde había maíz. Luego continuamos hasta llegar a la parte más alta de la montaña, desde donde podíamos divisar todo el valle de Sula.

Comenzamos a descender de aquellas alturas, hasta llegar a una parte bastante plana, donde había una zacatera muy cerrada. Decidimos atravesar ésta, creyendo que nos sería más fácil el camino, pero, al poco rato de movernos en medio de la misma, nos dimos cuenta de que la cosa no era así. Entre las matas de zacate había grandes panales, con los que muchas veces nos estrellábamos. Las avispas caían, entonces, sobre nosotros con una rabia increíble. Mi navajita volvió a entrar aquí en funciones con mucha eficacia, por lo cual comenzamos a tratarla cariñosamente.

Salimos de allí muy cansados, pero satisfechos de haber vencido aquel obstáculo. Sin embargo, apenas habíamos recorrido una parte algo limpia, caímos a un zarzal enorme y tupido, el que nos apareció en el camino como puesto por el Diablo. De nuevo saqué mi navajita

---

[141] Planta bromeliácea que da un fruto en baya sumamente ácido.
[142] Tallos tiernos de ciertas palmas silvestres. Los campesinos los asan en el fuego para comerlos. Tienen un sabor ligeramente amargo.

para batirme con aquellas plantas infernales. Había toda clase de zarzas: cacho de buey, cola de iguana y uña de guara, la que en mi tierra se conoce con el nombre de parate-ahí. La marcha por este lugar tuvo que ser sumamente lenta; pero, por fin, logramos salir adelante, a un pequeño plan donde había muchos sirines maduros, una pequeña fruta silvestre sin mayores elementos nutritivos, de la que nos dimos un banquete.

Cerca del mediodía llegamos a una parte completamente pelada, cuyo cruce no podíamos hacer sino de noche. Dispusimos ocultarnos en un monte vecino. Para entretenernos, hablábamos en voz baja de cualquier cosa, aunque siempre relacionada con la lucha revolucionaria y la situación en que nos encontrábamos.

Como a la hora de estar allí, escuchamos un fuerte tiroteo por el lado del campamento. Distinguimos toda clase de armas, incluso una ametralladora calibre cincuenta, que se mantuvo disparando después de que las otras armas se silenciaron.

—¡Oí! —le dije a Benavides— eso debe ser que han encontrado a los otros compañeros.

—De veras; pobre de ellos.

—Quién sabe si no es Rosales, que ha subido a la montaña sin darse cuenta de lo ocurrido.

—De veras.

CAPITULO XI: LOS COMPAÑEROS ESTÁN MUERTOS…

Sin terminar de entrar la noche, decidimos emprender de nuevo la marcha para aprovechar algo la luz del día. Al poco andar, encontramos un árbol de mango, bien cargado de frutos tiernos. Bajamos algunos, pero nos resultó imposible comerlos porque, a las primeras mordidas, se nos destemplaron los dientes y se nos peló la boca. Enseguida oscureció. Al continuar el camino, encontramos unas casas, las que tuvimos que rodear con mucho cuidado para que no nos sintieran los perros. Caímos después a una quebrada bastante grande. La cruzamos y, minutos más tarde, encontramos otra casa, con las ventanas abiertas y la luz encendida. Como no podíamos rodearla fácilmente, esperamos hasta que cerraran las ventanas y apagaran la luz.

Más adelante tropezamos con otra casa; luego, otra y otra. Deducimos entonces que habíamos entrado en una aldea. Al pasar por cierta parte del lugar, reconocimos la aldea de Camalote. Para nosotros aquello fue desagradable, pero ya nos encontrábamos en medio de la población y no podíamos retroceder. Decidimos, entonces, acelerar el paso para dejar atrás lo más pronto posible dicha aldea. La gente estaba levantada aún. Como pudo, Benavides ocultó su escopeta, poniéndosela entre el brazo y la pierna. Avanzamos tan rápido como pudimos. En un determinado momento, volví a ver hacia atrás y noté una luz que venía en dirección hacia nosotros. Le dije a Benavides que nos seguían y que era necesario correr. Así lo hicimos. En dos zancadas lo dejé atrás al pobre. Pero la luz se fue aproximando a nosotros muy rápidamente. Por eso me detuve, colocando la mochila arrimada a un árbol. ¿Qué era? Un muchacho que iba en una bicicleta. Al pasar cerca de donde me encontraba, me dijo adiós.

Cuando llegamos a las proximidades de otra casa, vimos salir a tres hombres. Iban con linternas y orientaron sus luces en dirección hacia nosotros. Nos tiramos a tierra y, de arrastras, moviéndonos a toda prisa, abandonamos el lugar. Al poco rato llegamos a una quebrada. Al pasar ésta, Benavides reconoció el terreno y encontró el camino hacia Progreso. Ya sin mayores dificultades, desembocamos en los potreros que se encuentran a uno y otro lado de la carretera Progreso-Tela. Siguiendo ésta, siempre por los potreros, continuamos hacia adelante. Una gran tormenta nos cayó encima, pero no nos detuvimos. Colocamos el nylon sobre la mochila para que no se mojara y continuamos sin chistar. Ya en esta parte, Benavides perdía constantemente el rumbo, pero yo lo orientaba por la claridad de las luces de Progreso. Así llegamos a Quebrada Seca.

En este punto nos reorientamos para ir a donde unos campesinos, amigos de Benavides, que vivían en un lugar cercano a la ciudad de El Progreso. Dicho punto se llama El Tucero. Hacia allí, pues, emprendimos la marcha. Pero cuando estuvimos en el referido lugar, no sólo no había nadie, sino que incluso las champas habían desaparecido.

—A éstos —me dijo Benavides— probablemente los sacaron de aquí después del golpe del 3 de octubre, pues todos ellos pertenecían a la organización campesina.

—¿Y ahora qué hacemos?

—En eso estoy pensando.

—¿No tenés otros amigos por aquí? —le pregunté.

—Sí, como te dije, tengo un amigo, de apellido Colindres, que vive cerca de Santa Elena. Si no lo encontramos, pues iremos a la aldea misma, en donde tengo otro.

—Vámonos, pues.

Salimos a una carretera y continuamos por ella. Al poco rato nos dimos cuenta de que íbamos mal: en vez de ir hacia Santa Elena, nos alejábamos de ella. Regresamos. Pasado un buen rato de marcha, llegamos a la casa que buscábamos. Esta era de regulares proporciones; estaba cercada con alambre ciclón. Buscamos la puerta principal y se encontraba con candado. Unos perros enormes hacían custodia dentro del solar. No creímos prudente hablarle a Colindres y decidimos esperar hasta que amaneciera por completo. Serían aproximadamente las cuatro de la mañana.

Nos retiramos de la casa y nos introdujimos en un potrero vecino. Bastante adentro del mismo, encontramos un árbol de laurel, a cuyo pie nos acostamos para dormir las pocas horas que nos quedaban. Tan cansados y hambrientos estábamos que nos dormimos profundamente, hasta ya entrado el día. Entonces nos dimos cuenta de que estábamos en un terreno muy descubierto, alrededor del cual había numerosas casas. De arrastras, tirando la mochila y la escopeta, abandonamos aquel sitio en busca de una zacatera más alta que se veía a cierta distancia de donde estábamos. Llegamos a este punto sumamente rendidos por el esfuerzo. Allí decidimos que Benavides saliera a tratar de hablarle a Colindres, mientras yo me quedaba esperando cualquier cosa. Así lo hicimos. Me senté y estaba un poco tranquilo.

De pronto, siento un hormiguear horrible en el cuerpo: eran millares de garrapatas que se me habían pegado, pues el pequeño mogote de pasto les servía a ellas también de refugio y las había allí a montones. Comencé a entretenerme en la tarea de sacarme de encima aquellos animales. Al poco rato, sentí un ruido cercano. Traté de averiguar qué era y encontré a un hombre y un cipote que iban a cortar brotón[143] de madriado[144] cerca de allí. En esa tarea se acercaron como a diez pies de donde me encontraba, por lo cual tuve que tirarme de bruces y untarme en la tierra todo lo que me era posible. Por eso no me descubrieron.

Más tarde llegó Benavides, no sin sortear grandes problemas. Cuando estuvimos juntos, me dijo:

—No pude entrar en la casa porque allí se encuentra Pinto y ese jodido es peligroso. Así es que esperaré un rato y luego iré a vigilarle la salida; mientras tanto, tú no te muevas de aquí.

Pasado un buen rato, se fue nuevamente a donde Colindres. En ese momento volvieron los cortadores de brotón, pero esta vez no se aproximaron tanto al lugar donde me encontraba. Un poco más tarde retornó Benavides, con un gran desaliento en el rostro.

—No sale ese hijo de puta —expresó—. Parece que está trabajando dentro de la casa y, si es así, no va a retirarse nunca. Es mejor que hagamos el esfuerzo de aproximarnos todo lo que sea

---

[143] Rama con yemas para multiplicarse.
[144] Madrecacao, arbusto de fácil reproducción, muy usado para cercas en la Costa Norte de Honduras. Los campesinos comen su flor frita con huevo.

posible a la vivienda para ver mejor los movimientos de la gente y, de esa manera, determinar en qué momento le hablamos a Colindres.

Nos marchamos, siempre de arrastras. Al acercarnos a la orilla del potrero, nos detuvimos, pues quedábamos exactamente en dirección de la entrada principal de la casa. El garrapaterío allí era también enorme. Al solo sentir nuestra presencia, nos cayeron encima por millares, con un hambre peor que la nuestra. Como el lugar no era muy cubierto, teníamos que mantenernos acostados, lo que les permitía a las garrapatas hartarnos sin problemas de ninguna clase. Además, por lo que a mí se refiere, sentía un desmayo tan grande que opté por tirarme de bruces sin pensar en los tales bichos. Hasta ese momento llevábamos tres días sin probar absolutamente nada. Esto era bastante duro, pero mucho más era la falta de agua, sobre todo por el enorme calor que estaba haciendo entonces.

Como a las seis de la tarde vimos movimiento en la casa. Benavides se desplazó a otro lugar para ver si ya era posible presentarse. A los pocos minutos volvió a donde me encontraba y me dijo:

—Ya se fue ese hijo de puta. Quedate aquí, mientras voy a hablar con Colindres.

—Muy bien.

Se marchó. Al poco rato escuché los ladridos de los perros y pude ver, a través de las matas de zacate, cómo trataba Benavides de aproximarse a la casa. Una voz de hombre regañó a los perros. Pasaron varios minutos sin que se escuchara ningún otro ruido. Aquella espera se me hizo eterna y, además, desesperada, porque ¿qué sería de nosotros si no encontrábamos apoyo en aquella casa? De pronto, escuché unos silbidos. Era Benavides que me llamaba. ¡Cuánta alegría se agolpó en mi corazón! En lo primero que pensé fue en una cubeta de agua y en una torre de tortillas.

Llegué a la casa por el lado de la cocina. Allí estaba Benavides, conversando con la señora de Colindres, quien, a toda prisa, preparaba algo de comer.

—Colindres se fue a informarle al Partido en Progreso nuestra presencia aquí —me dijo el compañero al llegar yo.

—¿Ese que salió en una bicicleta es él?

—Ese mismo es.

—Sí; lo vi marcharse muy apresuradamente.

—Entre unos minutos estará de regreso y nos dará noticias de los camaradas.

La señora comenzó a servirnos la comida. Benavides tomó de la mesa un sobrecito de sal de frutas y me lo dio, indicándome que era necesario beberlo para impedir una indigestión. Así lo hice. Después le caímos a la comida con una voracidad de leones, hasta terminarla toda y quedar como las boas cuando se han tragado un ternero. Mientras despachábamos las platadas de alimentos, la señora de Colindres nos informó que con ellos había estado el profesor Rivera[145], inmediatamente después del golpe, y que a ella le tocó atenderlo.

En cierto momento escuchamos ruido en el portón principal; con un poco de miedo, investigamos de qué se trataba y vimos que era Colindres, quien volvía de su viaje.

—No pude ver a esos jodidos —nos expresó.

—¿De veras? —le dijo Benavides.

—¡Sí, hombre! Todos están fuera de sus casas.

—Si es que hoy es domingo —apunté yo.

—Así es —volvió a decir Colindres—. Pero vi a un contacto y le informé sobre la situación. Este se fue a buscar a los demás para que se reúnan. De acuerdo con lo que hablamos, todo se resolverá hasta mañana.

—Entonces —dijo Benavides— tendremos que esperar; no queda otro remedio.

—Así es —terció de nuevo Colindres—. Por eso los mandaré con un muchacho a un sitio más seguro, donde pueden dormir sin ningún peligro. Allí precisamente tuve al profesor Rivera y el mismo que le llevaba la comida a él se las llevará a ustedes.

—¿De quién se trata? —le preguntó Benavides.

—De Pinto —respondió aquél.

—¿Pinto? ¿Y no es oreja ese jodido?

---

[145] Julio Rivera, dirigente popular de la zona de El Progreso, a quien los golpistas del 3 de octubre de 1963 sentenciaron a muerte. Esto lo obligó a emigrar a Costa Rica.

—No, hombre. Ha tenido algunos problemas, pero ahora es un buen colaborador nuestro. Figúrense que él se encargó de traer al profesor Rivera hasta aquí y de llevarle la comida a su escondite.

—¡Puta! —dijo Benavides—. Y nosotros nos hemos pasado todo el día en ese garrapatero cabrón esperando que Pinto saliera de tu casa porque lo considerábamos peligroso.

—¡Qué barbaridad! Eso se debe a la falta de información —subrayó Colindres.

—¿Estaba trabajando aquí, verdad? —preguntó Benavides.

—Sí —dijo Colindres—, lo tenía haciéndome un trabajito dentro de la casa.

Hablamos de otros asuntos, entre los cuales, naturalmente, figuró el ataque del ejército. Benavides le dio todos los detalles del problema, incluso de los errores que, según él, se habían cometido, siempre culpando a Hugo y a Romero. Por último, al observar que nosotros casi no podíamos mantenernos en pie del cansancio y el sueño, llamó a un cipote y le indicó:

—Mirá: llevá a estos compañeros al alto de Los Mangos para que duerman hasta mañana, cuando Pinto los conducirá al puesto de Los Cacaos, donde estuvo el profesor Rivera.

—Bueno.

—¿Y no hay garrapatas allí? —le preguntó Benavides, en son de broma, pero con evidente preocupación por la hartada que nos habían dado dichos animales.

—No; ese lugar es limpio.

—Entonces, mejor.

—Pero esa escopeta que traen ustedes deben dejarla aquí porque, al andar con ella para arriba y para abajo, pueden despertar sospechas en la gente.

—Está bien.

El muchacho nos condujo al puesto mencionado por Colindres. El lugar estaba muy limpio. Los árboles de mango eran bajos y muy copados, por lo que no necesitamos tender los nylons. Nos acostamos a dormir. La noche lucía tranquila. Como estábamos bastante cerca de la ciudad, concentrando un poco la atención se escuchaba el ruido de los automóviles, el bullicio de la gente y, muy a la distancia, el pito de una locomotora. Con éstos y otros rumores nocturnos taladrando nuestros tímpanos, nos quedamos profundamente dormidos.

El día siguiente amaneció fresco. La yerba estaba húmeda por el rocío. Numerosos pájaros cantaban en las ramas de los mangos, dándonos un concierto muy agradable, aunque nosotros, por todo lo que nos había pasado, no estábamos muy animosos de escucharlos. Nos levantamos algo friolentos y rascándonos las llagas que nos habían dejado las garrapatas. A los pocos minutos llegó Pinto con el desayuno y nos manifestó que, inmediatamente después de terminarlo, nos llevaría al otro puesto mencionado por Colindres. Así fue.

Conducidos por aquel hombre, al que no dejábamos de mirar con alguna incredulidad, nos marchamos. El sitio era también muy conveniente para escondernos, pues los árboles de cacao ofrecían una buena protección. Al llegar exactamente al puesto, descubrimos numerosos cartones y otros desperdicios: eran los restos dejados allí por el profesor Rivera. Pinto nos preguntó que si teníamos agua. Al responderle que no, se marchó y, al poco rato, estaba de regreso con un galón lleno. Posteriormente se retiró, dándonos toda clase de indicaciones sobre la forma en que deberíamos comportarnos en el lugar.

Durante la cena, nos dijo Pinto que Colindres nos esperaba en su casa para ponernos unas inyecciones de no sé qué medicina. Allí vimos un ejemplar del periódico Correo del Norte, con el siguiente titular:

"Fieros Combates con un grupo guerrillero."

Nosotros sentimos una gran indignación al leer aquello, pues éramos testigos, no de "fieros combates", sino del bárbaro asesinato cometido contra nuestros camaradas. En la primera plana aparecían varias fotos del armamento que supuestamente habían ocupado, en medio del cual aparecía el coronel Ramírez Ortega, Jefe de la Segunda Zona Militar, y el teniente Orellana, delegado militar de El Progreso. Asimismo, el reportaje se refería a la ocupación de algunos libros, entre ellos Guerra de Guerrillas, del Che Guevara, y el Manual de Marxismo-Leninismo. Mencionaban también los nombres de los camaradas muertos.

Colindres nos informó que, según los datos suministrados por algunos amigos, el día anterior bajaron de la montaña numerosos efectivos del ejército, armados hasta con ametralladoras calibre cincuenta.

—Por eso —nos dijo— deben ustedes tener mucho cuidado y estar alertas.

—Así es.

—¿Y no tienen ni un machete, verdad?

—Nada, compañero.

—¿Y pisto?

—Tampoco.

—Bueno, tengan este pedazo de machete para que les sirva en caso de que les toque romper breña en una carrera. Además, aquí tienen seis lempiras, tres para cada uno. La escopeta la tendré yo, escondida, hasta que puedan ustedes reclamarla. Por lo demás, manténganse aguja[146] y, si oyen algo, váyanse a la chingada, sin pensar en mí, pues yo ya veré cómo me las arreglo.

—Muy bien, compañero —le dijo Benavides—. Y, a propósito, ¿qué se ha sabido de Progreso?

—Pues, hasta el momento, nada. Según parece, la gente de Progreso está buscando el contacto con San Pedro. Mientras tanto, creo que piensan trasladarlos a otra parte a ustedes.

Nos marchamos al puesto, porque no podíamos permanecer mucho tiempo en la casa de Colindres. Pasamos una noche muy tranquila. Todo el día siguiente estuvimos sin movernos del lugar. Pero, por la noche, volvimos a donde Colindres para saber si tenía noticias del Partido en Progreso. Con mucha preocupación, nos dijo:

—Los compañeros dicen que han tratado por todos los medios posibles de establecer el contacto con San Pedro, pero que, hasta hoy, no han podido lograrlo.

—No, compañero —le expresé yo—, hacer contacto con el Partido es prácticamente imposible. Lo que debe buscarse es el Pentágono o a los Halcones.

—Ya jodió usted con sus burlas —me dijo.

---

[146] Alerta.

—¿Burlas? ¿De qué? —le manifesté—. ¿No sabe que Pentágono se llama el Cuartel General del FAP en San Pedro y Halcones son los comandos de la ciudad?

—¡Ah, bueno! Esa es otra cosa. ¿Y cómo hallarlos?

—Yo puedo hacer eso, porque tengo el contacto.

—Es cierto —apuntó Benavides—, éste es el único que conoce cómo hablar con la gente de San Pedro.

—¿Y por qué no va él hasta allá para que informe? —preguntó Colindres.

—Pero eso es muy peligroso —dije yo—, porque pueden estar deteniendo y registrando los carros que circulan por las carreteras de la zona.

—No —señaló Colindres—, hasta este momento no hacen eso.

—Entonces —afirmé— puedo salir mañana mismo para allá. ¿A qué hora de la mañana comienzan a circular los primeros carros?

—A las seis —informó Colindres.

—La jodida —manifesté— es que ni sombrero tengo.

—Mañana compra uno, hombre —me dijo Colindres.

—Sale muy temprano el carro y a esa hora ninguna trucha está abierta.

—Sí; tiene razón.

—Yo le doy mi sombrero —manifestó uno de los muchachos que Colindres tenía en su casa para ayudarle en los distintos trabajos.

—Gracias, ¿cuánto vale? —le pregunté.

—No, compañero, no vale nada —me respondió.

—Entonces —me dijo Colindres— mañana se viene a las cuatro de la madrugada para que desayune a esa hora, a fin de que, a las cinco, salgamos hacia el punto de los carros que van para San Pedro.

Nos fuimos al puesto nuevamente. Como era nuestra costumbre, antes de dormirnos platicábamos largamente sobre numerosos problemas, ya se relacionaran con la lucha revolucionaria o con nuestras propias personas. En esa oportunidad, Benavides me insistió en que el informe que diera en San Pedro fuera estrictamente apegado a la verdad. Después, muy apesadumbrado, aludió a él mismo:

—Diles a los compañeros que piensen en mi situación y que procuren ayudarme. Pero que lo hagan de verdad, porque, la vez pasada, les pedí colaboración para mi familia y no me dieron ninguna.

Eso desesperó a mi mujer, obligándola a irse para El Salvador. ¡A saber qué suerte habrá corrido la pobre, con mis hijos! A otros les han ayudado a sostener a sus familias, mientras a mí no han querido darme una mano.

—Les diré lo que tú quieras, sobre todo lo concerniente a la verdad de los hechos.

—Sí; pero ojalá que algún día escribas toda esta historia, tal como me has prometido. Así se les dará por la cara a los principales responsables de los últimos sucesos.

—Te aseguro que escribiré esa historia, a fin de que no se pierda nada de ella.

—Vamos a ver si es verdad. Yo redacté algo en El Salvador sobre otros aspectos del movimiento, pero no he podido concluir nada.

A las cuatro de la mañana, me presenté en la casa de Colindres. Ya estaban levantados. Desayuné con él. La señora me arregló un revanche, como se dice en los campos bananeros. Ya listos, nos marchamos hacia el punto de carros, donde él me dejaría para irse en su bicicleta, a trabajar a un campo donde era capitán de una cuadrilla de construcción. En el punto de buses nos despedimos, haciéndome numerosas recomendaciones sobre las medidas de seguridad que debía tomar en el camino.

Tomé el primer bus que salía. El vehículo arrancó; pero, al pasar por la estación del ferrocarril, se detuvo para que subieran dos militares que iban también para San Pedro. Por desgracia, en vez de ir a sentarse más atrás, donde había varios espacios libres, se quedaron en el asiento que estaba al lado del que yo ocupaba. Una vez más, tuve que recurrir a mi sangre fría, de la que siempre echaba mano en tales momentos. Puse una cara de inocencia y, en vez de rehuir sus miradas o de mostrarme esquivo, más bien les sonreía cada vez que ello me era posible.

—¿Va a trabajar? —me preguntó uno de los chafas.

—A trabajar —le respondí.

—¿Y hasta dónde va?

—Hasta San Pedro.

—¿Y desde Progreso va a trabajar a San Pedro?

—Así es. Como en esa ciudad el problema de la vivienda es muy difícil, prefiero viajar. ¡Tales son los sacrificios que nos impone la pobreza!

—Tiene razón.

Cuando llegamos a San Pedro, encontrándonos en la entrada, le pedí al chofer que se detuviera, pues allí me quedaba. Diciéndoles adiós a los chafarotes, me retiré por la avenida de circunvalación, hasta una calle que conducía directamente a la casa donde estaban los compañeros. Las puertas principales de ésta se encontraban cerradas, lo cual me obligó a dar la vuelta por la cocina. Toqué. La patrona salió a ver quién era y, al encontrarse conmigo, dio un salto hacia atrás, sumamente asustada, al propio tiempo que les decía a los compañeros de adentro:

—¡Y aquí no viene el muerto, pues!

—¿Quién? —preguntó una voz desde el interior.

—¡Púchica! —me dijo la Patrona, sin contestar la pregunta y con un tono de susto, como si hablara con un fantasma—. ¡A usted todo el mundo lo hace muerto aquí!

Entré. En el cuarto estaban el responsable de la habitación y el Seis. Estos, cuando me vieron, también dieron un brinco y fueron a abrazarme con lágrimas en los ojos.

—¡Carajo, compañero, nosotros creímos que usted había caído en ese desastre de la montaña!

—Ya ven, compañeros: soy un hueso muy duro para los perros —les manifesté, haciendo un esfuerzo enorme por impedir que se me aguaran los ojos.

—¿Y Chabelo? —me preguntó el Seis.

—No sé nada de él —le respondí.

—¿Y cómo fue la cosa? —me preguntó el otro compañero.

—Antes, díganme ustedes, ¿dónde está Rosales? —les dije yo.

—Aquí está en San Pedro —me contestó el responsable del cuarto—. De él tengo instrucciones en el sentido de que, si alguien venía, que fuera inmediatamente a avisarle.

—Pues váyase enseguida y dígale que yo quiero hablar con él urgentemente.

Al retirarse el responsable de aquel escondite, me quedé conversando con el Seis. Este me informó que Rosales y él dispusieron aplazar el viaje a la montaña porque, a causa del golpe que se había dado en el paso del río Ulúa cuando me acompañó a mí, se le había descompuesto el dedo gordo del pie, de modo que, cuando volvió a San Pedro, casi no podía dar paso.

—Tuve que mandarme a sobar —me dijo—, y fijate que todavía estoy jodido.

—Pues no hay mal que por bien no venga —le comenté—, porque si ustedes se van en la fecha que estaba prevista, sólo a darse de narices con los chafas van.

—Así es.

—¿Y ustedes cómo se informaron del desastre?

—Por la radio. Pero nosotros creímos que quienes habían caído eran ustedes, los que salieron por último de la Base No. 1. Por eso te hacíamos muerto a vos.

—Pues no fuimos nosotros, aunque estuvimos a punto de caer.

Rosales se presentó en ese momento. Venía sofocado, con visible interés de hablar con alguien que pudiera informarle lo ocurrido en el campamento. Al solo tenerme enfrente, se me tiró encima, dándome un abrazo muy fuerte.

—¡Carajo, Nueve, te veo y me parece que es mentira! Fijate que cuando la radio informó acerca de la tragedia, todos pensamos que el grupo que había caído era el último que subió y que encabezabas tú. Contame, pues, todos los detalles del incidente porque deseo saber con exactitud lo que pasó.

Le di todos los pormenores de la tragedia, así como del peregrinaje mío con Benavides. Asimismo, aproveché la oportunidad para hacerle los planteamientos que éste hacía respecto a que se le ayudara a resolver su problema personal. Como punto último de mi informe, le dije a Rosales:

—Bueno, quiero serle franco sobre este problema. A mi juicio, aquí se ha cometido un error sumamente grave, ya se trate de la Comisión Política, de usted como Jefe o de los responsables directos del grupo en la montaña. En primer lugar, a mí me parece que es totalmente inaudito que se haya seleccionado el mismo puesto en donde estuvimos la vez anterior, tanto más cuanto que don Quilo era objeto de vigilancia policial, a consecuencia de que el esposo de una sobrina de él, Pedro Cruz, lo chismeó por enemistades de tierras. En segundo lugar, yo pienso que usted, como Jefe principal del movimiento guerrillero, debió haberse ido adelante, a esperar a los grupos enviados desde la ciudad, a fin de organizarlos adecuadamente por cualquier cosa.

—Si es que yo no me podía ir porque tenía numerosas cuestiones de importancia que atender aquí, en San Pedro. Además, yo siempre creí que Hugo era un muchacho activo y capaz para hacerse cargo del grupo en la montaña. Por eso, la Comisión Política lo escogió a él para esa tarea, mientras duraba mi ausencia de la guerrilla. En cuanto al lugar, debo decirte que ese puesto era transitorio, porque el lunes precisamente partiríamos todos hacia la montaña de Nombre de Dios.

—Está bien; pero ya ve lo que ha pasado.

—Sí, pero recuerda que también teníamos el proyecto de irnos para Santiago, donde están las otras armas, lo cual nos obligaba prácticamente a volver al mismo lugar.

—Es probable, pero ¿no le parece inconcebible que el puesto que teníamos ahora distara apenas unos doscientos metros del que tuvimos la vez pasada? Además, el campamento siempre estuvo a no más de ciento cincuenta metros de la casa de don Quilo, tanto ahora como en la otra oportunidad, cuestión totalmente absurda, pues todos sabíamos que dicha casa era objeto de control.

—Tus observaciones son interesantes, pero no es tiempo de que hablemos de eso. Confírmame mejor una cosa. Según tu relato, a los compañeros los mataron cuando venían de regreso con las armas. ¿No es así?

—Así es. Ellos habían recogido todo el equipo y, ya de regreso para el campamento, dispusieron detenerse en la casa de don Quilo con el objeto de tomarse una taza de café. Allí los sorprendió la patrulla del ejército, platicando con dicho señor y el sobrino de éste, Chemita. Las armas las habían dejado fuera de la casa, en un matorral.

—¡Qué bárbaros ésos, no armarse desde el momento de su llegada a la montaña! Fíjate que cuando vino don Quilo a verme, enviado por Hugo para el asunto del dinero, le pregunté si ya los camaradas estaban armados. Él me respondió: "¡No, hombre; si ésos andan con las puras manos!". Por ello le pedí que se marchara inmediatamente y le transmitiera la orden a Hugo de sacar las armas y repartirlas entre todos los compañeros que habían llegado.

—El problema es que antes no tenían ninguna orden para sacar dichas armas y, precisamente, con el fin de cumplir todas esas diligencias es que faltaba una cabeza dirigente.

—¿Y quiénes fueron a cumplir la misión de llevar los equipos?

—Hugo, Romero, Jiménez, Lara y Hermelindo. Todos ellos murieron, juntamente con don Quilo y Chemita.

—¿Y los que se escaparon?

—Benavides, Chabelo, Simeoncito, Mejía, Serrano y yo. Ahora, de todos estos compañeros, exceptuando a Benavides, no puedo darle ninguna razón, porque no supimos para dónde cogieron.

—¿Y no tenían punto de referencia para un caso como ése?

—No.

—¡Qué barbaridad, hombre!

—Si hubiéramos tenido punto de referencia, nos reunimos de nuevo los seis que quedamos vivos y hubiéramos ido a sacar las otras armas.

—¡Claro! Eso pensaba yo y ya tenía decidido reunírmelos a ustedes en el punto donde dejamos los equipos.

—Con Benavides hablamos de eso, pero no quisimos irnos para allá por no estar autorizados para tocar aquellos hierros.

—Bueno, cambiando de conversación, fíjate que aquí casi todos han derramado lágrimas por ti, pues creíamos que estabas muerto. La que más te ha llorado es Angelita, la hermana de Aguilar. Ella nos contó que el mismo día de tu viaje a la montaña fuiste a decirle adiós.

—Así es. Como le guardo mucho afecto a esa familia, no quise marcharme sin ver a Angelita. Por eso, en la primera oportunidad iré a visitarla y a rendirle las gracias por las lágrimas que ha derramado en mi memoria. Lo que me preocupa de todo esto es mi mamá, la que también me ha de hacer muerto.

—¿Se le puede mandar alguna comunicación?

—Sí; por medio del Partido. Les mandamos una carta a los compañeros del Municipal de Progreso para que ellos la remitan a la célula de Loro-Paujil, donde está Pinedita, quien conoce perfectamente a mi mamá.

—Me parece buena tu idea. En cuanto al informe, permíteme decirte que estoy plenamente satisfecho, pues me has dado detalles muy completos acerca de lo ocurrido. La señora de don Quilo apenas me dio algunos retazos, quizá porque la tragedia no le ha permitido coordinar bien su pensamiento.

—¿Y aquí está, pues?

—Aquí está, con otras de las viudas. Fíjate que este es el gran problema que tenemos actualmente: consolar a esas mujeres y, además, resolver la cuestión del sostenimiento de las familias.

—Es duro eso.

—Lo es, pero tenemos que hacer un esfuerzo para ayudarles en todo sentido.

CAPÍTULO XII: LA MATANZA DE EL JUTE

Rosales se retiró de la casa. Habiendo cumplido la misión que me trajo a San Pedro, dispuse visitar a los amigos, principalmente a los que me habían llorado. En un principio quise ir a la casa de la viuda de Hugo, con quien nos quisimos como hermanos. Sin embargo, después pensé que eso era inconveniente, porque, al verme ella, podía estallar en una crisis de llanto y atraer la atención de la gente sobre mi persona. Por eso, decidí ir primero a donde Angelita. Me encaminé hacia la casa. Un momento más tarde, estaba frente a ella. Como no podía permanecer en la entrada por mucho tiempo, me introduje de una vez en la sala, donde dije, algo fuerte, pues no había nadie allí:

—¡Buenos días!

—¡Buenos días! —respondió una mujer desde atrás de un cancel—. ¿Quién es?

—Un amigo suyo y de su hermano.

—Ya voy.

Al salir del cuarto y verme parado a media sala, se quedó rígida, sin saber qué pensar o hacer. Los labios le temblaban, como queriendo decir algo, pero sin tener ánimo para ello. A mí me asustó esa actitud, pues pensé que, por mi culpa, podía darle un infarto. Rápidamente, y con el objeto de salvar la situación, le dije:

—No se asuste, Angelita; por suerte, no caí en la tragedia de El...

—¡Luis, por Dios! —me dijo y estalló en llanto, mientras me daba un abrazo muy fuerte.

Cuando le pasó un poco la emoción, comenzamos a conversar sobre muchas cuestiones. Le di algunos detalles de lo ocurrido, con el objeto de que se los comunicara a Aguilar, quien todavía se encontraba en el presidio. Ella, por su parte, me informó que durante la última visita que le hizo, aquél le había dicho que las mejores armas no habían sido encontradas, porque él vio las fotografías del periódico y reconoció perfectamente los equipos allí exhibidos. Naturalmente, le confirmé ese punto de vista, pues yo sabía, mejor que nadie, que las cosas eran precisamente así. Luego de tomarme una taza de café, me despedí de Angelita, ya que no podía permanecer tanto tiempo en aquella casa, por la vigilancia policial de que era objeto después de la captura de Aguilar.

A los tres días volvió Rosales y me manifestó que estuviera listo a las seis de la tarde para ir a traer a Benavides.

—Un carro llegará aquí a recogerte —me dijo—. No se te olvide preguntarle a Colindres cuánto le debemos por la comida que les ha dado a ustedes.

Después me indicó que el taxi estaba pagado, pero que me entregaba cinco lempiras más por si se me presentaba alguna dificultad.

Como yo andaba con la misma ropa con que salí de la montaña y ésta se encontraba sumamente sucia, a consecuencia de las arrastradas que dimos en la huida, le pedí a la patrona que me la diera una lavada ese mismo día. A fin de no quedar completamente desnudo, el Seis me prestó uno de sus pantalones, al que hube de darle varias vueltas en los ruedos, por cuanto dicho compañero era mucho más alto que yo. Ese día me lo pasé esperando que la patrona terminara de lavar la mudada, así como dando tiempo a la hora en que debía partir hacia Progreso.

A las seis en punto llegó el carro y arrancamos. No tuvimos ninguna dificultad en el camino. En Progreso había mucha gente por las calles, sobre todo en las puertas de las cantinas y prostíbulos. Las rockolas sonaban a todo volumen, tocando música popular. Durante la travesía de la ciudad encontramos numerosas patrullas del ejército, más de las acostumbradas. Buscamos la salida para Santa Elena. Seguimos por la carretera que conduce a esta aldea, corriendo a regular velocidad. Sin darnos cuenta, nos pasamos de la casa, por lo cual fue necesario volver hacia atrás desde una buena distancia.

Llegamos. Ya habían apagado la luz y aparentemente estaban acostados. Toqué varias veces.

—¿Quién es? —dijo una voz masculina.

—Tu primo, hombre.

—¡Ah! Ya voy.

Abrió la puerta y nos dimos el saludo como primos hermanos, elevando un poco la voz para que los vecinos creyeran que, efectivamente, un pariente había llegado a visitar a Colindres. Ya dentro de la casa, le pregunté:

—¿Y aquél?

—Se acaba de ir, hombre.

—Pues, mándelo a llamar, porque a traerlo vengo. Además, dicen de San Pedro que envíe la cuenta de la comida que nos dio durante los días que estuvimos aquí.

—Eso no vale nada, compañero.

—No es posible, hombre; usted ha hecho gastos en nosotros.

—Le digo que no vale nada y más bien comuníquele a la gente de San Pedro que estoy a las órdenes para todo lo que sea necesario.

—Bueno, entonces, permítame rendirle las gracias.

En ese momento llegó Benavides con un bojote encima. Lo mandé al carro y me despedí de Colindres y su señora, siempre aparentando que éramos familiares. Tomamos la misma carretera por donde habíamos llegado. En Progreso continuaba el mismo movimiento de gente. También las patrullas del ejército circulaban por las calles en una forma desusada.

—¡Papo —dijo el chofer—, en este Progreso hay más chafas que piñas en San Pedro!

Yo celebré aquella salida. Benavides, sin embargo, se mantuvo serio. Lo observé con algún cuidado y descubrí que estaba nervioso. Desde entonces saqué la conclusión de que aquél era un hombre de poca serenidad para participar en actividades como en las que andábamos metidos, sobre todo al recordar la crisis de miedo que le dio en la montaña, cuando huíamos del ejército. Ya fuera de la ciudad, dio un respiro de alivio y dijo:

—Hoy sí me siento más seguro.

—No te creás —le dije—, también en la carretera podemos encontrar chafarotes.

—A propósito —me dijo después—, hace rato deseaba preguntarte una cosa: ¿hacia dónde me llevas?

—A la misma casa, hombre, ¿a dónde, pues?

—Ah, no; yo a esa casa no voy, porque los chafas vigilan mucho por ahí.

—¿Y qué proponés? ¿Te querés ir a Chamelecón?

—Pues... dejame pensarlo un rato.

—Bueno, pensalo bien, porque este mismo carro puede ir a dejarte a ese lugar.

Continuamos el viaje sin ninguna dificultad. Después de pasar La Lima, Benavides me dijo que había decidido irse mejor para Chamelecón. Le pregunté al chofer que por cuánto lo llevaba y me respondió que por un lempira con cincuenta centavos. Como Rosales me había dado cinco lempiras para cualquier eventualidad, saqué el valor del pasaje y le pedí que hiciera el viaje hasta dicha población, dejándome a mí en San Pedro. Así lo hicimos. En la avenida de circunvalación detuve el carro y me bajé, encaminándome hacia el escondite.

Como a los ocho días de lo anterior, apareció Simeoncito. Este nos informó con amplios detalles la aventura que había pasado. Dijo que el día de la tragedia él salió huyendo por donde mejor le pareció y que fue a dar a la aldea El Conguito, donde estuvo escondido hasta anochecer. De allí volvió nuevamente en dirección al campamento, tratando de encontrar el camino secreto que utilizábamos para nuestros movimientos. Habiéndose tropezado con una chatera, logró mitigar el hambre con varios de esos frutos. Al amanecer, dio con el camino y lo siguió. Sin embargo, más adelante había una emboscada del ejército; pero, con tan buena suerte, que él se dio cuenta a tiempo y huyó por una quebrada. Los soldados notaron su presencia y le hicieron numerosos disparos. Ese mismo día llegó a la Base No. 1, donde los campesinos lo ocultaron y lo atendieron.

Por informes recibidos de las comisiones enviadas a investigar sobre el paradero de los demás camaradas, se supo también algo respecto a Chabelo (el Dieciséis) y Mejía (el Quince). Estos se enmontañaron la fecha del suceso y, al día siguiente, salieron de su escondite y llegaron a Las Cuarenta, donde los campesinos los protegieron sin vacilaciones. Todo esto indicaba que quienes habíamos pasado mayores dificultades éramos Benavides y yo, aunque del Veinte no tuvimos nunca ninguna información precisa.

Por ese tiempo tuve oportunidad de conocer la versión de la esposa de don Quilo acerca de la matanza perpetrada por el ejército en El Jute.

Durante muchos días se trató de que ella proporcionara un informe completo; pero su estado de ánimo era tal, que apenas podía balbucear algunas palabras. Fue necesario esperar a que su sistema nervioso volviera a cierta normalidad para poder cumplir satisfactoriamente con esta exigencia del Partido. Su informe fue el siguiente:

"Antes de las cuatro de la mañana del día 30 de abril de 1965 llegaron a mi casa Hugo, Romero, Jiménez, Lara y Hermelindo. Como yo tenía la responsabilidad de darle la comida a todo el grupo, me levantaba muy temprano para poder cumplir con las distintas tareas de la casa. A la hora en que ellos se presentaron, me encontraba haciendo café y, naturalmente, les ofrecí una taza. En ese momento no supe de dónde venían, pero, según me han informado después, parece que de traer unas armas. Se tomaron el café muy alegres y, luego, se pusieron a chistar con Quilo y Chemita, un sobrino de éste que se encontraba con nosotros.

En la casa estaba también una hija mía, con un niño de pecho. A esta la había dejado el marido y se encontraba allí, buscando protección. Además, la familia se componía de mis otros seis hijos, incluyendo al tierno. Pero todos estos niños estaban en el cuarto donde dormíamos. En la sala, que al mismo tiempo era la cocina, me encontraba yo con la hija antes mencionada y otra cipota, moliendo el maíz para darle la comida a toda aquella gente. Como ustedes recuerdan, la casa tenía dos puertas: una para el camino y otra para el pozo, o sea, el cafetal. Faltando aproximadamente un cuarto para las cinco de la mañana, escuché el ruido de los militares que rodeaban la casa y ocupaban ambas puertas, al propio tiempo que decían:

—¡Manos arriba y ríndanse, hijos de puta!

Yo sólo dije: ¡Ay, Dios mío! y vi que Aquileo, mi marido, salió corriendo para el lado del pozo. En ese momento le hicieron una descarga de metralleta y, prácticamente, lo trozaron. Fue el primero que cayó. Uno de los militares volvió a gritar:

—¡Ríndanse, comunistas, hijos de puta, que hoy sí les llegó la hora! —Era el teniente Carlos Alberto Aguilar, jefe de la patrulla.

En ese momento saltó de entre los soldados Aquilino Inestroza, o sea el Veintiuno, quien, al ver a Jiménez, le dijo:

—¡Ajá, así que aquí estás vos, el que ha viajado a la Unión Soviética! ¡De éstos son los que queremos! —y a Hugo—: ¡y vos también: hoy sí te llegó el día!

Uno de los soldados se avalanzó hacia Hugo. Este, entonces, le hizo un disparo con su pistola, dándole en el pecho. El militar soltó el fusil y se quedó vacilando. En ese momento, Jiménez corrió y, después de recoger el rifle del suelo, le disparó un tiro en la cabeza, desarándosela por completo. Luego manipuló el arma para hacer otros tiros, pero le hicieron una descarga de metralleta que lo trozó también. Si el arma hubiera sido automática, los hubiera barrido a todos.

Los militares agarraron posteriormente a Romero y Hermelindo y les cortaron los testículos delante de todos. Chorreando sangre, los sacaron al patio y allí los ametrallaron. Por último, le tocó el turno a Hugo. Este había recibido un balazo en la rabadilla y estaba tirado en el suelo, desde donde me gritaba:

—¡Nanda, apártese con esos niños para que no mueran ustedes! ¡Apártese, Nanda!

Lo sacaron al patio de arrastras. Allí le dieron agua y comenzaron a hablarle en forma amistosa, diciéndole que si informaba los nombres de los dirigentes principales del movimiento y de quiénes dependía, estaban dispuestos a llevarlo al hospital para curarlo. Hugo no les dijo una sola palabra, ni siquiera cuando recurrieron a la amenaza. Ante esta actitud, valiente y decidida, uno de los soldados, a quien le dicen por apodo Olancho, le dio una estocada en el estómago, rematándolo. Así murió aquel compañero, como todo un hombre, porque no pudieron sacarle ni media palabra de traición.

Después de que asesinaron a todos los hombres, se dirigieron a donde me encontraba yo con mi hija y comenzaron a interrogarnos. Lo que más les interesaba era que dijéramos quién encabezaba el movimiento guerrillero. Yo les contestaba que no tenía ningún conocimiento de ese asunto. Uno de los chafas, entonces, se mostró muy indignado con mi actitud y dijo:

—Con estas viejas putas no se queda bien actuando de buenas maneras, pues los comunistas las instruyen para que no abran la boca. Por eso es mejor sacarles la lengua y matarlas.

Después de estas palabras, varios soldados comenzaron a darme golpes con el plan del machete, hasta dejarme tirada en el suelo. Enseguida, hicieron lo mismo con mi hija, a la que también le dieron varios planazos, aunque menos que a mí. Hecho esto, se dieron a la tarea de registrar toda la casa, robándome trescientos lempiras que guardaba en una caja, así como un radio. Cuando ya no encontraron más cosas que pudieran interesarles, nos sacaron al patio, a empujones, y le dieron fuego a la casa, así como a las trojas donde guardábamos el maíz, el café y los frijoles de las últimas cosechas. Tres de los compañeros fueron quemados por los militares: Hermelindo, Lara y Romero, cuyos cuerpos quedaron muy reducidos de tamaño.

Dándose ya por satisfechos con esto, se fueron al campamento. Allí hicieron numerosas descargas con sus armas, por lo cual nosotros creímos que habían asesinado al resto de los compañeros. Un poco más tarde regresaron con las cosas que encontraron en aquel lugar. Levantaron al soldado que había muerto y le pidieron al auxiliar de Brisac del Norte, así como al comanche de El Jute, que enterraran a los muertos allí mismo, en el que había sido el patio de nuestra casa.

Mucha gente participó en el entierro de los compañeros, porque casi todos ellos eran conocidos. Aquileo Izaguirre, mi marido; Rufino López (Hugo); José María Izaguirre (Chemita) y Hermelindo Villalobos (Mejía) eran residentes de la zona, aunque originarios de San Francisco de Coray, departamento de Valle.

Asimismo, Lorenzo Zelaya (Jiménez) vivió en El Jute y fue líder campesino durante varios años, por cuya razón todo el mundo le guardaba aprecio, no obstante ser oriundo de Intibucá. También Benedicto López (Lara) y Benito Díaz (Romero) habían sido dirigentes campesinos en aquellos lugares y gozaban de la estimación de la gente. Por eso, al enterrarlos, muchos campesinos derramaron lágrimas sobre la fosa común donde quedaron.

Los militares se fueron con su muerto y llevándose a Tollino, mi cipote. Al día siguiente subió un destacamento más numeroso, armado hasta con ametralladoras calibre cincuenta, haciéndose acompañar siempre de mi hijo para que los orientara en la montaña. Este cuenta que, como a las doce de ese día, sábado primero de mayo, los militares picaron la montaña con grandes descargas, para ver si así salían los demás guerrilleros.

A mi cipote lo tuvieron varios días en la zona militar de Progreso, donde lo interrogaron muchas veces sobre el movimiento armado, pero él no les dijo nunca nada. Al no sacarle ni una palabra, lo soltaron y, como sabía que nosotros estábamos en San Pedro, se vino para acá, a fin de ayudarnos en algo".

"Ese es mi informe", terminaba diciendo siempre doña Nanda.

EPÍLOGO

Todo lo expuesto es la verdad de lo ocurrido en El Jute, y lo he escrito a petición de la Comisión Política del Comité Central del Partido Comunista de Honduras. Confío en que este relato de mis experiencias constituya un modesto homenaje a la memoria de los compañeros caídos y a la heroica abnegación de los que integramos el FAP.

Que el análisis de estas experiencias —de nuestros errores y aciertos— sea un aporte al arsenal de lucha del Partido Comunista de Honduras y de la clase obrera hondureña. Si mi relato logra en algo este cometido, me consideraré plenamente satisfecho por el esfuerzo que puse al escribirlo.

H. Velásquez (No. 9)
Honduras, julio de 1967.

¿QUIÉN FUE LORENZO ZELAYA?

Lorenzo Zelaya, Originario de Intibucá, desde joven laboró en la costa norte para la Tela Rail Road Company. A los 22 años participó como delegado de base en la huelga de 1954 y cinco años después fue despedido.

Fundó en Guaymas, el 11 de octubre de 1961, el Comité Central de Unificación Campesina CCUC o COCEUCA con delegados de aldeas de Yoro, Cortés y Atlántida.

A principios de 1962, impulsan la recuperación de tierras ociosas en manos de la Tela. Organizaron la primera marcha y concentración campesina en Honduras, el 4 de marzo de 1962, en El Progreso, para exigir la emisión de una Ley de Reforma Agraria. Fueron reprimidos y encarcelados.

El 4 de marzo fue declarado por el CCUC "El Día del Campesino Hondureño".

El 29 de agosto de 1962 el CCUC se transforma en la Federación Nacional de Campesinos de Honduras (FENACH). Lorenzo Zelaya fue presidente del CCUC y la FENACH.

La FENACH fue duramente reprimida por el gobierno de Ramón Villeda Morales, quien para contener la lucha promovió la creación de otra organización campesina y aprobó en 1962 una moderada Ley de Reforma Agraria. Para resistir a la represión desatada con el golpe de Estado del 3 de octubre de 1963 por Oswaldo López Arellano, se organizó el Frente de Acción Popular FAP que operó durante más de un año.

Lorenzo Zelaya se preparó políticamente dentro y fuera del país y murió asesinado junto a otros seis hombres, cuando se incorporaba a la guerrilla de resistencia, el 30 de abril de 1965 en la Montaña de El Jute, en las cercanías de El Progreso.

OBJETIVOS DEL CCUC
• Organizar la totalidad de los campesinos de la Costa Norte ,

• Luchar porque las tierras que cultivaban y de las cuales se pretendía adueñar la Tela, les fueran entregadas gratuitamente.

• Luchar por la nacionalización de todas las tierras ociosas en manos de las compañías bananeras norteamericanas.

El 30 de abril de 1965 fuerzas opresoras del ejército hondureño al mando del militar Oswaldo López Arellano y dirigidos por el coronel Aguilar invaden la Montaña del Jute, jurisdicción de El Progreso, Yoro, para emboscar, torturar y posteriormente asesinar a Lorenzo Zelaya y sus hermanos de lucha por el simple hecho de querer una mejor Honduras.

Lorenzo Zelaya fue pionero y líder del movimiento campesino y el iniciador de la lucha de una Ley de Reforma Agraria.

Por sus luchas, su valor y su espíritu humanitario, a 60 años de impunidad de este crimen, recordamos a estos héroes de verdad, personas de carne y hueso que dieron su vida para brindarnos un mejor futuro.

Lorenzo Zelaya
Benito Díaz
Rufino López
Hermelindo Villalobos
Benedicto López
Aquilio Izaguirre
José María Izaguirre

(Tomado de www.movimientos.org).

POEMA A LORENZO ZELAYA

Por MARÍA EUGENIA RAMOS[147]

Lorenzo Zelaya, Hermelindo Villalobos, Rufino López, Benito Díaz, Aquileo Izaguirre, Benedicto Cartagena y José María Izaguirre, eran campesinos hondureños que se alzaron en armas contra el golpe de Estado de 1963 y fueron masacrados por el ejército el 30 de abril de 1965, hecho que históricamente se recuerda como la masacre de El Jute.

En 1983, cuando tenía 23 años, escribí el poema que transcribo a continuación, del que solo eliminé algunas líneas por considerar que sobraban. Mi amigo Gustavo Irías lo encontró entre viejos papeles y hoy 30 de abril, 50 aniversario de la masacre de los mártires de El Jute, lo publicó en su cuenta de Facebook y además tuvo la gentileza de transcribirlo y enviármelo.

Ni qué decir tiene lo grato que fue para mí recuperar un poema del que no conservaba copia.

Más o menos de la misma época es mi poema "Comandante Guevara", que se imprimió en afiche en los años en que fundé y dirigí mi primer proyecto editorial.

Tampoco tengo copia de ese poema. Espero que alguna amiga o amigo generoso se tome la molestia de copiarlo cuando lo encuentre por allí y enviármelo.

Mientras tanto, comparto estas líneas como un humilde homenaje a la memoria de los mártires.

---

[147] Poeta, narradora, editora y promotora cultural. Cofundadora de Editorial Guardabarranco. Entre su obra destacan: Porque ningún sol es el último (poesía) y una cierta nostalgia (cuento). Hija del recordado periodista Ventura Ramos.

LORENZO ZELAYA

Yo quería conversar con vos,
Lorenzo, y contarte algo
de lo que estamos haciendo.
Pero me pongo a pensar
y a fin de cuentas
no hay nada de estas cosas
que estamos construyendo
que vos no hayas soñado
cuando subiste a la montaña
decidido a echar verga
para encender la luz más clara del mundo
en las ventanas de los rostros de los niños.

En la costa norte de Honduras
hay muchas maneras de morir.

Vos no te quisiste morir
de la picadura del barba,
de paludismo,
de puñalada o tiro de revólver
en una reyerta de cantina,
ni venadeado en un cruce de caminos
ni borracho en la línea del tren
ni solo
colgado de una cruz
como otros tantos solos
que no saben que son fuertes
si juntaran las hambres,
los hijos, las miserias,
los "no puedo", los "por qué",
los "que Dios quiera",
las esperanzas clandestinas,
los odios, la ternura.

Vos escogiste el camino
donde la muerte es un accidente
pero no el término del viaje,
prolongaste tu cuerpo
hasta heredarnos
tu inmensa sed de vida
que nos nutre, nos da el derecho de ser parte
de esta llama de América
y no decirte nada
porque para qué, hermano,
si vos sos nuestra punta de vanguardia.

(1983)

"YO ACOMPAÑÉ A LORENZO ZELAYA"

Con el golpe de Estado del 3 de octubre de 1963, miles de personas fueron apresadas, asesinadas o enviadas al exilio. Se reprimió sobre todo a los dirigentes populares, militantes revolucionarios y a los sectores liberales que no eran allegados a los militares.

Para enfrentar a la dictadura surgieron numerosos grupos armados liberales que no duraron mucho tiempo, porque fueron desarticulados o porque nunca pasaron de las declaraciones y se disolvieron.

Los revolucionarios de aquel momento, militantes comunistas, también impulsaron una organización que se conoció con el nombre de Frente de Acción Popular (FAP). Este operó casi un año en las montañas que, desde el municipio de El Progreso, se extienden hasta Tela, en el departamento de Atlántida.

De esa guerrilla de autodefensa se escribió un testimonio detallado publicado en el libro El Jute. Ahí cuenta su experiencia Luis García, un campesino militante que participó en todo el proceso desde inicios de 1964 hasta el 30 de abril de 1965. Luis García murió en 1974.

Otro hombre que estuvo desde que se agruparon los primeros perseguidos y conoce toda la historia del FAP es José María Gómez (Chema Gómez), un campesino que fue parte de los conductores de las acciones de recuperación de tierras desde 1962 en la zona de El Progreso.

Cuenta Chema Gómez que, días después del golpe, llegaron a su casa Benito Díaz y Alejandro Chavarría. Ellos vivían en la comunidad vecina de Amapa y se sentían seriamente amenazados por Emilio Díaz, guardabosques de la compañía bananera, reconocido por sus acciones represivas contra los campesinos organizados.

Chema Gómez vivía en el sector de Buenos Aires o Las Chumbas, a unos diez kilómetros al norte de El Progreso por la ruta de los campos bananeros de la margen derecha del río Ulúa. En el sitio había trece familias que habían logrado recuperar esas tierras hacía apenas unos cinco meses.

Benito y Alejandro se quedaron escondidos en unos guamiles cercanos y mandaron a Chema a la comunidad de El 41, a la casa de Manuel Guerra, donde iba a estar un grupo de militantes reunidos. Manuel Guerra fue de la directiva de la primera organización campesina de Honduras. En la reunión estaba Gabriel David, que fue destacado dirigente de la huelga de 1954, y Manuel Chavarría, también sindicalista bananero.

"Deciles que nosotros vamos para San Pedro, que no se acobarden, que dentro de tres días llegamos a tu casa", le dijo Manuel a Chema.

FUNDAN EL FAP NÚMERO 1

Con los días llegaron más perseguidos del campo y la ciudad a Buenos Aires. El Partido Comunista decidió, en diciembre, crear un grupo armado de autodefensa y, días después, con nueve hombres, se crea el FAP número 1 en los guamiles de Las Chumbas. Cada quien se puso un nombre falso o seudónimo y un número, y se asignaron cargos.

El grupo quedó bajo el mando militar de Manuel Chavarría, con el seudónimo de Jesús Rosales (número uno), y como responsable político Gabriel David, que adoptó el seudónimo de Casco y número dos. Solo cuatro de ellos tenían instrucción militar.

Las trece familias de Buenos Aires se convirtieron en su apoyo directo y los alimentaron durante unos tres meses, coordinados por Chema Gómez, que usaba el seudónimo de Perales. Enero fue de grandes chubascos. Las condiciones no eran buenas y casi todos se enfermaron de gripe, tos y calentura.

SUBEN A LA MONTAÑA

El escondite estuvo a punto de ser descubierto por pobladores del lugar y el grupo ya contaba con unos catorce miembros; unos cinco eran de la aldea 4 de Marzo, a unos cinco kilómetros al sur de El Progreso.

Ante la amenaza de ser descubiertos, se trasladaron a inicios de febrero de 1964 a la montaña de El Jute, guiados por Chema Gómez, que había vivido tres años en esa zona. Rufino López (Hugo) dijo que él tenía un tío que los podía tener en su terreno. José Moreno, un productor de la montaña, los recibió y los internó, indicándoles un lugar donde podían instalar el campamento. Esto estaba a ocho kilómetros sobre la carretera de El Progreso hacia Tela y luego otros nueve montaña arriba.

El sitio estaba cerca de la casa de Aquileo Izaguirre, tío de Rufino, quien colaboró con ellos junto a su familia en todo momento, preparando la comida, como correo y facilitándoles víveres que se traían desde El Progreso, donde apoyaban varias personas. El campamento en El Jute se bautizó como el FAP número 2.

NUEVO CAMPAMENTO EN MEZAPITA

El grupo ya contaba con veintidós hombres y quince de ellos se movilizaron el 24 de abril hacia la cordillera Nombre de Dios, en las proximidades de Tela. En la parte de la montaña de la aldea Mezapita establecieron un campamento con apoyo de campesinos del sector, que fue bautizado como el FAP número 3.

En el grupo había comunistas que se reunían en células a estudiar marxismo-leninismo y eran los que dirigían; otros eran del partido liberal, y algunos simplemente perseguidos por el ejército y la policía. Incluso había un exiliado beliceño, a quien identificaban como maoísta.

Establecidos en el FAP 3, cuatro integrantes del grupo intentaron robarse las armas y dedicarse a realizar asaltos en Tela. Descubiertos los traidores, fueron desarmados y expulsados. Estos eran: Aquilino Inestroza, Zerón y los dos hermanos Paz, a quienes se les devolvió un rifle 22 de su propiedad y se les dio dinero para los gastos de regreso. Los hermanos Paz fueron capturados por el ejército y luego usados como guías para ubicar el campamento de Mezapita.

La guerrilla se movió al FAP número 2. La travesía duró trece días, del 27 de julio al 10 de agosto, en condiciones difíciles, con escasos alimentos y cansados por las largas jornadas. En la aldea Aguacatal —o El Aguacate—, mientras descansaban y preparaban un cerdo conseguido en la aldea, tuvieron un enfrentamiento con una patrulla del ejército llegada del municipio de Morazán.

Al FAP número 2 llegaron desnutridos y cadavéricos. El grupo se dispersó ante la amenaza de una ofensiva antiguerillera. La mayor parte se fue con familiares al valle de Sula y dejaron fechas para reconcentrarse.

Luis García y otros volvieron para mediados de septiembre, como quedó establecido, pero el ejército había capturado a don Aquileo y un hijo, y a todos los trabajadores de Manuel Morales, otro productor de la zona de El Jute.

El ejército instaló una base de unos trescientos hombres en la comunidad de Las Crucitas, el punto más alto de la montaña, y desde allí realizó incursiones por todas partes. Luis y los demás decidieron volver al valle.

LEGALIZADA LA DICTADURA

El 16 de febrero de 1965 se realizaron elecciones para la Asamblea Nacional Constituyente. Las elecciones fueron un completo fraude por parte del Partido Nacional y los militares. En lugar de ser el fin de la dictadura, el 23 de marzo la Asamblea constitucionalizó como presidente de la República al golpista Oswaldo López Arellano.

Había indignación y descontento generalizado en el pueblo. Ello motivó el surgimiento de varios grupos armados de parte de sectores liberales, y la dirigencia del Partido Comunista, radicada en México, decidió reiniciar sus actividades guerrilleras suspendidas el año anterior.

Pero los grupos armados liberales fueron totalmente inconsistentes. Algunos se quedaron solo en su fase preparatoria, en proclamas y escaramuzas. Tal parece que más bien se usaron como chantaje para alcanzar otros objetivos. Los diputados liberales se retiraron de la Asamblea por la legalización del dictador el 23 de marzo, pero una semana después comenzaron a presentarse de nuevo.

La represión continuaba. Gabriel David fue capturado por soldados guiados por Aquilino Inestroza, expulsado del FAP. El Paisita, uno de los miembros del FAP del municipio de El Negrito, no aguantó las torturas y soltó información. Don Chema Gómez cayó preso en El Progreso, pero nunca dijo nada. Pedro Izaguirre, un sobrino de Aquileo, apareció muerto, supuestamente asesinado por

Pedro Calderón, un salvadoreño que era informante del ejército y vivía en la aldea Agua Blanca Norte, en el camino hacia El Jute.

Hugo (Rufino López), Romero (Benito Díaz), Jiménez (Lorenzo Zelaya) y Benavides subieron a la montaña el 18 de abril. Después subieron otros cuatro grupos, y Luis García subió con los últimos el 28 de abril. Manuel Chavarría, el responsable militar, llegaría el sábado, y el lunes 3 de mayo partirían hacia el FAP 3.

"Yo acompañé a Lorenzo cuando subió hasta El Jute, lo llevé hasta el cementerio de Agua Blanca Norte", cuenta don Chema Gómez. "Yo había tomado la decisión de incorporarme. Iba a subir con Manuel Chavarría, ya estaba despedido hasta de la familia", dice.

Manuel y don Chema no subieron. El viernes 30 de abril, el ejército asesinó a siete de los alzados, desarmados, porque venían precisamente de desenterrar las armas y ni siquiera las habían desamarrado. Fue el último día de esa guerrilla de resistencia contra la dictadura militar.

(Fuente: Honduraslaboral.org).

CONTENIDO